潘家園

楊新題

王金昌◎著

地摊上的历史

藏家絮语

潘家园忆事

共和国往事抒怀

红色文物再现峥嵘岁月

故纸轶闻一窥历史风云

潘家园结缘

丢失的手迹与失去的年代

人民出版社

目　录

地摊上的历史（代序）

钱文忠

中国大陆的收藏热真可谓是方兴未艾。与此同时，收藏者的素质也在飞速提高，关注点日渐从藏品的"价格"转向其"价值"。就藏品著书立说的人也越来越多。这些书不乏情趣内容兼胜者，王金昌先生所著《潘家园》就是其中之一。它告诉我们：地摊上的历史不仅终究也还是历史，而且，也许正由于没有被蒙上庙堂的荣光，反而因为保留了一份原始质朴，而更加真实可贵。

唐英款青花香炉和老辈风范

汉军正白旗人唐英是乾隆年间有名的督陶官，他督造的瓷器有"唐窑"之称，代表着乾隆时期瓷器工艺的最高水平，被视作研究乾隆前期官窑，特别是青花瓷的标准器。能够拥有一件"唐窑"青花，自然也就成了收藏家的梦想。王金昌先生就很幸运地淘到了一件。虽说是一件被砍掉了三足的香炉残器，却依然还是高 39 厘米、口径 30 厘米、腹径 45 厘米的轩昂大器。

不过，我所注意的却是香炉背后的故事。20 世纪 90 年代初，王金昌先生见到了被砍去三足的香炉，卖主索价 7000 元。过来人都知道，7000

元在当时实在不是一个小数目，再说"唐窑"本来就不多见，真赝难定。王先生虽然多金，也难免犹豫。于是，卖主告诉他：就在昨天，一个白发老头带着一位中年女士就出价 6500 元。遭拒之后，答曰回去商量。这件孤品最后被王先生抢得。

10 年以后，王先生才知道那位白发老头就是著名的瓷器鉴定家耿宝昌先生，中年女士就是陈华莎先生。当他们在时隔十年后再看见这件香炉时，耿先生感慨道："这香炉在你这儿啊！"陈女士解释说，当时还价 6500 元，并不是因为它不值 7000 元，只是花钱需要向文物局申请，出还个价乃是为了把货暂时留住。"还好，知道你买了，我们还能看到。"语气是平和淡定的，但是，透过纸背传来的却是一股由衷的欣慰，更有一种宝物不必我得，存身中华即可的大气。

无独有偶，还是在那段时间，王先生邂逅了一只成化青花婴戏纹梅瓶，正在观察间，一个文质彬彬、高挑身材、头发花白、气质不凡、风度翩翩的慈祥长者悄声劝他买下。王金昌先生议价不谐，遂失之交臂。一周后，那位长者见到王先生问，"你买了吧？"王先生说，"没有啊，已经卖了？"长者啧啧了两下，没再说话。王先生问："也不是您买的？"长者说："是你先看到的，你在还价，你没说不要，我怎好意思要呢？"这位长者正是著名的古陶瓷专家冯先铭先生。

这就很让我感慨：收藏是热了，但是，收藏的境界是否也随之得到提升了呢？今天的热，是否已经将如此悠扬的谦让退敛之美蒸发殆尽了呢？

大人物的小信件

王金昌先生是有眼光的，他悟出"中国历史数千年，最为震撼人心的还是近百年的中国现代史"，这就使得他对现代历史文献资料的收藏情有独钟。

看来都是缘分，王先生就收藏了很多大人物的信件。然而，在我看来，它们之所以可贵却并不在其人之"大"，而在其所谈事情之"小"。

张申府先生的名字，今天熟悉的人是不多了。他可是和陈独秀、李大钊并列的中国共产党的缔造人。"共产党"这个名称就是由这三位先生讨论决定的。张申府还是周恩来的入党介绍人。周恩来出任黄埔军校政治部主任，也是他向廖仲恺推荐的。由于个人和时代的原因，张申府最终淡出了中国共产主义运动。不仅如此，1948年还因为发表了《呼吁和平》，被自己组建的民盟开除了。这一位毕生尊崇罗素，毕生爱书、爱名、爱女人的自由主义知识分子的命运颇让人唏嘘。

1949年10月23日，张申府给"恩来吾兄"写了一封信，如今也是王金昌先生的珍藏。打动我的，并不是信中为《呼吁和平》一文所作的辩解，而是信结尾的几句话："去年（1948年）9月后间我曾公云，兄等所干的乃是惊天动地的事业，深恨自己为书所累，不能前来轰轰烈烈地共同奋斗。"

是啊，中国现代史上有多少人事后哀叹自己"为书所累"啊，可是，难道真的是为"书"所累吗？

毛岸英的手迹，向来见者极少，可是，就在两年多前，王金昌先生却在某家出版社处理出来的资料里，发现了毛岸英写给杨开慧姨妈之子向三立的信。虽说这确实是一次奇遇，然而，类似的情况却屡屡出现。某些"公家"单位在处理档案文件时，并不花心思去整理。除了感谢此等单位没有将这些资料直接送去化为纸浆，我们似乎也没有必要说什么。

信里所谈的算不上大事。毛岸英的舅舅"希望在长沙有厅长方面位置"，这原本是可以理解的人之常情。然而，自觉"本人是一部伟大机器的一个极普通平凡的小螺丝钉"的毛岸英，替舅舅感到惭愧。信里讲的道理，我们大多耳熟能详，未必能够给我们带来多少新鲜感。但是，下面这段话，却实在值得我们认真一读："反动派常骂共产党没有人情，不讲人情，而如果他们所指的是这种帮助亲戚朋友同乡同事做官发财的话，那么我们共产党正是没有这种'人情'，不讲这种'人情'。共产党有的是另一种'人情'，那便是对人民的无限热爱，对劳苦大众的无限热爱，其中也包括自己的父母子女亲戚在内。当然，对于自己的近亲戚，对于自己的父、母、子、女、妻、舅、兄、弟、姨、叔是有一层特别感情的，一种与

3

血统、家族有关的人的深厚感情的。这种特别的感情共产党不仅不否认，而且还加以巩固并努力于倡导它走向正确的与人民利益相符合的有利于人民途径。但如果这种特别感情超出了私人范围并与人民利益相抵触，共产党是坚决站在后者方面的，即使'大义灭亲'亦在所不惜。"

这段话说得何等的好啊。然而，确实也正如毛岸英在信中所说的那样："为人民服务说起来很好听，很容易，做起来却实在不容易的。"这里面难道就没有值得我们深思的问题吗？

小人物的大信件

王金昌先生还披露了一封信，是 1950 年山西万泉县的干部董青写给毛泽东主席的，后来刊登在华北局的《材料汇集》上。

董青是个小人物，这封信却是一篇言辞犀利、态度明确的大文章。当时刚刚建国，这位小人物就上书极峰，直言不讳地指出了好多今天看来堪称是触目惊心的问题，认为这些问题能否解决关乎"我党存亡"。

信中提到的问题主要有六点。

一、区以下的干部多半能力低下，不少是地痞流氓二流子。这些人乃是"发动对象"，依靠他们进行土改。结果是多吃多占，"得了不是抽大烟料子，就是大吃大喝，胡花乱用"。"百分之八十以上群众现在反对我们，骂我们，痛恨我们"。民间流传："辛辛苦苦，却为地主"，"受苦一生，定成富农"，"烟酒嫖赌，毁个空，八路军扶起当朝廷。"

二、这些所谓的干部一味蛮干，"贫雇农也骂我们恨我们"，"工商人更是骂我们"，"反不如解放前"……

三、在负担上本来宣传只收一次，现在每年两次，"比阎锡山时远重得多"。工商业纷纷倒闭，"老百姓害怕"。

四、宣传工作很差，没有效用，那些所谓的干部起了很坏的作用，群众加入一贯道，妇女更多。"群众对我们的坏干部是没一点相信的了。"

五、"发动妇女，不是从提高妇女觉悟，孝敬翁婆，亲爱丈夫，积极劳动，而是动员其离婚，反对丈夫翁婆，啥也不做，想怎就怎，更坏的是和我们干部搞关系，或马上离了婚又嫁给我们干部，在这点上群众也恨极了。"

六、过去买大烟料子，说是销往敌区，群众有怨言，但是还有得可说。现在是"料子大大地卖"，"都是公家买的"。

董青是个党员，他担保"如果我的话有一些虚假，我便是人民公敌，或者说是猪生狗养"。

小人物的这封信似乎没有能够如他所愿上达天听，而是由中共中央办公厅秘书室转给了华北局秘书处。从书中影印件上的批语来判断，小人物董青，像一切不加隐讳仗义执言的人一样，大概是没有好果子吃的。

问题是，小人物的信中所反映的大问题，究竟是从什么时候就开始出现了的？哪些解决了，又有哪些极难解决？为什么？

做过大事情的小人物

王金昌先生在潘家园还用十块钱买到过一本 32 开的小本子，装订简陋，但是，蝇头小楷很是漂亮。这本小册子的封面上有毛笔楷书《陈修夫自传》。

收藏者把它全文发表了，虽然标点什么的都比较随意，还偶有错误，但是，这依然是一份很重要的现代史史料，很值得我们重视。

陈修夫生于 1883 年，估计在 1955 年前去世。此人绝非等闲之辈，他曾经和孙中山一起组建国民党，和张作霖、张学良、吴佩孚、冯玉祥、蓝天蔚、刘艺舟、胡景翼、宋哲元、商震都打过程度深浅不一的交道。此人起码在当初也是一个有理想、有抱负、有激情、有胆略的人物，参与组织了登州起义，经历了济南暴动。他对旧中国的社会是很不满的，也曾经致力于改变其黑暗愚昧的面貌，他担任过地方官员，起草过今天看来不仅不落后，依然显得激进的自治大纲。在此略举一例。陈修夫提出："破除迷信，全县庙宇，适用的改为学校或村公所，不适用的，限期拆除。作为修

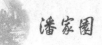

建学校的材料。所有僧道，壮年返俗，做事劳动，老年分往附近学校看门，比普通工友，多给工资。至于尼姑，不满18岁的，收入学校，教养费由公款负担，18岁至40岁的，教她自行择配，41岁以上的，每人给予八亩地，一间屋，不禁止化缘，死后，公款棺葬，将地屋收回。"

我所注意的主要还不止这些。我发现，这位陈修夫先生引述了一种很有趣的意见。抗战爆发后，这位陈先生也陷入困顿。他的一位朋友苏锡文在上海当了伪市长，叫他前去帮忙，可以在财政局和交通局间挑一个局长做。陈修夫挑的是一个月三百多元的科长，拒绝了一个月一千多元的局长。

这就很奇怪了，难道当科长就不是落水了吗？这位陈修夫先生就引用别人的话说："目前我们是亡国啦，怎么办？抗日吧，没有枪，有枪也不会放，找事做吧，就成了汉奸，不做事就要饿死。大人还好说，小孩子饿得直哭叫，问大人要吃的，你想想怎么办?!""张执中说，我的主张，是要吃饭，不要发财，小事做，大事不做。我同意张执中的主张。所以，我不当局长当科长。"

这套说辞背后的道理实在难说得很。不过，我相信，在当时，这是很多无奈的人内心的真实想法。问题是，难道别人就不把他们视作汉奸了吗？周作人之所以不被人们原谅，看来是因为他不仅要吃饭，还做了大事情，发了财。是这样吗？可是，我们今天记得的还是周作人。至于陈修夫，早就被大浪淘去，倘若没有这本小册子，历史上就仿佛没有过他这样一个人了。

王永兴先生与"一二·九运动"

我在2008年10月19日的《东方早报》上发表了《缅怀王永兴先生》，以表达自己哀思之万一。里面提到：

1935年—1936年间，用王先生自己的话来讲："我积极参加'一二·九'运动"。其实，岂止是"积极参加"那么简单呢？在"一二·九"

运动中，王先生是以一腔热血担负过相当重要的责任的。他在当年的许多同志或者部下，后来成了共和国的高级领导人。只不过王永兴先生自己从来不提而已。

其实，多年来我一直在留意有关王永兴先生与"一二·九"运动中的史料，但是，所见不多。这就更让我哀叹国人之善忘。然而，历史终究是历史，感谢王金昌先生从北京文化市场淘到了魏东明先生在上个世纪60年代写的一些自传材料。

魏东明先生是一个了不起的人物，中学阶段就开始参加抗日爱国运动，后来投身革命，担负过不小的责任，历经坎坷。解放后，还在教育部门、文联担任过虽说也算高级，却实在谈不上重要的领导职务。

1934年，他同时考取北京大学和清华大学，在前者，还是第一名。他是韦君宜的初恋男友，性格很特别，似乎比较激烈，而且一直未改。1952年，37岁的魏东明已经担任了相当的职务，居然在火车站和查票员吵架，导致列车缓开，被人举报到《人民日报》，还登了报，于是受了警告处分。这就可见一斑了。

正是他的这些自传材料，为我提供了梦寐以求的有关王永兴先生和"一二·九运动"的史料。

1935年，魏东明在清华大学和王永兴先生同屋，一起阅读哲学、经济学著作。他参加了平津学联组织的"南下扩大宣传团"，成员有蒋南翔、雷骏随（李昌）、王永兴、魏榛一等，还有燕京大学的王汝梅（黄华）。南下回来后，蒋南翔要求他与赵德尊、王永兴等成立清华"左联"小组。

这些尽管都是只言片语，却是非常珍贵的。

比起上海"左联"，对北平"左联"的关注和研究似乎相对薄弱。这里面的原因很复杂。刘会远教授曾经对我说，原因之一乃是，上海"左联"成员基本都是文学家，北平"左联"成员多是文学青年。这个说法自然是对的。不过，我们更应该重视的却也正是南北"左联"的各自的特色。北平"左联"的成员，有很多都成了职业的革命家，不少在后来成了高级领导人。当年曾经担任过负责人的刘曼生，正是刘会远教授的父亲，后来担任过国务院副总理的谷牧。

第一章　潘家园结缘

刺激与启发

20 世纪 80 年代中，我喜欢上了古玩。

那时，我在香港工作，深受香港古玩拍卖市场的影响，我也试着在市场上买些瓷器、字画，但心中没底。

一次，在香港油麻地跳蚤市场，一位从内地移民到港的所谓香港人，专买欧洲制造的旧机器零件，如齿轮、轴承什么的。他看到我是国内来的，手里拿着一个青花盘，就用挑衅的语气说，你们大陆"表叔"，来这儿尽捡些大陆的碗碟破烂，我们香港人，是捡人家发达国家的先进设备。他的这番话，对我自尊心刺激很大。我当场反驳说，先生，你捡的才是外国的垃圾，而我这是国宝！你知道"中国"的英文怎么说吗？他说，你怎么开口中国，闭口中国的，这里还不是解放区的天。

我看话不投机，就走开了。

在香港时，我经常光顾鉴真邮品拍卖公司。有一次，老板拿出一枚贴有民国帆船邮票，盖有"洪宪元年"邮戳的袁世凯洪宪年实寄封，该封是从新疆伊犁寄北京的，非常珍贵。这枚邮票当月的拍卖目录标底价五万港元。这数字比我两年的工资还多。老板说，这枚实寄封是他在国内花五元人民币买到的。中国旮旮旯旯到处藏都有宝贝，只要你懂，你有眼力，你

1

有这个文物收藏意识，你用心去找……

这位老板的话给我很大启发，大大激发了我收藏的欲望。我心想，自己居住北京，搞收藏也实在是天时地利人和。

(1987 年 5 月 18 日)

我的启蒙老师

一个想进入古玩收藏的人，有了收藏的欲望还不够，还得懂得鉴别，首要是能辨别真伪。为了提高自己的鉴别能力，我到处寻找有关鉴定方面的书籍。当时，这方面的书籍很少。一次，我在香港湾仔一旧书店看到一本《古玩指南》，就马上买了下来。这本书是著名文物鉴赏家赵汝珍所著，民国三十一年出版。赵氏在自序中开篇名曰："今日之中国，无一不遭外人之蔑视，其惟一之例外，即中国开化最早，历史悠久，历代所遗留之文物精美奇妙，光怪陆离，非任何外国所能企及，世人对之无不崇拜。中华民族之在今日尚夸耀于世，尚解为世人所称道者，惟此而已。"

读着作者自序，身居殖民地的我，十分的激动和感慨，简直像千里遇故知。这本书坚定了我进行收藏的决心。

《古玩指南》目录里有字画、瓷器、铜器、古书、碑帖、古代砖瓦等共三十章。我就按顺序，先读字画部分，再读瓷器部分。我尤其对瓷器部分读得特别认真。

我的老家在河北邯郸，离磁州窑、邢窑以至定窑、钧窑窑址不远。我从小生活在有较高文化的爷爷身旁，爷爷正房里摆有一对瓷瓶，耳濡目染，所以，一开始我对瓷器部分较感兴趣。加上赵氏书中推崇宋元老瓷，我也特别喜欢老瓷器，因此对瓷器章节读得较为细致。赵氏在瓷器一章里共写了五节，第一节"瓷器源流"，第二节"瓷器述要"，第三节"瓷之作伪"，第四节"瓷器之鉴别"，第五节"瓷器之评价"。

赵氏在"瓷器源流"中写道："古玩之价值均生自本体。今日贵重之古玩在制作之当时即已高贵，因年代之久远而可宝贵也。故唐代以前之瓷器真品固属不多，即偶得之亦不必认为稀世之宝。"他又说："宋代瓷业最高进步，质料、颜色、装饰、做工等均有神奇之造诣。在吾国瓷业史上可谓登峰造极。数百年来均以为法。虽经元明清各帝王之极力摹仿，卒未有能超越之，优美者其精妙当可想象。"

他还依次介绍了定、汝、官、哥、钧的真伪鉴定特点。

赵氏在"古玩何以可贵"里讲道："古玩之可贵尽人知之，惟古玩之所以可贵，除少数人理解外，社会众生多是莫明其妙。怀疑者有之，误解者亦有之，怀疑者以为，宝贵古玩乃系有钱阶级之傲行，或系名人之盲动，借此鸣高，故为风雅。误解者以为，古玩之可贵只在年代凡古物即可贵，而愈古愈可贵，其实皆非也。""时代越久远价值越高"，是外行和初涉古玩者的普遍的错误概念。"盖古玩之所以可贵者其重要之原因有二：一为古玩之自身者，一为人为者。"

所谓"自身者之原因，即古玩本质之精妙，做工之优良后世所不能仿作。"我理解，比如官窑瓷器，"精妙做工"包含了很多内容，与现在比首先它不计成本；如果是官窑还要将式样、花色让皇帝任命的督陶官监工，甚至皇帝直接过目，由皇家窑工直接完成，不合格的当下碎掉，以防流入民间。可不是现代机器批量制造和唯利是图、粗制滥造的仿品所能比拟的。

前些年，电视采访一自称专家的人，自仿汝窑瓷。当这位"专家"介绍了仿品如何如何好后，电视主持人问，那你说，宋代的汝窑瓷好还是你当今仿的好？"专家"竟信口雌黄："当然现代的好了！"

"专家"这种荒唐的误导还真见效，听说，潘家园地摊的仿汝瓷马上就涨价了。

所谓人为者原因尤多。赵汝珍在《古玩指南》中说，中国四千年来完全为君主专制，在圣君贤相天下太平，四民乐业之时期，知识分子固可以畅所欲言，适所欲行。但翻阅四千年历史，圣君贤相之时能有几何？多数为黑暗政治时期也。昏君暴君之政治下，愚夫愚妇固可以任受支配。稍有知识者，是非善恶之关能无动于衷乎？岂知专制政体下，批评时局、议论政治岂止自身不保，九族均为之担忧。是文人士大夫之脑筋固不能任意所思也，至径至动尤受限制，除读书从政之外，即不准有所活动，集会、结社，在当时均视为妖行所为，国法所不许，亦议论所不容，万不得已避出好古之途径，以古玩为唯一消遣妙品。次则，在当日专制时代，政治虽未必均上轨道，然一般官吏尚多畏于清议其越礼非法之行为，亦必多方掩护，如果年俸不及百两之官吏，十年之后拥有千两以上之房产地业，明晃晃摆在街上，非为御史所必参与为社会之所不容，古玩无定价千元之物可以一元得之，为官吏者藏有倍于其所入之古玩亦为事理之所可行，故官吏均以收藏古玩为隐藏。

《古玩指南》使我颇受教益，可以说，是我最好的启蒙老师。

(1998 年 3 月 2 日)

初涉古玩

1988 年初春的一天早晨，我正式加入了逛后海地摊早市的行列。

在德胜门内下车，穿过滨河胡同，一条路展现在眼前，路左侧是什刹海，右侧是宋庆龄故居。宋庆龄故居位于后海北河沿 46 号，是一座僻静、秀丽的花园式的宅院。朱红色的大门，面对着波光粼粼的后海，大门上悬挂着"中华人民共和国名誉主席宋庆龄同志故居"的金色大匾。这里原是清朝末代皇帝溥仪的父亲醇亲王载沣的府邸花园。故居对面，什刹海岸边垂柳丝发出绿芽，枝条垂落直达水面，飘出阵阵清香。再往东走，不远是银锭桥，从小桥走过，南侧就有了摆文物摊的了。后来，这些摊贩又移到荷花市场旁边，有几个土堆的一片空阔地。

我记得，第一次在这里购买的是元代磁州窑大罐，花了 120 元钱。磁州窑窑址在邯郸的磁州（现名磁县）观台镇，故称磁州窑。因为我是邯郸人，所以，我对磁州窑有特别的感觉。我买的这个磁州窑大罐，罐腹饱满如瓮，通体用褐彩书写元代初年河南布政使陈草庵《山坡羊》，"晨鸡初报，昏鸦争噪，那一个不在红尘里闹？路遥遥，水迢迢，名利人都上长安道。

今日少年明日老，山依好，人不见了。"书法刚劲有力，酷似当时的书法名家鲜于枢、冯子振的书风。以后不久，我又在这里买到宋代磁州窑墨彩龙凤图扁壶。

那时的古玩地摊真东西确实多，除非是老乡自己看不出来，误把假的当真的卖。很少有像今天，把新东西摔碎粘上做旧，精心仿制，还旁边站个托儿，招引买人的拙劣行为。

有赵汝珍的《古玩指南》指导，又有了实物，而且，我对磁州窑也进行了一番真真切切的研究。磁州窑瓷器以富有乡土气息与民间色彩著称。瓷器上的绘画多取材生活，由于是民窑，绘画装饰也更加富于平民味道，生活意趣与幽默感非常丰富。

那时，我只要在北京，几乎每个周末来这里逛地摊，几乎每次都有收获。

（1998 年 6 月 18 日）

重游北京后海古玩市场

我最早逛地摊搞收藏，是在后海，所以，后海常常令我魂牵梦绕。

为了帮助我回忆当年逛后海地摊的往事，2001 年冬日，我和同事重游了宋庆龄故居、银锭桥、郭沫若故居以及荷花市场。当时的文物地摊就在这块儿区域，在公安、文物部门等所谓管理者们的驱赶下，追追跑跑地转悠。

重游后海，别有一番情愫在心头。

我们沿着当年我逛地摊的路线，从德胜门内大街南行，路旁的大杂院似乎还是许多年前的样子，有些陈旧、有些拥挤，两边成行的槐树已然凋零。我们左转向东前进，不多会儿到了"宋庆龄故居"，这里与我脑海中的记忆一模一样。故居对面的水面如今已结上厚厚的冰，岸边的垂杨柳已失去春夏季节的风姿。这时，天空飘起细密的雪花，使得这个冬日显得有些寒冷。但我们兴致盎然，步行片刻，到了银锭桥，这里依旧那么热闹，人来人往、川流不息，不同的是胡同两边多了许多现代气息的酒吧、咖啡厅。听街旁老人说，这里的晚上热闹得很……

我们途经郭沫若先生的故居，到了位于北海后门的荷花市场，这里就是当年有铁皮房的古玩店铺和几家花鸟鱼虫店，旁边有几个不大的土堆，除了那个写有"荷花市场"的红牌坊还有当年的印记外，其他的已和我当年的记忆相去甚远。年轻一些的人，都不知道当年这里曾是改革开放后北京最早的古玩市场，他们对这里的感觉，恐怕就仅仅是"北京著名的酒吧街"，是"小资"们的乐园……

我们转了一圈，又回到银锭桥，有"立地一望而大惊"（明崇祯帝曾在此感叹景色之美）之感。我不禁感慨时代的变迁，在这个越来越模式化的时代，古玩和古玩市场，会不会也像这条古玩街一样慢慢地消失?!

（2002 年 2 月）

巧遇陶瓷鉴赏家冯先铭

90 年代初，我国著名的古陶瓷专家、故宫博物院顾问冯先铭先生也加入了逛文物地摊的行列。冯先生早年毕业于北京辅仁大学，主编过《中国陶瓷史》，是我国著名的文物学者。

冯先生逛地摊，给逛地摊的人正了名，壮了胆。当一些人耻笑我们是到"垃圾堆"捡破烂时，我们终于可以拿出冯先铭逛地摊进行反驳。"你们知道冯先铭吗？他是故宫大专家！故宫专家还去呢！那怎么是垃圾堆，怎么叫捡破烂。那是在给国家发现宝贝，我们是怕外国人捡走我们的国宝啊！"

当时，由于还没开禁古玩交易。工商、文物部门，甚至公安出动，时不时去轰、去抄。不知多少次，只要有人喊"警察来了！"卖主和买主提起货就跑，不知打碎了多少好东西！

那时，周末地摊早市是在劲松电影院南边的一片土堆上。一个周末，我发现一雄县摆摊人面前的竹篓子里边有只大约 35 公分高的成化青花婴戏纹梅瓶。孩童栩栩如生，平等青料，白地里透出浅浅的鸭蛋青地。虽然成化无大器，但此件在成化瓷中已属少见的大器。它虽没年款，但确是上等的官窑器。梅瓶接近底处开裂，但懂行的人都知道，那是子母口对接，是明代瓷器工艺的特征。

我正拿起梅瓶观察，一个文质彬彬，高挑身材，头发花白，气质不凡，风度翩翩的慈祥长者走到我跟前，悄声给我说，是成化的，你买得起。他大概知道我刚从香港调回，有点闲钱。我给 3000 元，卖主说 4000 元，少一分都不卖。一口价，从买主心理上一般是接受不了。假如卖主开价 5000 元，我就可能出 4000 元。在当时，市场上开价 5000 元的几乎没有。回到家，我想着早起见到的成化瓷，坐立不安。吃完午饭又返回市场，卖主不见了。

好容易等到下个周末了，一大早我赶往市场，找到那位雄县人，他说已经被人 4000 元买走了。

那位长者见到我问，你买了吧？我说没有啊，已经卖了，长者啧啧了两下，没再说话。我问，也不是您买的？长者说，是你先看到的，你在还价，你没说不要，我怎好意思要呢！

后来，我才知道，那位长者，正是我国著名古陶瓷专家冯先铭先生。我至今为冯先生的美德所感动！

第二年，在香港佳士德给我寄的春季拍卖书上，我看到了这件瓷器，底和身子粘在了一起，估价 80 万—120 万港币。

（2008 年 1 月 31 日）

逛地摊逛出的尴尬

90 年代初，我在华威桥下花 400 元，从河北肃宁摆摊人那里买了件写有"风花雪月"的元代磁州窑坛子。由于坛子太大，不好遮掩，在家门口遇到我的一位老同事。这位同事说，这个年代了你还买咸菜坛子，别那么抠门儿，六必居的酱菜还不比你腌的好！

我只能苦苦一笑。

前些年，我从潘家园买了一麻袋信札资料，我在往汽车上装时，看车的人拿出收费的纸条说，你这一麻袋能卖多少钱？你今天停车费就十块钱啊！到了家门口，新换的门卫，看我的穿戴不整，手里又提着个麻袋，说什么都不让我进院。正在争辩，出来个同事，忙给门卫说，他是咱们的领导，门卫惊讶的眼光看着我，"那他咋捡破烂儿？"

1994 年初，我看着苏富比、嘉士德一年两季在香港拍卖中国瓷器，痛心疾首。写了一篇《既要堵又要疏》文章，发表在《光明日报》上，呼吁堵住古董流往海外的渠道，支持文物在国内流通，呼吁成立拍卖行，扶持地摊交易，但遭到非议。文物局一负责人找到《光明日报》，说："祖宗也能拍卖？！"幸好自己不是业内人士，否则，不知会惹上多大麻烦。

十年之后，我写了《嘉德十年见证文物市场》，算对十年前的争议有个回应。

（2005 年 7 月 31 日）

潘家园忆事

一、从马路市场到潘家园

时光荏苒，日月如梭。转眼，潘家园古玩市场已走过了近二十年的风雨历程。北京的古玩市场经过多年流浪，最终定格在了潘家园。"潘家园"由一条北京普通街道变成为闻名中外的古玩市场的标识。

但是，北京古玩市场的起步并不在潘家园，而是在福长街。

改革开放后的北京古玩市场的萌生，应该是在 80 年代初。当时，万象更新，广东、深圳改革开放日新月异，每每传来消息都让人振奋，港、台歌曲唱遍大街小巷。人们在慢慢抛弃大锅饭和平均主义，不甘心一穷二白，男女青年开始穿牛仔裤，结婚置件两开门大衣柜。夏日里，普通的饭馆里，一个龙头出啤酒，另一个龙头出自来水，混在一起卖，大人、孩子，拿脸盆、饭锅从饭馆打回家，全家聚餐，招待客人，在大街上，要扎从水管子里流出的新鲜啤酒一饮而尽凉爽无比。大家似乎感觉比北冰洋汽水好喝，是因为它有一种与马尿味相似的洋味。

当时，我写过一篇散文，题目叫《这里刮着南来的风》，发表在一家文学刊物上。

市场经济的萌生和发展，使得束之高阁或只可自我观赏的文物，也成了值钱的东西。古玩、字画跃跃欲试地向市场涌去。

1980 年，在福长街五条，住着个姓金的人，由于脸上长有麻子，人们叫他金麻子。金麻子是皇家后裔，住的是临街的四合院，他家里有些东西。起初，他拿出来在胡同摆摊卖，别人看没人管，也把旧货古物拿出来摆摊，后来，人越来越多，慢慢成了气候。

大概也是 1980 年，《北京日报》有条小消息，意思是北京恢复了旧货市场，可以卖掉老家具什么的。之后的福长街五条，两旁不足百米长的一条小街，哩哩啦啦全是旧货，旧货里夹杂着古董。

我的逛地摊朋友于先生回忆说，福长街五条给他留下了难忘的记忆：那时，他在

20 世纪 80 年代末的"马路市场"

9

国家体委工作，月初领到工资后，他在福长街 35 元买了只元青花棱口盘，盘内底绘鸳鸯嬉水，口径有约 20 公分。回家后忐忑不安，是第一次花这么多钱买了个没用（不能使用）的东西，拿给老婆看，老婆看到后，惊得半天说不出话，好家伙，35 元钱是一个月工资吃饭后拿回家的余额了，买了个小菜碟，上有需要赡养的老人，下有上小学的孩子，这一个月的生活费没着落了。于先生想来思去，坐不住了，又折回福长街退货，卖主找不到了。天呀，他像丢了东西一样，一溜儿小跑，边打听那个卖青花盘的人，边喊叫。正在垂头丧气想着回去怎样给老婆交代的于先生，不想碰上了北京文物公司的秦公，秦公看盘后说，他要了。这是秦公给首都博物馆买的。至今放在首博，今天这个盘，35 万元应该是值的。

古玩在福长街五条变卖的阶段，我至多是看看。挣几十元工资的我，养家糊口已不宽裕，就更别说购闲置之物了，但记忆还是有的。在福长街五条，旧的家具到处都是，明清家具中，黄花梨、紫檀也不少，大都不高于当时从罗马尼亚进口压缩板制的双开门大衣柜 80 元的价格。有人趁机把鎏金铜佛、瓷品、字画放在这些旧衣柜和书架的格子里，偷着卖。

福长街之后是象来街、后海……古董交易一发不可收。

文物部门曾提出旧货市场有倒卖文物的嫌疑，使萌生的古玩地摊受到重创。古玩市场成了站马路、溜墙根，被执法部门到处追赶、逃跑、躲藏的游击市场。

真能称为古玩摊儿的时候，据我回忆，后海应算作一站，时间应在 20 世纪 80 年代后期，大概是 1987 年左右，先在银锭桥周围的住家墙根，后来在一片有土堆的空旷地。

我记得，在德胜门内下车，穿过滨河胡同，一条路展现在眼前，路左侧是什刹海，右侧是宋庆龄故居，故居位于后海北河沿 46 号，是一座僻静、秀丽的花园式的宅院。朱红色的大门面对着波光粼粼的后海，大门上悬挂着"中华人民共和国名誉主席宋庆龄同志故居"的金色大匾。故居对面，是什刹海，春天，岸边柳丝发出绿芽，枝条垂落直达水面，飘出阵阵清香。再往东走，不远是银锭桥，从小桥走过，南侧就有了摆古董摊的了。后海时的古玩地摊真东西确实多，除非是老乡自己看不出来，误把假的当真的卖。很少有像今天，把新东西摔碎粘上做旧，精心仿制，还旁边站个托儿，招引人买的恶劣行为。

我在后海地摊收藏一个磁州窑大罐，罐腹饱满如瓮，通体用褐彩书写元代初年河南布政使陈草庵的《山坡羊》词："晨鸡初报，昏鸦争噪，那一个不在红尘里闹？路遥遥，水迢迢，利名人都上长安道。今日少年明日老，山依好，人不见了。"书法刚劲有力，酷似当时的书法名家鲜于枢、冯子振的书风。

这么个风水宝地最终也没留住古玩市场。不久前我走访了改革开放后较早的自发形成的后海古玩地摊旧址，这里依旧那么热闹，人来人往、川流不息，不同的是胡同两边多了许多现代气息的酒吧、咖啡厅。这里除了那个写有"荷花市场"的红牌坊还有当年的印记外，其他的已和我当年的记忆相去甚远。昨是今非，世道沧桑，年轻一些的人，都不知道当年这里曾是改革开放后北京较早的古玩市场，他们对这里的感觉，恐怕就仅仅是北京著名的酒吧街了。

古玩的足迹是从西往东移。依次是，劲松百货商场南边，坑坑洼洼的一片建筑工地上，再后来，是华威桥下和桥东侧的路边，沿路一长条空地，下雨，就在华威桥下避雨。

这些都是在没围墙的空旷地。我想原因有二，一是没有任何部门敢划地买卖古董，二是执法部门查抄时好跑。

过渡到有围墙的地摊，是现在华威桥东北侧，现古玩书画城的地域。当时，可能是那里刚拆迁，有二三亩地砖墙围着的空旷地。时间大概是1992年的冬季或1993年的初春。

最早的古玩店铺，应是白桥和红桥两处，在20世纪80年代末，店铺是简易的铁皮房。我在白桥市场买过《秋山行旅图》，上画有七位老叟，各骑一头毛驴，诙谐洒脱，神态各异。他们沐浴着午后的阳光，走过小桥，走在两旁是柳枝抚脸的窄路上，向着山村而去。有时间、地点、景色等，画题言简意赅的"斜阳垂柳溪桥路，谱作秋山行旅图"。这张画虽不是出于大家名人之手，但由于它是我在较早时收藏于白桥铁皮房古玩市场，故而至今珍藏。

（原件为作者藏品）

我家住在崇文门，我逛潘家园，路过白桥时，想想当年的铁皮房，还常常让我流连忘返。

同时间的铁皮房店铺，还有后海的地摊旁的荷花市场，荷花市场卖花、鸟、鱼、虫的有几家铁皮房。外地来后海摆摊的卖主，货没卖完，把货落脚到荷花市场的铁皮房。几个原来做花鸟生意的人，把从旁边地摊上买的古董放在店里边卖。这些东西，比鱼和鸟好出手，价钱好，利头大，干脆由卖花、鸟、鱼、虫，改摆古董卖。这也就有了几家铁皮房子的古玩店铺。

稍晚些时间的铁皮房式的简易古玩店铺，还有位于劲松中街的一处。

至此，所有的古玩地摊、简易房店铺，都是自发的。所有卖有古玩的店铺，当时不可能叫古玩店，大都叫旧货、工艺品市场。

潘家园成为古玩市场，已是 90 年代初了，大概是 1992 年。但 80 年代末的华威桥古玩摊和劲松百货商店北侧的建筑工地地摊，从地理位置上讲，应该属于潘家园地摊雏形。

北京的古玩地摊和北京古玩城，之所以在潘家园落地生根，开花结果，应该是天时、地利、人和所致。所谓天时，是市场经济的大潮和香港古玩市场的影响，使得有经济价值的古玩字画，静止地摆在家里，藏在柜里，不进行商品交换，已做不到；所谓地利，是潘家园地区临近二环和三环路，交通便利，便于外地周边地区的卖货人（如晚清就有古玩集散地之称的河北雄县、肃宁等地来的古玩商人）；所谓人和，是朝阳区政府有前瞻眼光，看到了古玩市场的未来，因势利导成就了潘家园。

二、我的逛地摊朋友

当年与我一起结伴逛潘家园地摊的朋友有官员、有企业家、有画家、有电视台主持人，还有跳舞和唱歌的艺术家。那几年，每逢周六，无论是炎热的夏季，还是寒冷的冬日，无论刮风还是下雨，只要在北京，我们都会到潘家园逛地摊。

那时，大家在我家附近的东花市小区一卖油条、豆腐脑的摊点集合，吃早点。每人两根油条、一碗豆腐脑。后来，我们越起越早，最早时三点半就有人到了，卖油条的也越来越早，好像专为我们准备的。逛摊朋友中的一位企业老板，还特地从国外给我们每人买了件可装五节电池的大手电筒。

我们这个队伍里有玩宋元瓷的，有玩明清青花瓷的，有玩古玉器、石雕的，还有喜欢窗花、木刻、古家具的。

大家的收藏各有千秋，都乐在其中，美在其中。

（一）钟爱青花瓷的老牛

老牛，从事行政领导工作，是我们队伍中的长者。我们队伍的管理工作，都是由老牛说了算。

现在算来，我与老牛一起在潘家园逛地摊收藏青花瓷已经十多个春秋了。老牛收藏了不少青花瓷。他谈起这些藏品来，如数家珍，个个都有段故事，件件都让他乐不可支。

老牛收藏，最注重收藏过程。他认为收藏过程有三大好处，一是锻炼了身体。平时工作忙，没有时间锻炼，利用休息逛地摊，顺便就得到了锻炼。周末早六点起床，逛到十一点，不停地走三四个小时，带着寻找东西的想头走，不感觉累，平时散步，很难走这么长时间，走这么远路程，这是身体上的享受。二是沙里"淘金"。在众多的假货赝品中发现真品，提高了自己的眼力。三是长知识。买到东西，回到家后第一件事就是翻书，研究确切年代，积累收藏知识，这是精神文化上的享受。整个收藏过程是从理论到实践，从实践到理论，又用理论指导实践的完整过程。反复实践的过程，就是不断提高的过程。

老牛认为，对文物认识得越深刻，对中国的历史文化就了解得越深刻。人民用双手将历史真实地创造出来，人民用双手也表达了自己的情感和意愿。从这一角度看，更感到毛泽东同志关于"人民，只有人民才是创造历史的动力"的论述，的确是千真万确的真理。由此，更增长了对人民的感情。

老牛从来不到拍卖行买东西。他认为，从拍卖行买东西，别说买不起，就是买得起，简单地用钱来交换艺术品，艺术品就成了商品，没有了过程，也就没有味道了。他更拒绝别人的馈赠品。他认为，当今商品经济时代赠送古玩艺术品者，有别于古代互赠互送的文人雅士，且用艺术品换取某种利益，艺术品就成了庸俗品。

老牛以其多年的领导阅历，对青花瓷有更深刻的认识。比如，明清以来民间生产的大量青花缠枝莲，是表明历代百姓希望做官者代代清廉；青花，白地，清清白白；清也静也，谓道德清静之意。

老牛的收藏品说不上珍、精、罕，大都是破损的，而且来源于地摊，但真、廉、多，也称得上纯粹的地摊收藏家了。

老牛工作虽然繁忙，但节假日只要有时间，都要到地摊逛逛。他的执着深深感染了大家。

青花缘让我们结伴同行，一晃就是十多年。十年磨一剑，老牛已成了名副其实的青花瓷收藏家。他收藏瓷器，我也来帮着掌眼，我的鉴识水平，也在老牛的收藏中得到不少提高。

（二）宋元瓷掌眼大师老王

老王，是油画家，师从著名油画大师吴冠中先生。在我们的队伍中，老王是位忠厚慈祥的大哥，又是我们公认的古瓷、杂项专家。我们都称他为王老师。

我和王老师都喜欢磁州窑系的宋、元瓷器。有写意画的磁州窑瓷器更是王老师的钟爱。王老师是油画大家，对画派和画风有着深刻的理解，这些是我所不能及的。

王老师收藏的瓷器，不在于完整，而在于它的图案。

王老师鉴定瓷器的真伪，除看造型、胎质、画风，试手感（重量）外，还有个绝招儿，就是看磨痕。跟王老师学鉴定，久而久之我认识到，"磨痕"看得准，看得好，确实是鉴定真伪的一个重要工具。因为老瓷，特别是传世瓷器，或多或少都会带有人用过的信息，有善男信女的虔诚的寄托，有文人雅士把玩的记忆，有劳动人民耕作和生活留下的烙印。这些无意间在瓷器上留下了善意的人味儿和不规则的磨痕。而新仿瓷器，放在雨地，用泥脚踩，用油毡布磨，人为作旧，所带的信息是恶意的人为，是有规律的磨痕。两种磨痕，在放大镜下观察是有质的区别的。

当然，"磨痕"还包括年深日久在不同环境内存放留下的不同"皮壳"，与所说的"贼光"截然不同。这些，王老师都像教学生一样，毫不吝惜地告诉我们。几年下来，我受益匪浅。

1995年冬季的一天，天上下着大雪，在王老师的指导下，在潘家园地摊，我买了件宋代磁州窑罐，罐腹上有很洒脱的墨彩书法，"春人饮春酒，春杖打春牛"。抱着罐，在这寒冷的冬天里突然让我感到春天的暖意。我像是回到了阔别多年的农村，脑海里浮现出早已忘却的儿时的记忆：跟在大人屁股后边，面前是片片薄厚不匀的堆在地上结成冰，又开始融化的雪；苏醒的土地上，露出萌芽的小草；大人一手扶犁，一手扬鞭打牛的耕作……沐浴着春天，感觉甜丝丝的。

一次，我在潘家园地摊买了件宋代磁州窑绘婴孩瓷枕，那次王老师没去，我对真伪不放心，跑到王老师家，让他鉴定。王老师看后夸奖一番，还为这个枕头特地写了一小篇精彩的散文《抱得个"金娃娃"》——

朋友老王，一天上午在旧货市场购得一件陶枕，中午就打电话通知我，晚上便风风火火地抱来给我看。当他把这件陶枕放在我的面前时，我的眼睛不由一亮，忽记起沈从文先生说过的一句话：好的陶瓷，是一撮泥土与生命的结合。第一眼的心动，正是久远的生命力对现实心灵的穿透，是整体器物从多个方面对感官的综合刺激，常常是判断真假最直观最有力最鲜活的一瞬。这大概就是行里人所说的"一眼活儿"吧！

这是一件极少见又极具典型性的婴戏纹宋三彩枕。枕前高8.5厘米，后高9.5厘米，长40.5厘米，宽15.5厘米，呈长方形，四个竖面及底面无纹，枕面却刻画得精彩动人。作者先用三条平行线，在枕面四周划出框，又用弧线作开光，把框内一分为三，中间为主体画面，左右两侧为陪衬。这几条果断有力的切割线，横竖交叉处，有的未完全衔接，有的接过了头，左侧开光的轮廓线，因兴趣所致，大胆地越过了边框。在中国民窑瓷器中，无论划、画，还是刻，定有许多笔触与刀法，带着不拘小节的随意性与一种知错也不改的放纵感，体现出民窑工人独有的自信心与追求自由的心态。

这件陶枕最精彩之处，就是开光内匍匐前行的半裸男婴像。他大头胖身，两眼圆睁，一只手支撑着，另一只手高举着，仰首挺胸，腿脚用力蹬爬，形象十分可爱。至于婴儿的发型、项圈、肚兜，更显宋代特色。其手脚及耳朵的局部造型，不仅功力深厚，而且栩栩如生，似著名定窑"孩儿枕"的一幅速写画。

遗憾的是，此枕严重破损，仅枕面就已碎成多片，然而，我和老王（笔者注：指笔者本人）全不在意，尽情品味把玩，因为它有足以让我们心动之处。

（三）收藏古董木雕的小杜

小杜，是位年轻的企业家。他在我们的队伍里年纪较小。因此，我们都叫他小杜。

小杜回忆说，十多年前，他懵懵懂懂地跟随着朋友来到潘家园，那时的潘家园都是随意在地上摆摊。地摊上瓷器，字画，青铜，木器，甚至五金工具，破衣旧鞋什么都有，真正一个自发的旧货、杂货市场。

那时的小杜满眼的好奇，惊奇于那么多没见过的东西，许多东西他叫不上名字，也不知是干什么用的，更别说是分出真假了。他跟在我们身后走，看着我们在摆摊人手中挑拣着瓷器，破瓶破罐，还讨价半天，有时狠狠地杀价，只给开价的摊贩一个零头，竟也能成交。有时欲擒故纵，装作不买的样子，让那些心气太高的摊贩自认为手中的货值不了那么多钱。

他跟着队伍，每个周末都不落。对他自己而言，眼力不佳，又属入行的晚辈，好东西也轮不到他，尤其是青花瓷。他只有默默无语地跟着走，观听思悟。有时对朋友买过的东西也上上手，回家后查资料写笔记，就这样三年过去了。三年的风吹雨打，酷暑严寒，没有让他动摇，相反，和朋友一起，耳濡目染，过手练眼，让他学会了许多，也悟出了不少道理，选准了自己的收藏方向。

艺术是相通的，古玩也不例外。他慢慢地发现，在市场上，有许多江西人在卖窗花、小板（窗户或床上的雕版），雕工精美，内容有戏曲人物，花鸟，山水等。当时每块小板也就10至20元，窗花也不超过百元。他说，这些东西不也有一二百年吗？不也是古董吗？于是他试着收些窗花、门扇。他参考收藏青花瓷的经验，专收雕有人物的，要没修过的。凡是残的，或是太俗气的他都不收。那时，关于门窗木雕的专著是没有的。这时小杜用上了跟朋友三年看瓷器上绘的古时建筑物和人物造型的诸多知识，又买了些古建筑方面的书籍，感到得心应手。那时的门窗木雕，也恰好没有太多人重视，作为收藏品，这也算是个机缘吧。

小杜回忆说，1999年的元旦，北京下着大雪，不知是出于什么想法，或是某种预感，他一个人开车到十里河卖门窗木雕的小贩住地。在众多的门板窗花中，他一眼就看见了一套隔扇门，双面雕工，环板被泥土和稻谷填充着，隐约可见人物细细的手指，围廊不足火柴棍粗细，竟都完好。

小杜知道是好东西，抑制住内心的激动，先稳住了卖家，赶快开车接来了王老师帮他掌眼，王老师只看一眼，就赶快示意他付钱将东西拿下。当后来卖家将东西冲洗出来后，他自己都惊呆了，说没想到雕刻会是那么精湛。环板上雕刻的是《西厢记》故事。小杜问卖家，房子为什么会拆？卖家说，这八扇隔扇"文化大革命"期间怕被当作四旧毁掉，房主拆下来放到储藏间藏了起来，1998年的大洪水使这些老房成了危房，洪水带来的细沙使门扇表面糊了一层泥沙……

从收藏《西厢记》故事雕刻开始，小杜对窗花木雕有了感觉，从此决定另辟蹊径，专收古董木雕。

最让小杜津津乐道的是他在上海收的一对"牛腿"。

那次，小杜到上海出差，工作之余，他到城隍庙古玩市场转悠，在一家主营古旧门窗的店里，看到了一对"牛腿"（为支撑出挑的檐口及楼箱而设置的一种承重构件，起到斜撑的作用）。单个牛腿高有80cm，宽60cm，整个牛腿雕工达到了极致。镂雕、混雕、剔地、线刻，手法炉火纯青。山石树木，檐廊阶瓦，比例协调，错落有致，近看细致入微，远观恢宏大气。牛腿三面镂空雕，枝叶茂密，层层叠叠，亭台楼阁，上下交错，细瓦回廊，清晰如真。有老叟携琴访友，有读书昏睡的书生，有骑马一步三回首酒后与友话别的官吏，有执杖行乞的老妇，有喜鹊报喜的农家小院，也有情人窃窃私语，楼上还有人窥视和侧耳偷听的男女……所有人物栩栩如生。整个画面反映了那个时代的风貌，真可谓一卷木版"清明上河图"。

"我忽然眼睛一亮，这样的木雕我从没见过，我也绝不会放弃。"小杜说。问过老板，才知牛腿已被一外籍人预订了。小杜给老板说了许多好话，包括给他讲了许多爱国主义的大道理，说，好东西出了境，就再也回不来了。老板虽点头称是，但也说要讲信誉等等。小杜非常沮丧地回到了北京。他整晚睡不着觉，心里总想着那牛腿。第二天一早，他竟然又返回上海，说无论如何也要把它拿下，一副志在必得的样子。老板为小杜的真情所动，同意把牛腿让给他。如今，这件宝贝应是他的镇宅之宝了。

"这件牛腿是典型的东阳工艺！"小杜说，买到东阳木雕牛腿后，他寻根溯源，特地去了一趟东阳。经过一番研究，他确定这对牛腿应是东阳木雕发展的鼎盛时期——"嘉道"（清嘉庆年或道光年）年间的作品。

如今的小杜变成了行内的杜老师。他收藏的木雕属于建筑木雕中的徽雕和东阳木雕。徽雕以歙县木雕为代表，东阳木雕是以浙江东阳命名。这两种木雕以浮雕技艺为主，立体感较强。尤其东阳木雕，历史上名声大，它自明代后期就一直很出名了，经过"康乾盛世"，民间工艺的提高，人们对艺术的追求也有所突破，官、商显贵之家，无不把文学形象，神话故事，戏曲诗歌，名胜古迹，风情民俗，山水花鸟都作为雕刻的题材，精雕细琢于房屋的屋架、房梁、牛腿上，它撑拱起了人们对美好生活的追求，也成为永不落幕的戏剧。当地的南寺塔、肃雍堂等东阳木雕极为壮观。据史料记载，清乾隆年间，东阳木雕400多名能工巧匠进京修缮宫殿，雕制屏风、落地罩、宫灯，雕梁画栋，创造了中国木雕史上的辉煌篇章。

我们听着小杜娓娓动听的介绍，有相识（木雕）恨晚之感。

小杜早先没有下手收藏瓷器，后来剑走偏锋，另辟蹊径，收藏门窗，终也修成正果。

（四）开古玩店的小光

北京古玩城三楼对着滚动电梯口有家名号"百德堂"的古玩店，店主叫小光。

我和小光一家有十多年的交情。小光的大舅哥二勇，是先认识我的。后来二勇回本溪开金矿，就把他的妹妹艾玲和妹夫小光介绍来了古玩城，也介绍给了我。

我和我的古玩朋友，每个周末逛完潘家园地摊，都要拐到小光的百德堂歇脚。小光在他的店里用古建筑门窗隔出一角，摆了沙发和茶几，备有茶点招待我们。我这些朋友不但自己买，也给小光介绍了不少顾客。

小光今年43岁，但已经有了20多年的古玩生涯。小光出生于河北省昌黎县农村，父亲在唐山当水利工程师，母亲是家庭主妇。他18岁高中毕业，回到庄里参加农业生产，赶过马车，拉过货，卖过服装。偶然的一次机会，他在村里挖栽电线杆的坑，挖出一个古钱币，卖了五块钱。从此他与古玩结下了不解之缘！

位于北京东200公里的昌黎，在清末民国时期就是古玩集散地。昌黎城关镇的古玩集市一直延续到新中国成立后，国家在城关镇搞了个委托部（改革开放的20世纪80年代初，昌黎城关镇古玩集市复燃，90年代中，随着北京古玩市场的合法化而自然消失）搜集流散的古玩。委托部的任务是给天津外贸收货，主要收购允许出口的民国掸瓶（放掸子的瓷瓶），超年份的则交给文物部门。委托部的卜贵生老师傅是小光的古玩启蒙老师。

那时，小光经常骑着自行车，自行车后座两边挂着两个柳条编的篓子，拿着个铜锣，敲一声，吆喝一声"瓷瓶古玩的卖！"下乡收货，收了货交给委托部的卜师傅。

让小光记忆深刻的是，1984年他花60元买了只大明宣德年制青花缠枝牵牛花纹四方委角瓶，他回到城关先给卜师傅（当时卜师傅已退休在家）看，师傅给他加10元钱要70元钱买断。小光第一次驳了师傅的面子没卖，拿到古玩集市150元卖给了北京来昌黎城关镇赶古玩集的李先生。李先生拿到北京以85万元卖给了一美籍古玩商人。后来这位美籍古玩商帮李先生移民到了美国。现在李先生在纽约和洛杉矶等大城市开了四家古玩店。

一个宣德小瓶改变了李先生的命运。小光说，李先生一直觉得对小光有歉意。1995年，小光在古玩城开店后，李先生很关照小光的生意。小光对李先生说，你欠国家的更多，都补足了你才能心安理得啊！近几年小光仅通过李先生，把国外的古董珍品回流到中国，多时就达上千万元。

如今，小光是跑外，行走于国内外的大拍卖行、大古玩商和北京之间，妻子艾玲带领四位店员经营着百德堂。如今的百德堂年营业额数千万元，而且绝大部分珍品都是从海外回流的。

小光经营古玩20多年，他有很多的体会：真，是古玩的根本；珍，即珍贵，是古玩的商标。古玩件数不在于多，而在于珍贵，买家不在于多，而在于经常回头。古玩对藏家来说是固定资产，而对商家来说它是流动资产，既然是做生意就要加快资金周转，利润适当就走。要有自己的核心竞争力，即有自己的买家市场和卖家市场，好东西要敢于出高价，该出手时就出手。

当问起做古玩需要的条件是什么时，小光说，基本条件是要具备三力：一是眼力；二是财力；三是魄力。三者相辅相成。

小光更把买家当成朋友。我的古玩朋友圈里一位藏家，几年前从小光的百德堂买了只清晚期青花缠枝菊纹绣（坐）墩，由于跟家里另一只配不上对，一个星期后退货。小光已用卖绣墩的钱买了件元代釉里红玉壶春瓶（缺颈残件），我的朋友看上了这件东西，欲向小光换。小光知道，绣墩和玉壶春瓶虽买的价格差不多，但收藏价值却相差甚远。既然朋友高兴要，小光就把玉壶春瓶给了朋友换回绣墩。如今那件元代釉里红玉壶春瓶价值可达百万，而晚清青花缠枝菊绣墩价值不过十万。

小光的百德堂被选为古玩城文明守信户，小光还担任了全国工商联古玩商会理事。百德堂的含金量越来越高，利润不亚于小光大舅哥二勇的金矿呢。

……

三、潘家园地摊结缘

我们这个因潘家园结缘的队伍，结伴而行，弹指一挥，已经十多年。大家能走在一起，十多年不散，靠的就是对古玩的热爱，对中国传统文化的热衷。大家相互学习，轻松交流，没有功利目的。不管多好的东西，都不会去争。不管谁要了，都像自己得到了一样高兴，好像这些东西不是某一个人的，而是我们这个团队共有的。对中国古代文化的理解和感悟，也随着收藏经历由表及里，由浅入深。

潘家园培养了大批古玩爱好者，造就了一批古玩收藏家；这里成长起了众多成熟的古玩商，成就了不少古玩鉴赏家。

潘家园使我们对古玩各有所悟，各有各的娓娓道来的潘家园感言——

油画家老王说：从文化方面品味，宋磁州窑瓷器，奔放、自由、追求个性，不像官窑瓷器那样拘谨和循规蹈矩。反映了在封建社会里，劳动人民追求解放的精神诉求，是人性真实的体现；用审美角度看，古代陶瓷的造型、色彩、绘画的艺术境界，直到今天仍是当代艺术家孜孜追求的标准。我们继承几千年的文化传统，就是继承前人的文化精髓——如对美的追求，超凡卓绝的审美观和审美意识等。

收藏木雕的小杜说：雕刻的门窗构件所雕的文学形象、神话故事、戏曲诗歌、名胜古迹、风情民俗，巧夺天工，意境深邃，可见当时的艺术不计成本，不粗制滥造，有强烈的使命感。

经营百德堂的小光说：诚信是我的理念。从在潘家园摆摊起到经营古玩店，十几年下来，我所接触的古玩商中，凡做真货，不做假货、不搞赝

品的，今天都成了古董专家，开了店、置了房、购了车。凡屡坑蒙拐骗，专做赝品假货者，大多半途夭折或至今混不出个人样儿来。

对于我们这个队伍而言，收藏已不仅仅是一种个人爱好，一种习惯，而是日积月累后，对历史的梳理和回忆；它使人增长知识，产生满足感，成就感，在获得物质价值的同时，对物品的来源、产生过程追根溯源，也成就了我们每个人精神和文化的享受。

潘家园成为驰名中外的古玩市场，实在是历史的选择；而我们这个收藏队伍因潘家园结下的缘分，让我今生今世永远珍惜！

（原载《新华文摘》2010 年第 4 期）

"破烂王" 王富

收藏者的最大欣慰，是对历史的补缺。

现在逛潘家园收藏书籍资料、名人信札的人，没有人不知道王富这个名字。

初识王富

我认识王富是在 90 年代初的地摊，那时的地摊应该是潘家园市场南边，现在的妇产医院所在的地方。门朝西开，说门其实没有门，是个豁口。这时，也是王富刚入地摊不久。那时只有古玩器物摊，没有像现在这样的书摊。王富拉着个轱辘没皮胎只有两个铁圈的排子车，排子车上有书、邮票集、相册、纸张资料，有时也有几轴画。他总是站在进门的门口。后来才知道是他里边没摊位，因为摊位是要收费的。一次我在一捆纸里翻出一张八开纸，用毛笔字写的"交代材料"，落款是"罗工柳"签字和按的红手印。当时我的兴趣主要在古玩杂项上。虽没涉足资料收藏，但对美院的东西还是感兴趣，对罗工柳这个油画大家还是知道的。交代材料写于 1968 年 7 月 19 日。内容大致是：

一九五九年，革命博物馆布置绘画任务时，最初打印的目录，后来有一次大的变动。这次把原有"毛泽东和矿工"改为"刘少奇和安源矿工"，还有其他比（较）大的变动。这是由陈列部谢炳志和沈庆林在陈列部办公室通知我改的。然后让我布置任务。我经过美协把"刘少奇和安源矿工"这个大毒草题材布置给美院侯一民。但后来陈列部谢炳志和沈庆林又要我布置人画"毛主席在安源"。这个任务我布置给辛莽，并派辛莽到安源去过。

在罗工柳落款和落的日期下边注有"罗工柳被揪出批判，此供参考。"落款是"中央美术学院工革委68、7、18"。

我拿起罗工柳的"交代材料"，问王富要多少钱？王富说，你看着给吧。我看得出他心里没谱，大概也不知道罗工柳是何许人也，更不会知道毛主席去安源是怎么回事。我说 100 元怎样？王富瞪着眼睛傻傻地看着

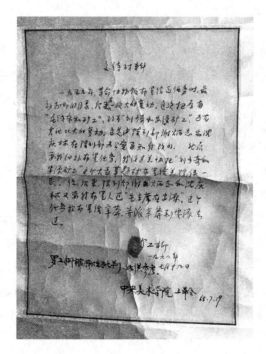

（原件为作者藏品）

我半天才说，你再随便拿两件吧！我看着王富，头发蓬乱，衣服也不合身，像是捡来穿上的，但人很实在。我在他排子车上又翻出一本影集是梅兰芳原照，从9岁的梅兰芳到演霸王别姬的梅兰芳，足有一百多张。还有一信札，是位国民党元老级人物写给我党一位要人的信。我告诉王富，梅兰芳是京剧大师，你看还跟毛主席有合影呢，可开价500元，信札可开价1000元，也给他讲了罗工柳。王富感谢再三。

我认识了王富。从此我在潘家园，只要碰上他，都会先看一遍他的货，告诉他哪些东西有价值。可惜我当时对资料性的东西还没像后来那么大的兴趣。我之所以要罗工柳手写的检查材料，不只因为罗工柳是油画大家，更主要是因为其中谈到毛主席和刘少奇去安源。我对革命文物有着浓厚的感情和兴趣。

我也与王富交上了朋友。

要饭的王富

王富，从他父母给他起的名字看，是想让他富，期望他将来做个富贵之人，真是越是穷人家越期求富裕啊。王富出生在山东省泰安地区东平县农村，在三年暂时困难时的1962年出生。姊妹五人四个男孩他排行老三。他出生不久，患小儿麻痹，无钱医治，家里为给他治病把把碾稻谷的碾子都卖掉了，留下左腿残疾，走路手扶膝盖，歪着个身子，一瘸一拐的。

王富其实不富，其貌也不扬。他不但有残疾，而且脸像从炭堆里钻出来的一样，黄里透黑，带着明显的先天营养缺乏症状。唯一提神的是双炯炯有神的大眼睛。

到了1989年，王富艰难地活了二十七岁，与王富同龄人的孩子都上小学了，他自己还光棍一条，靠父母养着。一天，兄弟们凑在一起给王富说，你出去吧！能要口饭吃你就活着……王富妈妈追出村口，偷偷塞给他五元钱。王富说，他哭了，他一步一回头，恋恋不舍地离开了养育他的家乡。

破衣烂衫的王富要饭来到泰安市。一天，王富看到一辆拉胡萝卜的卡车，饥饿难忍的王富趁司机到路边饭馆吃饭停车的工夫扒上了车，藏在盖有帆布的卡车拖斗里。萝卜填饱了肚子，没等他下车，车开了。他心想，拉到哪儿算哪儿吧。一觉醒来到了第二天的清晨，车停了，知道到终点了，这一下才知是首都北京，是北京南站。王富扒上的原来是给北京送菜的车。

王富穿个破棉袄，戴个破帽子，脚蹬大头棉鞋。当时北京把没正当职业在北京"漂"的都视为"盲流"，到处抓"盲流"，抓了送回原籍。王富总担心被抓，心想抓回去可就没机会再坐不掏钱的车来北京了。

王富说，后来遇到一个残疾人，送了我一只碗，开始了我的要饭的生涯。在车站要饭和到垃圾桶里捡别人扔的饭盒剩饭。一次饿极了，顺着饭香味儿，来到了车站出口处边上的大通回民饺子馆，偷偷溜进饭馆，看着人家吃完，碗筷被拿走了，以后干脆不等人家吃完，还没有撂筷，就问人要。后来就在大通回民饺子馆帮人收拾碗筷，吃点剩余饭菜，饭馆老板看我可怜，也老实勤快，也不轰我走了。晚上睡在火车站候车室，这一下就是一年多。

王富说，饱了肚子，第一件事是想到天安门去看看，因为小时候唱"我爱北京天安门……"；也总想瞻仰下毛主席遗容，因为妈妈总念毛主席他老人家好。王富目标定在了要换件衣服去天安门。他想，去瞻仰毛主席遗容，不能穿着破棉袄，让毛主席看到了生气，给毛主席他老人家丢脸。于是，想到找北京唯一的一家亲戚借5块钱，壮着胆子去了，但没有借到，水也没喝就被亲戚赶出来了。

捡破烂的王富

王富说，我要饭、在垃圾桶里捡饭吃的时候经常想，怎么能挣点零花钱啊？不能偷，不能抢。后来我看到在候车的人把看过的报纸就扔了，我把它捡起来再卖给别人接着看。再后来，听说废纸有地方收，也能卖钱，我看到候车人垫在屁股底下的纸，人走后，满广场到处是，在我看来这哪是废纸，这遍地是人民币啊！我就捡啊捡啊，由于咱有残迹，腰弯来弯去很不舒服，后来我就一手拿个头上带钉子的棍子，一手掭编织带来捡，舒服多了。《大众电影》5分钱买，卖1毛；两毛的算卦的书卖1块。挣了二十块钱，买了个旧自行车，不会骑，腿瘸抬不上去，蹦上去。好了，有了交通工具，捡后往附近的右安门废品收购站卖，卖给公家，不哄不骗，价钱公道。好不容易攒了一布袋全是一毛、五毛，最大不过一元的碎钱。

一个冬天的晚上下着鹅毛大雪，我捡破烂回来，遇上一个30多岁的少妇，大冬天流浪街头，蹲在一家大杂院门口，冻得直打哆嗦。我也头天刚在这家大杂院租了间月租70元的平房。我可怜她，就带她到我房间暖和暖和。她吃饭后说想在我这里住一宿，说是"上访"的，我也就答应了她。我听老人讲过"卖油郎独占花魁"故事……我睡着了，睡得很死，一觉醒来发现那女人走了，再看一布袋碎钱没了，被这个女人偷走了。我不恨她，听她说，家里有两个孩子，丈夫死了，她在为丈夫的事儿上访。

王富继续讲他的破烂生涯。一次捡到几本被丢弃的书，被别的旅客买走了，比废纸值钱多了。这引起我的琢磨，在我向右安门废品站卖我捡的烂纸时，我发现有成捆的陈旧书刊，就回购了回来。这个时候我已知道了有旧货市场，在那里卖旧东西，比废品站卖的价钱高。

知道潘家园，还让我付出了今天看来仍是天大的代价。在废品站捡东西，捡到一幅画，犀角画轴，人家告诉我可到琉璃厂看看，没准儿卖个高价，我去了琉璃厂一家名气很大的店，一位老先生见我穿着破衣烂衫就把我轰了出来，在门口他看到露在卷着的报纸外的画轴，他让我打开画，看画后迟疑了一下，告诉我到潘家园卖。我到潘家园刚一放下，就被那个老先生花20块买走了。后来才知道是末代皇帝溥仪以赠他弟弟溥杰为名，从故宫流散的宋代画，不久就听说，老头将画转卖了二百万，要是现在卖，千万都不止。从此，我也知道了潘家园。这件事极大地刺激了我，使我知道了有知识，学文化的重要。

满腹经纶的王富

那时的潘家园旧货地摊在一片有土堆的空地上。我清楚地记着，第一次我一下子卖了四十五块钱，是我有生以来第一次见到这么多整钱。从此我告别了捡破烂，开始了串废品站回购旧书旧信札资料，周末去潘家园卖的书商生涯。从跑废品站，发展到跑大机关，蹲博物馆、档案馆、出版社，甚至一个地方一泡就一天。起初我不管什么一律每件五元，是王哥你告诉我哪些值多少钱，为什么值钱，哪些不值钱，哪些是出于名人之手，我都一一记着；王哥你送给我的《名人大字典》，我至今珍藏。我还捡了本旧字典，不认的字就查。记着有一本梅兰芳原照影集，你告诉我可开价五百元，结果四百元卖掉了。我在废品站一堆烂纸中翻到一张清康熙圣旨，到潘家园，两个买家各扯一半，相互加价，价加到九百块。

从这以后，只要见到一两件值钱的我就成堆买下，买下来回来再淘，在阳台上坐上小板凳将整麻袋、整箱的东西倒出来，一件件看，一件件辨别，这二次淘宝别提多美了。

王富说，一次从一堆资料中竟淘出周恩来亲笔写的"为建设人民文艺而努力　敬文先生　周恩来"真迹，后来查资料知道，这是 1949 年 5 月钟敬文到北京筹备并参加全国文联第一次代表大会，被选为文联全国候补委员及文学工作者协会常委的时候，周总理给钟敬文的题词。还有一次淘出了在解放太原时，茅盾先生的女婿（女儿沈霞的爱人）萧逸牺牲，茅盾先生在约 30 公分长、20 公分宽的宣纸上，用小楷书写给时任新华社记者张帆先生的信……王富如数家珍。

现在的王富对文化名人很有了解，他不但知道郭沫若、茅盾、老舍、丁玲、冰心、巴金，连周汝昌、李希凡，甚至连陈忠实、贾平凹他都知道。更让我刮目相看的是他熟知钟敬文怎么与周恩来熟悉，童小鹏做过周恩来总理办公室主任，就连吕振羽在延安时期做过刘少奇秘书他都研究过。

我问王富有什么诀窍？这么大个北京城怎么去淘宝啊？王富笑笑，说了两句话，都离不开破烂，一句是"名人家的破烂"，还有一句就是"博物馆、档案馆、大机关和废品站管破烂的人"。

捡破烂也有商业模式，王富说，现在遍及全北京城大的废品站，各大博物馆、档案馆、图书馆，还有美院、社科院等凡是能出"东西"的地方，都有我布的网点。有时得到一个信息，不惜追踪到外地。一次，了解到原商务印书馆一批民国时期的东西流落到山东，我就跟去了，整整一卡车80箱东西全部买了下来，民国名人的手稿、往来书信很多。

我在网点布的人大都与我沾亲带故，只要有好东西它就跑不掉。我也不亏待他们，尽量从他们手里买；他们实在找不到东西，我也给他们钱，让他们生活过得去。

软文物保护神王富

进入90年代，档案馆、博物馆、图书馆和各大机关，一是拆迁，资料档案搬家，遗弃大量资料；二是上电脑搞检索，又扔出大量管理人员认为没必要再存档的资料，比如一个年轻的图书管理员，就扔出了五四时期创刊的《新青年》而保留当今的《青年文摘》。听说，一家国家级的出版社因搬家扔出两麻袋资料，其中不乏五六十年代伟人的题词和文化名人的书信，被人花70万买走，转手买了几百万。

我跟收藏界的朋友讲，90年代的书摊相当于80年代的古玩地摊。现在的书摊可收的东西，仍然相当于十年前的古玩地摊。

王富说，这十多年他卖的书籍、资料，可以用卡车拉几车呢。我觉得，王富是软文物（纸类）的保护神。从书籍、资料到名人信札，尤其是红色文物，仅我从王富手收藏的就有数百件之多。我想，要不是有王富，有王富布下的网点，不知多少有价值的软文物进了纸浆厂和焚火炉。

好人王富

王富说，我在南站捡破烂时还捡到个孩子。孩子用一小花棉被卷着，还有个纸条，清楚地写着孩子的出生日和时辰，生下来刚三天。字条上还写着：孩子是第三胎，付不起罚款，望有善心的叔叔阿姨能养活她，给她口饭吃。旁边还有奶瓶和一袋奶粉。这孩子有残疾，一只耳朵有听力，另一只耳朵没耳眼。我想，我不也是因残疾才到这个地步吗？我还有两只健全的手，活了下来。看着耷拉着脑袋，快要饿死的孩子，再不喂她肯定很快饿死，我抱起孩子哭了，可能是同命相怜吧。就这样，我用捡破烂卖的钱买奶粉喂了她半个月，又搭了个不花钱的车，把她送到我老家，给我妈留下我捡破烂攒的一百多块钱。王富擦了擦眼泪，脸上顿时出现幸福的笑容。在我找到老婆后，就把我闺女从山东接到了北京，我们两口子像亲生的一样对待这孩子。王哥，你前几天到家里去见到的我的大闺女就是她，今年15岁了，在北京上初中。

我感叹，王富不只是个勤奋的人，吃苦耐劳的人，还是个有血有肉有感情的人，我交这样的朋友交对了。

富裕的了王富

王富把母亲也从山东老家接到了北京。姊妹兄弟和他们的孩子们也大都跟着王富来了北京，如今都是王富部署部网点上的最可靠的线人。王富母亲八十大寿，王富在人民大会堂对面的历史博物馆四楼宫廷御宴厅，设宴邀亲朋好友百号人，为母亲祝寿。

如今的王富成了名副其实的富人。在潘家园新落成的现代收藏品大厅二楼租了40平米的门市，专卖书札、资料，有车、有在立水桥北苑家园买的两室一厅的住房。老婆是安徽阜阳地区阜南县人，又贤惠，又聪明，又有文化，是王富的秘书助手加司机。现在拨通王富的手机，你会听到《吉祥三宝》的音乐："爸爸像太阳照着妈妈，那妈妈呢？妈妈像绿叶托着红花，我呢？你像种子一样正在发芽，我们三个就是吉祥如意的一家。"这正是现在的王富幸福一家的写照。

（原载《十月》2008年第1期）

"奇石王"张军

生鲜五花肉石（10.5×5.9×4.2厘米）

天斧神工造灵物，东坡又添姊妹石。

皮上毛孔星云布，布下肥瘦相间匀。

农田地里长猪肉，康保再现天下奇。

"奇石王"叫张军。

张军是康保县一位地道的农民。他20多年来持之以恒捡石头不间断，捡有奇石上万块。他的奇石还在地矿部门组织的全国奇石精品展示上获过金奖。也缘于捡石头，张军练就了牙叼百斤重物，牙拉两辆1.5吨重汽车走20米的神功。牙拉汽车一项，参加过"中华达人"节目，有关部门还为他申报过世界吉尼斯纪录。

奇石的稀有性也是其本身极具收藏价值的重要因素。人类艺术的最高境界就是再现自然，而奇石之奇的根本性缘由是其来自大自然且天然生成。奇石属观赏石类，大到置于公园，放在庭院里，具有皱、瘦、透、漏的太湖石，湖光山色的大理石；小到手掌把玩的彩霞皎月的雨花石。奇石有的是栩栩如生的人物及动物；有的是丽姿艳色的奇花异草；有的文字细描如真；有的写意泼墨如画。这些都是由于不同的奇石具有不同的审美特性给人以不同的审美感受而被人收藏。中国是东方赏石文化的发祥地。历史上有文字记载的，至少可追溯到 3000 多年前的春秋，据《阙子》载："宋之愚人，得燕石于梧台之东，归而藏之，以为大宝，周客闻而观焉。"

康保出奇石在文献中还没见文字记载，而康保如今确实出的"生鲜五花肉"奇石足以媲美台北博物院镇馆之宝"东坡肉"奇石（传说东坡肉石也出于康保，但文献记载的并非如此）。康保奇石是张军他们发现的。

潘家园遇上的卖石人

前些日，周六一天早上，我将车停在河南大厦对面的停车场，在步行去往潘家园的路上看到一位卖奇石人。那天天气较凉，卖奇石人穿件羽绒服，缩着个脖子，坐着个小马扎，面前摆了一盘酷似猪肉的石头。这盘肉石吸引了我，我蹲下看了很久，问了价格，并知道了卖石人是河北省康保县人。

我进去市场，细看了一下广西产的"猪肉奇石"，肥膘上缺一层薄皮且肥瘦雪白血红分明，呆板，少灵气。它与康保"猪肉奇石"比较，最大的区别是康保奇石有肉皮，好的皮上还有鬃眼孔。逛了半小时，总想着路边的奇石，就又折回来，找到路边的卖石人，200 元买了他块石头。他说还有更好的石头在他住的宾馆里，我随他到了离潘家园不远的招待所。他住的是地下室，每天费用 50 元。确实住处的石头比摆摊的好些。卖石人叫张军，他给我的名片上印着一块五花肉石，吹嘘说这是他收藏的一块全世界最好的生鲜五花肉石。我问何以见得？张军说，很简单，你把同样的东西五花生鲜肉和我这块石头放一起不就是最好的鉴定？我故意逗他说，你进去市场（指潘家园）看看广西产的"猪肉奇石"，多着呢！张军急了，

肉石没皮那能叫肉石吗？有皮有肥有瘦才算一件完整的猪肉奇石。说着，他从腰带上解下一块佩戴的五花肉石给我说，你看看，不怕不识货，就怕货比货。这块拇指大小的五花肉石肥瘦相间，层次分明，肉皮上还带有明显的毛孔鬃眼。张军说，这块只不过是便于佩戴，在我的奇石里它还排不上位，跟我那一号石生鲜五花肉石比更是小巫见大巫了。

我和张军约定下个周末见，嘱咐他来时务必带上他夸耀的那块全世界最好的生鲜五花肉石。他说可以，但不能在潘家园看，那里不安全。我说那就还在这招待所地下室小房间。

这期间我对奇石欣赏进行了追根溯源，翻阅了一些资料。古往今来，我国历代文人雅士大多爱石藏石赏石，与奇石结下不解之缘，特别是宋代的大文学家苏轼和大书画家米芾，他们的藏石故事在千百年后仍被广为传颂。

苏轼收藏奇石，随兴所至，随意赏玩，无拘无束，无所不容。不仅有山水景石、纹理石，还有色彩石、抽象石等。他面对朋友的名石诗兴大发，写下以《壶中九华》为题的著名诗篇。他还首创用水供养纹理石的方法，提出以盘供石，并著有《怪石供》、《后怪石供》、《岁寒堂十二石记》等赏石佳作。而米芾之爱石，简直到了如痴如癫，无以复加的地步。米芾的"癫"，是他的一大特点，作为石痴，则表现在他爱石的一些与众不同的行为上。一次，他任无为州监军，见衙署内有一立石十分奇特，高兴得大叫起来："此足以当吾拜。"于是命左右为他换了官衣官帽，手握笏板跪倒便拜，并尊称此石为"石丈"。后来他又听说城外河岸边有一块奇丑的怪石，便命令衙役将它移进州府衙内，米芾见到此石后，大为惊奇，竟得意忘形，跪拜于地，口称："我欲见石兄二十年矣！"另一次，他得到一块端石砚山（一种天然形成的状如峰峦的砚石），爱不释手，竟一连三天抱着它入睡，并请好友苏轼为之作铭。

提猪肉奇石就不得不提起我国台湾博物院的东坡肉猪肉石，它与翡翠白菜、毛公鼎为镇馆三宝。近十来年我因公务去过两次台湾，忙完公务到博物院，每次都仔细观看东坡肉奇石，还特在台湾博物院买了块带"国立台湾博物院"标识的一面光滑一面发涩的鼠标垫，光滑面呈现出立体的东坡肉画面。但据台北故宫研究员邓淑苹发表于《故宫文物月刊》322 期《永恒的思考》一文认为："这件（台北故宫藏肉形石）确实长得很像一块肥加瘦的红烧五花肉，尤其是略带皱折，似有细密的毛细孔，又显得油润的肉皮，真是惟妙惟肖。但是若用高倍放大镜观察就可发现，在肉的大片凹陷处的毛细孔里，还堆积了许多色素。肉皮的外表也有染色的迹象，尤其是底部满布各种小凹陷，其上多黏附了些许粒状的深褐色染剂。"台北的肉形石为人工上色。"肉形石的毛孔，是工匠在玉髓表面钻上细密的点。"（台湾《故宫精品导览》99 页）就是说，台湾博物院东坡肉石是件工艺品。

这愈发使我想尽早如愿能看到张军的天然生鲜五花肉石。

张军如约，周五下午 2 点钟打电话给我说他已到宾馆等我，说是坐头班车来的。当这块石头出现在我面前时，我惊呆了！一块足可乱真的生鲜五花肉石，皮层毛孔鬃眼星云密布，皮下肥瘦相间匀称，且润如玉脂，惟妙惟肖，真是鬼斧神工！我问张军，你这块石头动过手没？这皮，这毛孔？张军说，奇石是有灵性的，得到它是你与它的缘分，你破坏了它的自然天性它会报复你的！还说，玉不琢不成器，相反，奇石斧凿不成器。我也听说过，所谓奇石是指形状不一般的石头，其材质、造型、色泽皆像自然界物件属自然天成，切忌斧凿痕迹。

我们聊石头聊天聊得很投机，当我无意间解开大衣扣时，张军看我胸前挂着个有"中国作家协会第八次代表大会"胸牌时，激动地说："王哥你会写文章?!"他那谦卑劲儿，好像带有天大的奢望，像乞求似的说："王哥您写写我吧，我捡石头的酸甜苦辣几天都说不完呀。"说着这条硬汉子眼里涌出了泪水。我说，你干脆到我驻会的首都大酒店去吧！我请他吃过饭，对他进行了采访。

十六岁与石头结缘

张军今年 43 岁，出生在康保县蒙古营村。他一个姐姐两个妹妹，那时挣工分，他上了一年学就不上了，在帮大人干农活，10 岁挑水走四五里地远，全年见不到几块钱。父母有病，姊妹又多，他家是全村百十来户人家中最穷的一家。衣服老大穿过老二接着穿，穿烂了翻过来再穿。张军说，没吃的，经常感觉肚子饿。一次，我到大队饲养棚往牛槽里抓拌在草里的豆饼吃，一次正在偷吃，喂牲口的饲养员来了，我一紧张，一块硬豆饼卡在嗓子眼，咽不下去吐不出来，幸亏饲养员会两手，猛拍我的后背，我吐了出来，那次差点儿就没命了。张军接着说，那时候我们那儿定亲早，十三四岁大都订了亲，也时兴换亲，父母想用姐姐给我换亲，最终也没换成。张军这个硬汉子边说边抽泣，说到"换亲"时，突然加重语气，"哎——！我那可怜的姐姐呀！"竟放声大哭了起来。张军擦擦眼泪继续说，16 岁那年在县城工作的姨父在县城给我找了个赶马车的工作，给建筑部门送砖头石头和木材。开始是管吃管住不给钱，后来每月给 10 元、20 元……我挑起了全家负担。

张军整车整车拉石头，偶尔也有石头晶莹剔透，也有些石头形状像人头、像牛羊猪狗。而张军只感觉这里的石头不同于别的村庄的石头，挺好玩的，捡个圆蛋子当球踢，捡个透亮的小件，用绳子拴住给妹妹挂在脖子上当饰品。张军那时不知道"奇石"这个名词，但跟石头结下了缘分。

20 岁那年拉石头时，张军花 9 块钱收了几张羊皮，到县城卖了 20 多块钱。市场经济了，县里有了皮毛交易市场，他辞退了赶马车的工作，9块钱起家做起了收兔皮、牛羊皮毛生意，到乡下收，拿到县城皮毛市场卖，附带着捡石头。

一次在村里收羊皮时看到用泥巴碎石碎砖头垒的羊圈墙里夹着一块像肉的石头，张军把它抠了出来放在口袋里，问羊倌儿这石头哪来的？羊倌儿说，这样的石头地放羊的地里多着呢！第二天张军跟羊倌儿一起到他放羊的地里，那天刚下过雨，好家伙！地里白花花的。张军让羊倌儿帮着捡，当时是骑自行车，捡到自行车驮运不了为止。帮他捡石头的羊倌儿说，有时嘴馋时看着肉石也经常想，这要是真的大肥肉就解馋了，可这东西不能吃有啥用呢?！1998 年石头开始卖钱，每块石头 10 块钱、20 块钱不等，2008 年奥运会时一块猪肉石竟卖了 300 块钱。张军说，这是他捡了二十几年石头第一次卖了百元钱之上。石头能卖几百块钱，这大大增加了他捡石头的劲头儿。再看那白花花的石头，那简直是白花花的银子啊！张军说，这时我知道我这辈子与石头已经结下了不解之缘。

老婆几次闹离婚

张军说，后来我捡石头真的入了迷，晚上搂着石头睡觉，半夜起来拉开灯看石头，连夜里说梦话都是石头长石头短。开始收皮毛附带着捡石头，后来没羊皮收也去那里转悠，老婆说我别主（业）副（业）颠倒了。实际上我比老婆说的更厉害，捡石头捡得简直不想做皮毛生意了。开始捡是骑自行车，到换成摩托车，后来干脆用皮毛生意赚的钱买了辆面包车。土路加上路上露出半个头的石头，坑洼不平，没几天新车就送进了修理厂，车胎几次被石头压得放了炮，一年下来光油费跑了两三万块钱。

张军说，捡石头时提着个编织袋子，石头装满了袋子，回头往停在地头的车上装。往往是装满了袋子，在送往车上的路上又发现了好石头，我就用牙叼住编织袋，两只手再抱几块。就这样，天长日久还练就了牙叼百斤重物的本领。

"张军那小子捡石头时遇上了狐狸精，这狐狸精把他魂勾走了。这小子中邪了……"传言也越来越多，也有的说张军疯了。张军说，就连羊倌儿也不理解，问张军："你成天捡石头捡那么多为个啥？它也不是真肉，不能吃。"当羊倌儿带着迷惑不解每次问起时，张军总说是为了建个漂亮的假山，还需要多着哩。街坊邻居见了我也不说话了，用那样的眼神看我。闲言碎语也传到他老婆耳朵里，老婆开始盘查我的皮毛生意。每次外出回来问我收了多少张，我有时骗老婆说 30 张，有时说 50 张。其实很多次一张也没收。这样下来，能卖出钱的石头毕竟不多。这还是被老婆发现了没去收毛皮是捡石头去了。这下老婆不干了，提出离婚。张军说，我也骗过老婆说是要"改邪归正"，好好做皮毛生意，不再捡石头。但那地里白花花的石头勾着我的魂呢！一出门就由不得我，直朝这块地来了。张军说，我 25 岁才讨上老婆，讨个老婆不容易，我死活不同意离婚，老婆几次提出，后来干脆回娘家住了，老婆还说我："你就搂着石头睡吧！"张军说，大舅子小舅子也给我施加压力，甚至想揍我。

在石头地里，一次下瓢泼大雨，我不躲雨，让雨淋着我清醒清醒，看看到底我张军是不是真的中邪了？张军说，雨淋得清醒了些，心想，人家个高中生嫁给你个一年级生，图个啥？还不是图你能吃苦，脑瓜灵，皮毛生意在县城做得小有名气？张军说，开始那两年做皮毛生意每年赚五六千块钱，2008年以后每年赚到三五万，而石头几年来卖出去的加起来也就几千块钱。这样一来，皮毛生意大受影响，有些客户也断了，举家过日子咋办？……

我打断张军问，那你为什么放着挣钱的、轻车熟路的、看得见摸得着的皮毛生意不做，而偏偏做埋在地里看不见摸不着的石头呢？张军反问我，王哥你说我到处参加"达人秀"，牙拉汽车表演为个啥？为挣钱？不是，给电视台做牙拉汽车节目才给了两三千块钱。那为了啥？为出名？张军说，我从小就爱做那些用你们文化人话说是"有挑战性"的工作。收羊皮卖羊皮有啥挑战性，挣几个钱是秃子头上的虱子明摆着，我要捡个像台湾博物院的东坡肉石，比它还好的肉石，再为咱民族文化，为这块老天爷赠给咱的长石头的土地增光，让全中国全世界知道，最好的猪肉奇石在康保。再说了，你说台湾那块东坡肉石头值多少钱？一个亿还是十个亿？那些富豪大款有钱，但钱能买得到吗？张军停了停，略加思索后说，"看得见东西不就那点玩意儿，看不见的才啥奇迹都会出现呢！王哥你说呢？"

这里的黎明静悄悄

张军拿着他说的那块全世界最好的生鲜五花肉石说，刚才说了，在捡到这块石头前，我简直快要崩溃了，又连着五天没捡到一块像样的石头，这五天里我也没敢回家，与羊倌儿住在一起。

第六天头上，天上突然下起大雨，那是个春天，在羊倌儿说的远古时代一座寺庙（实际上是处高出的小丘陵）遗址前20米到30米处的一处，一块石头露出个小角角，扒出来后，到旁边的水窝洗了洗，我的心简直要跳出来了，用牙咬咬，不会是有人埋块冰箱的冻鲜肉作弄我这个疯子吧？咬不动，不是猪肉是石头。我一下子跪下了，知道我捡到了宝贝。回到家，将石头放在神像前，上了三炷香。

张军回忆说，捡到这块石头的那个时刻酸甜苦辣涌上心头，冬天下着鹅毛大雪，春天睁不开眼的带有石粒的风沙，夏天热得把脸胳膊晒得火辣辣无处遮阴。张军说，一次，在一个长着很深的草丛坑旁扒石头，突然从里边蹿出只毛快脱光的老狐狸，那狐狸龇牙咧嘴，眼睛怒视着我。我一下子想起了人们说的勾引我的狐狸精，吓得我连连给它磕头，乞求它饶了我。这以后我进到那里就害怕，让我父亲陪我。父亲66岁了，身体不好，我们爷儿俩饿了啃口生方便面，渴了喝口水窝的水，一次，父亲还差点掉进20多米深的深沟里去。

捡了那块石头的第二天我坐上到省城的火车，找到省里奇石协会的一位朋友，朋友也赞不绝口。过了一段时间朋友给我说，张军你想不想去台湾展出？台湾博物院可以邀请你。但咱协会是民间机构，路费要自己出。张军说，我琢磨着，路费一万多不说，展览肯定是要先把石头交出来，那谁给买保险？丢了咋办？我犹豫了半天还是没去。张军憨笑笑说，哎——！说来说去咱还是个农民，给了机会也不会炒。

张军提起了精神说，捡了个宝贝，又说去台湾展，消息传开了。张军一夜间成了名人，捡的石头也值钱了，一块石头几百块，几千块，甚至上万块不等，这三五年平均下来每年光石头一项，也弄个十几万。张军说，一直捡到现在，赚了一些钱，在县城买了套城中心临主干道的两室一厅的楼房，把父母接到了城里，也给他们在城里买了房子，让他们安度晚年。

从捡石头到奇石鉴赏家

我捡到那块石头后，老婆知道我捡石头出了彩，上了报纸，也从娘家搬回来住了。张军说，老婆帮助我上电脑找资料，电脑成了我捡石头的工具。电脑"百度"打"奇石"，好家伙，用你们文化人的话说叫琳琅满目。张军说，以前光听说台湾的东坡肉石是无价之宝，但啥样咱连个影儿也没见过，为啥是无价之宝咱也不清楚。这下不但从电脑上看到图片还知道东坡肉石、翡翠白菜、毛公鼎三件是博物院镇馆之宝，知道了奇石特殊的文化内涵。了解到了从古代就有收藏奇石的人，而所说的历代文化人中的"石痴"，是痴迷奇石，并不是现在带有功利心谬误的痴迷雕琢的玉和翠石。我知道了文化的重要，有了学文化的兴趣，也愿意学文化了。跟我老婆学，几年下来，我老婆说我有了相当初中生文化呢。在学文化上老婆是我的老师，在研究奇石中老婆成了我的帮手，她由原来的反对者，不但成了支持者而且也快成迷了，她还订了《中华奇石》杂志呢。

张军还研究了奇石的生成过程，说康保历史上火山活动频繁，奇石是由于地壳变化，地下大量熔岩液外流，经高温、高压，熔岩形成了种类繁多的石种。研究了当地的地理地貌和历史，旧石器时期约一万年前康保已有人类活动，属旧石器文化晚期，人类体质进化的晚期智人阶段。古代将中国依山川大势划分为九州（非行政区划）地域，冀州为九州之首，地域十分广阔，康保境域故属冀州。到了三国（公元220年至公元265年）、西晋（公元265年至317年）康保地域为拓跋鲜卑活动地和游牧区。康保县地质结构属于6500万年至1.4亿年间白垩纪时期形成的海相断生地带。这里的山地、丘陵、熔岩等地貌形态，是在漫长的地质运动中经过多种地质作用，并多次产生地层升降运动而形成的。他研究出康保的猪肉石石质是玛瑙质玉髓等。

他还收集了当地很多有关奇石的民间传说。把羊倌儿听他们的祖代一代一代传下来有关奇石的传说都记了下来：出奇石的地方是个滩涂地，两边有两条山脉叫青龙山和白龙山，是传说中的青蛇白蛇姑娘所在的山，山是青蛇白蛇的化身。所说的像处小丘陵的寺庙遗迹，是福海和尚做住持的庙宇。人们来山上采药，在庙宇歇脚，让福海和尚开方治病，用肉石入药可治疑难杂症。蛇与龟是好朋友，福海和尚特地选了块酷似石龟的石头放在庙宇里。

张军说，那约800公斤重的石龟也恰是在庙宇遗迹处挖出的。石龟背上的两个明显脚印，张军说是福海和尚练功时留下的。考古专家看过，说石龟没有斧凿痕迹，但通体有包浆皮壳出现，有人工长久抚摸过的痕迹，不是块生石头。

张军说，目前康保县已有几十号人捡石头了，还成立了康保奇石协会，我也是会员之一。我们经常在一起切磋奇石，还研究出台北的"东坡肉石"应该来自康保。我们的会长还写文章说：台湾故宫的东坡肉石为玛瑙质玉髓，其矿物化学成分是二氧化硅，与我们捡的肉石的化学成分完全相同；东坡肉石是清康熙年间由一位蒙古王爷供入内府，王爷生活的蒙古草原不产肉石，而当时的康保就属于王爷管辖的地盘。这就是说，台湾的东坡肉石有可能是从康保捡到的。

传说，康保县在三国、西晋时是游牧场，到了清朝康熙年间出石头的地域是皇室的御马场。看管牧草的一位官员在草丛中偶然发现了一块极像熏猪肉的石头，便将它献给了王爷。王爷看到肉石，视为奇珍异宝，把它献给了康熙爷，康熙爷看到此石后很是惊奇，赐名为"东坡肉石"。

张军讲罢此传说故事，说他也为他的那块生鲜五花内石编了一段故事，也算是对东坡肉石故事的补充：话说那位看管牧草的官员捡了两块肉石送王爷，一块是东坡肉，另一块是张军捡的生鲜五花肉石。王爷怕生肉送上去对康熙爷不敬，惹怒龙颜，但又怕窃为私有，万一皇帝爷也喜欢，说你贪赃枉法咋办？于是干脆命那位捡到两块石头的官员又将这块生鲜五花肉偷偷埋在了地里。

一片神奇的土地

采访完张军，我有些坐不住了，决定去康保县出猪肉奇石的地方体验一把。11月25日第八次作家代表大会闭幕，26日正好是个周六，一大早我驱车从我驻会的首都大酒店出发，拉上张军，行程400公里，中午12点多到了康保县。

康保县是河北省张家口市下辖的一个县，河北省西北部，东、北、西三面分别与内蒙古自治区的太仆寺旗、正镶白旗、化德县、商都县接壤，南部同河北省张北、沽源、尚义三县毗邻。康保境域有阴山支脉横贯全县。

这块有石头的土地约有上千亩，距康保县城10多公里，离周围的村庄最近的也有两公里左右。

北方冬天的田野，显得特别的空旷，地开始上冻，草丛里留有片片的积雪。远处民房有炊烟冒出，这是"老婆孩子热炕头"的冬闲季节，只有三五成群的猪在翻过的红薯地里找东西吃。

碧蓝天空、茫茫草场和星云密布的"猪肉"石

　　车停在土路边，我面对眼前突然出现的旷野里星云密布白花花的石头，梦境般的感觉，个个看着都像肉，发现"新大陆"啦！跟着张军往地里走，张军指着空无一人的地里说，这不是捡石头的季节，最好的季节在春天，风一刮，再下点雨，每年他都有上等新奇石发现。那时候，北京、天津、保定都有不少人来捡。

　　第二天回北京又路过那块地，捡了两三个小时。两次共捡了上百块猪肉奇石。我边捡，张军边跟在我屁股后边说，这浮在上面的石头已被我们这些人地毯式地扫荡过多少遍了。偶尔碰到块露出小头头的石头，张军挖出，果然不错。张军说，他会看地形，也会看埋在这里那半截石头的大小好坏。我说能讲讲吗？不好讲，讲不出来，是种感觉。我说，像鉴定古董一样，叫做只可意会不可言传？张军说，哼，有点儿。

　　我从路边人家捡的再精选后遗弃的一堆石头里，捡出一块像一节猪小腿的奇石。这块猪小腿奇石，有皮有毛孔眼，皮上像有为脱毛用开水刚烫出的红烙印，斜侧还有骨茬露出，还有块像五花风干的肉条。那为什么人家会遗弃呢？张军说，同样一块石头，你说像玩意儿，我说不像，你说像狗我说像鸡，这是常有的事儿。我说，这是"仁者见仁，智者见智"。我

40

想，可能奇石的魅力就在这里。张军说，但最好的东西大家的看法会是一致的，都会说像、会说好，就像我那块生鲜五花肉石。张军口口声声还是夸他那块五花肉石。我说，是的，好看的姑娘大家都说好看，都喜欢她。

这千把亩有石头的土地，大量的是农耕地，农民翻耕的松软的土地里也有零星的石头。

居农耕地中间是一片多年前用铁丝做栅栏围着的约50亩未开垦的丘陵状处女地，很矮的铁栅栏在进出的地方早被人踩进了泥土，这50亩地草丛茂密，石头也多。至于为什么弄铁栅栏，据张军听当地人讲，一说是林业部门搞的，准备植树；一说地矿部门搞的，他们勘探过（确实有勘探痕迹）准备开矿，第三种说法最不靠谱，说是留一块地做清代御马场遗迹，做旅游开发。现在这50亩地，的的确确是牧场，但不再是御马场，换了人间，出入牧场的非看管牧场的官员也非威风凛凛的御马，而是牛倌儿、羊倌儿，羊群、牛群和捡牛粪人出入的地方了。

张军说，春天刮风下雨，农耕地耕作翻新，这里都会有新奇石出现。

我说，这片土地是神奇的，来年它会长出更新奇的石头，出现更动听的故事。

（原载《人民日报》海外版 2012 年 2 月 3 日）

附：台湾博物院东坡肉石

台湾博物院东坡肉石

"种古董"

一位朋友一本正经地跟我说，你这爱好古董的也没种点古董啊？留给后代也好啊！朋友说，青铜器可埋在地下种，生长出铁锈皮壳；瓷器可浸在海水里，让海生物在上面繁殖做旧作为海捞瓷；连太湖石也可放入湖里包浆呢！

"种古董?"我没听说过。"种古董"的可能有两种人，一是不法古玩商人"做旧"骗钱，这是很恶劣的作伪行为；二是不懂得古玩价值的人，认为古董越古年代越久就越值钱，因此埋入地下留给后人。后者不能叫作伪，这是缺乏古董知识所致，这样做不但不会把财富留给后生，还会殃及后代。

20世纪90年代初，我帮朋友在东南亚某国古董街一家古玩店里挑选出康熙青花瓷共20余件。瓷器器型有提梁壶、梅瓶、玉壶春瓶、笔筒、盘子等，绘有缠枝莲、缠枝菊、牵牛花、八仙过海、刀马人物和前、后《赤壁赋》楷书文字装饰的图案。

这些打捞瓷器，虽经过海水长年浸泡，有的还粘有贝壳，但仍不失青花瓷的艳丽和高雅，动人心魄的魅力一点不减。这让我想起沈从文先生的话：好的陶瓷，是一撮泥土与生命的结合。

买后才知道，这些年代久远的瓷器虽然是中国的文物，但根据该国的法规，文物禁止带出国界。由中间人介绍，朋友就把买到的瓷器暂时寄存在一位当地旅游经理的家中。

因为种种原因，近20年了，朋友仍没能把这批青花瓷带回国。

几年前我故地重游，偶然发现了这批瓷器，放在一家古玩店里。旅游经理将这20件瓷器照相做模，在中国景德镇请仿造高手仿制了无数套清康熙青花瓷，运回来，放入海中浸泡，让海水浸掉瓷表面贼光，同时在瓷器里放进贝类喜欢吃的东西，让贝类聚集、繁殖，不少贝壳粘在瓷器上而显得年代久远。买卖的时候采取掉包术，看到的是真的，而交出的是仿制品，这个经理屡屡得手，骗了不少游客。这批康熙青花瓷真品近20年来一件不少仍放在店里。

我国海南也有清康熙青花瓷打捞发现，据说近来也有古玩奸商将仿品沉入海底，用"种古董"的方法骗人。

赝品殃及后代的事例就更多了，听说早年哥儿俩分家，老大要房子要地，老二要了件古董，传说是宋代钧瓷。爷爷的爷爷传给爷爷的爸爸，当爷爷传给孙子一辈时，家境已经穷困潦倒，孙子考上了大学，当指望这件古董换出学费时，才得知是件晚清仿品……

古董并非越老越值钱。民国赵汝珍《古玩指南》中谓："误解者以为古玩之可贵，只在年代，凡古物即可贵，而愈古愈可贵。其实皆非也。"又说："古玩本质之精妙，做工之精良，后世所不能仿做者。"物以稀为贵，物以珍为贵。有些古玩当时就已珍贵了，如宋代五大官窑，官、汝、哥、钧、定窑瓷，有"宁要官钧一件，不要庄园一片"的美誉。明清官窑有御陶官监制，胎质、颜料、样品要皇帝御批方可制作，而多余品一律毁掉，严防流入民间，且时、工、胎、料、材不计成本。而存世较多且做工粗糙的久远汉代生活所用之陶器到现在也不怎么值钱，还比不上一件晚清官窑瓷器。

当今瓷器批量生产，胎形、绘图批量定制、印刷，且成本核算，工业制作，流水线生产，满大街都是。就是说，生产者就没当艺术品来做，你又怎么能当艺术品收藏呢？埋在地下，扔在海里"种"上百年，到时仍只能当盛饭盛菜用的碗碟，不会有多大增值的；一件黄铜，你种上一万年，它也变不成青铜呀！

想用古董艺术品集点资或想造福后代的人士，你首先要了解些古董字画知识，切莫盲目跟风；媒体不要一味炒古董，而要给古玩爱好与收藏者普及一些知识，让不法古玩商不断变换的骗术无法大行其道。

（原载《人民日报》2012年2月4日第8版《大地副刊》）

莫让"高雅"的赝品蒙了你

古玩、字画既然是高雅之物,特别是名人字画和有些"说法"的古玩,价值自然不菲。然而,这些高雅之物,若遍地都是就不金贵了,唯其难求,才倍显其身价。

从古到今,古玩字画都是文人雅士互赠互赏的高雅之物。在市场经济条件下,这些高雅之物却起到了有时金钱起不到的作用——古玩字画也成了礼品。艺术品毕竟不是金钱,送者可堂而皇之地送,收礼者虽不一定识真伪,但本能地喜欢值钱的名人字画、完整的官窑瓷器。

在高额利润的驱使下,一些不法之徒建造了专门制假瓷器的窑厂和临摹名画的作坊,甚至用电脑作伪。

一位外地朋友在北京某拍卖行和一家经营字画的专门店,花上百万元买了张大千、刘海粟、范曾等当代名人字画和明清官窑瓷器,说是春节送礼用。在我的说服下,他找了专家鉴定,发现绝大多数是赝品,花六万元买的张大千的字画竟然是木版水印。

艺术品不像大豆、高粱,是大豆说不成高粱。同样一件艺术品,你说真,他说伪,谁来评判?有时就是上法庭打官司也很难判决,国际国内拍卖公司都有明确说词:认为所有的买者都懂得拍品的真伪。近几年,经拍卖公司拍出的字画、古玩引发的真伪官司已屡见不鲜。再说了,你送给不懂行的人一件珍品,此人又找个不懂行的人来鉴定,说是假货(专家也是说假容易,说真难),是赝品,你说送者多冤枉;受礼者收了件赝品,可能送者当珍品送的,你也不好再退回人家,成了烫手山芋,心里多添堵。不法古玩商也会利用过春节礼尚往来多的机会而兜售赝品,使得赝品大行其道。

因此,还是不要把古玩、字画艺术品当礼品送、收为好。

艺术品市场在我国还是一个新兴的、很有前景的市场,动辄投入上百万元的人已不在少数。有关部门应建立起有效的市场监管机制,打击艺术品市场的造假欺诈行为,维护消费者的合法权益,培育诚信、有序、健康的艺术品市场。此外,艺术品的消费者或收藏者也切莫盲目跟风,头脑里要多一些鉴赏知识，用一双慧眼去识别真伪，让赝品无法大行其道。

（原载《光明日报》2003 年 10 月 15 日，原标题
《莫让"高雅"的赝品欺骗你》）

嘉德十年见证文物市场

7 月 10 日是嘉德公司成立十周年的日子，作为嘉德公司诞生和成长过程的一位旁观者、见证人，回顾嘉德公司从酝酿成立到今天的辉煌业绩，真是感慨万千。

我与嘉德公司创始人陈东升同志是 20 世纪 90 年代初相识的。记得是 1993 年春节之际的一天晚饭过后，陈东升同志来到我家，闲聊中把他策划成立拍卖公司的想法跟我谈了，并雄心勃勃地说要组建中国的苏富比。他这个想法与我一拍即合。

文物拍卖是我在香港工作期间（从 1986 年到 1990 年）才接触和了解的。在港工作的四年里，我在业余时间喜欢接触古玩行业。眼看着文物店出入的外国人在随意买走中国文物，每年春秋两季苏富比、佳士德拍卖中国瓷器、字画，每遇爱好文物的朋友谈及此事顿感痛心疾首。因此，陈东升同志在内地组建文物拍卖公司的想法当然使我激动。

之前我只知道陈东升思想活跃，对改革、对市场经济总有新的见解，没想到他竟然也是一个勇敢的实践者。陈东升，这个武汉大学学经济的高材生说出了我想说的话，做出了我只敢说而不敢做的事。但当时我也为他担心，这个想法能实现吗？没想到他这个想法在当年春天就实现了。1993 年 5 月，嘉德公司举行了开张典礼，经过不到一年的征集拍品，1994 年 3 月 27 日进行了首场拍卖。公司虽然成立了，但争议和非议也从未停止。

我于 1994 年 2 月 24 日在《光明日报》上发表的文章《既要堵又要疏——关于文物市场管理的建议》中阐述了这样的看法："必须堵住文物流往海外的渠道，同时疏通文物之源，使文物在国内流通同样必要，从某种意义

上讲，国内渠道畅通是堵住文物外流的必要措施和手段。""市场经济运行到今天，要让一件有经济价值的东西不流动、不进行商品交换是不可能的。事实上，我们从未开放文物市场，但我们的文物是年年往海外流。实际上是堵死国内流通渠道，冲开了流往海外的口子。""笔者认为，对于这股泉水既要堵，又要疏，只堵不疏，即使一时堵住了缺口，过一阵子还会决口泛滥的。"基于上述理论文中提了两条具体建议：一是建立高级市场，即建立完善文物公开拍卖市场（发表时编者改为展买市场）；二是建立低级市场，即扶持"地摊"，让普通百姓进入，买卖双方进行公开、公正、公平交易。

文章发表后，立即在文物部门掀起了不小的争论，支持和反对的意见都有。

十年过去了，嘉德等内地拍卖公司的相继成立，不但为文物的"疏源堵流"起到了重要作用，而且十年来从国外回流了不少国宝，如宋徽宗《写生珍禽图》、宋米芾《研山铭》等，发掘民间奇珍如唐怀素《食鱼帖》和最近发掘的隋人书《出师颂》等等。可以想象，若不是给了这些国宝级的文物登场的舞台，它将会在哪里出现？如今这些绝无仅有的重量级国宝大都入了国家博物馆，这对保护祖国文化遗产起了举足轻重的作用。

在嘉德公司的带动和影响下，十年来拍卖市场渐趋成熟。经过近十年的起落和淘汰，内地目前较具规模的文物艺术品拍卖公司已数十家。中国的文物艺术品拍卖公司已经给中国书画、中国古籍、瓷器工艺品拍出了全球最高价位，提高了中国文物的国际地位。据2002年统计，近年来，年拍卖额突破十亿元。

除拍卖公司之外的普通文物市场，如北京的潘家园、古玩城，十年来也从小到大。确切地说，文物市场起初不是谁批准之后才有的，是随着市场经济的建立与发展自发产生发展起来的。概括说，从不公开、偷着摆摊被执法部门追着跑，到租一片空地自己管理自己，发展到现在的尽人皆知的潘家园、古玩城。

十年来，我利用周末、节假日在这些文物市场上收到一二九师编印的《抗日游击队纪律条令草案》孤本，无偿捐献给中国革命军事博物馆；

1900 年外国人拍摄的八国联军侵略中国，烧杀掳掠的多幅珍贵历史原照，在八国联军侵华一百周年时，通过媒体展现在国人面前。最近又收藏了圆明园被毁前后的珍贵照片。而这些都是通过逛地摊收到的。若不是有这样普通百姓可随意进入的市场，可以在废物堆里刨拣和收藏这些经过战乱和十年浩劫幸存下来的文物，它们的下场又会是什么呢？极有可能被当作废纸放入焚烧炉，失去重见天日的机会。

继北京、天津之后，上海、南京、西安、郑州、太原等大中城市都陆续有了较大规模的古玩市场。从事古玩经营和收藏的人已达数百万。

十年磨一剑，嘉德十年见证了文物市场，推动了文物市场的发展。文物市场已从当初起步时步履维艰，发展到今天的局面。随着物质生活的提高和精神生活需求加大，文物的潜值还很大。期待着文物市场更加健康稳步地发展。

（原载于《光明日报》2003 年 7 月 23 日版）

第二章 红色记忆

周恩来与张申府

我收藏有一封1949年张申府写给周恩来的信，信是用铅笔竖写的。信中反映他因写《呼吁和平》一文遭受"诽谤"后极其苦闷与不解的心情。

恩来吾兄：

十二月一日在津曾交在此间工作的陈先生（广东人）转上短笺，后于二十日陈君让人传来兄之口复，嘱我安心，并从事保卫北平文物工作，心感知己！现在北平幸获和平解放，通信已得自由，甚愿将先后情形，再为兄详尽陈之。文过饰非，意图狡赖，那绝非弟之为人所愿为。所以琐琐不能自已者，遂表明事实，略白心迹而已。当以三十年友情察之。

弟实在万没想到，此次竟受到这样严重的误会与打击。照此情形，天地虽大，实无弟容身之地。误会之发，固由于《呼吁和平》一文，而连带的当有解散民盟华北总支部，联名登报为唐某竞选伪立委，及向自由批判投稿之事。所加罪名，则有民主叛徒，反人民反民主，伪装民主，坏人，卖身投靠，军统走狗，特务小卒，伪自由主义分子等等。今愿在分条声叙之前，先就一般情理申述之。

弟自幼倾心革命，半生穷困生活。此情为兄所素知，谅亦我兄可深信。天天盼望人民革命成功。天天诅咒蒋政权崩溃。何至在革命成功的前夕，在反动统治垂垮之际，乃出而变节，乃谋为之救驾。人非至愚，何至出此三尺童子不为之事，而谓弟独为之乎？弟为革命已忍了三十年，何至一年半载再不能忍受，果不能忍，也应早归明路，何至甘趋黑暗，自取毁灭。弟固天天反对狂妄，自信尚非丧心病狂之人。何至竟有此放弃革命民主主张，背叛人民的狂悖之举。

去年（一九四八年）九月后我曾公云，兄等所干的乃是惊天动地的事业，深恨自己为书所累，不能前来轰轰烈烈地共同奋斗。此云至少清扬曾亲耳闻之……

张申府何许人也？今天说起张申府，知道的人可能已不多。他曾是周恩来、朱德的入党介绍人之一。周恩来到黄埔军校当政治部主任，也是他向廖仲恺推荐的。

1917 年至 1919 年，张申府在北京大学工作期间结识了陈独秀、李大钊，并积极投身于新文化运动，成为中国早期马克思主义的传播者。1921 年，张申府受陈独秀、李大钊委托，利用赴法讲学的机会，在巴黎建立了旅法共产

（原件为作者藏品）

49

党早期组织。

五四爱国运动爆发后，无产阶级的国际共产主义理论也传到中国。当时中国共产党尚未成立，便由最早的一批积极分子在上海、北京、广州、济南、长沙、武汉和海外的日本东京、法国巴黎先后创建了 8 个共产党早期组织，作为建党的前期准备。而周恩来正是因为在天津投身并领导五四运动而被反动当局逮捕入狱，出狱后赴欧留学的。周恩来是由张申府、刘清扬两名党员作为介绍人找其谈话，然后报告国内的陈独秀同意后，于 1921 年春正式成为一名共产党员的。

1919 年，北京学生点燃了五四爱国运动的革命火炬，天津学生闻风而动。刘清扬和直隶女师的同学邓颖超、郭隆真等发起成立了天津女界爱国同志会，刘清扬被选为会长。她们上街游行，高呼"国家兴亡，匹夫有责"、"外抗强权，内除国贼"等爱国口号，在大街小巷宣讲提倡国货、抵制日货的道理。她们还打破男女界限，跟天津学联并肩战斗，举行声势浩大的集会和示威游行。刘清扬在斗争中表现了高度的爱国热情和高超的组织才能，尤其是她那激昂慷慨、铿锵有力的演说，更是振奋人心。她先后被选为天津各界联合会常务理事、抵制日货委员会常务委员以及全国各界联合会常务理事。

1919 年 9 月 16 日，刘清扬同刚从日本留学归国的周恩来以及马骏、郭隆真、邓颖超等 20 位男女青年，在天津学生联合会办公室举行会议，成立了天津青年进步团体"觉悟社"。觉悟社本着"革心"、"革新"的精神，以"自觉"、"自决"为宗旨，出版刊物《觉悟》，研讨世界新思潮，领导天津学生运动。1919 年 11 月 16 日，在福州学生焚烧日货时，日本帝国主义者竟开枪打死我国学生和巡警，制造了轰动全国的"福州惨案"。为抗议福州惨案，声援福州学生抵制日货的爱国运动，在觉悟社精心组织之下，天津各界人民举行了声势浩大的集会和示威游行。天津反动当局于 1920 年 1 月 29 日出动军警，用武力镇压群众的爱国行动，拘捕了周恩来、郭隆真等 4 名学生代表，酿成震惊全国的天津一·二九惨案。

当时，华法教育会正倡议中国学生赴法勤工俭学，许多有志青年不满国内军阀混战，为寻求国家出路，纷纷踊跃报名参加。1920年底，觉悟社决定派周恩来、刘清扬等人赴法。11月2日，周恩来乘法国邮轮波尔多斯号启程先行去法。11月23日，刘清扬也踏上出国之路，她与被聘赴巴黎里昂中法大学任教的张申府同船赴法。赴法途中，张申府向刘清扬介绍了十月革命和布尔什维克主义，讲述共产主义理论以及共产党的性质，使刘清扬对共产党组织有了更多的认识。

到了巴黎，刘清扬与已在雷诺汽车厂当学徒的周恩来等先期赴法的青年学子会合，并介绍周恩来与张申府见面、相识。据张申府女儿介绍，第一次见面，周恩来就给他父亲留下深刻的印象。张申府认为，周恩来卓越超群，气度非凡，头脑冷静，思维缜密，是一位具有远见卓识的学生领袖。

1921年初，张申府首先发展刘清扬加入共产党早期组织。同年二三月间，张申府和刘清扬一起介绍周恩来加入共产党早期组织。随后，赵世炎、陈公培持陈独秀的信与张申府接上关系。至此，巴黎共产党早期组织正式成立，其成员即为以上5人，由张申府担任负责人。它与国内的7个共产党早期组织，共同发起成立了中国共产党。1921年7月，中共一大召开，因为来不及通知远隔重洋的巴黎共产党早期组织，所以它没有派代表参加。

1923年冬，刘清扬与张申府这对志同道合的革命伴侣一道从德国途经苏俄回国。回国后，刘清扬参加了邓颖超等人领导的天津妇女进步团体"女星社"，创办《妇女日报》，并担任报社总经理。

1924年，张申府参加了黄埔军校的筹建工作，任黄埔军校政治部副主任，他向廖仲恺力荐周恩来到黄埔军校任政治部主任一职。在此后的爱国民主运动中，张申府作为中国民主同盟负责人之一，与周恩来等共产党人同心同德，为新中国的建立作出了不懈努力。

张申府一生中的两次重大行动，对他人生影响极大。一次是1925年，党的四大在上海举行，与会的共有20人。在争论某个问题时，张申府说，同意我观点的就留下，不同意的就滚蛋，大概别人没同意他的意见（也有的说是与陈独秀意见不一致），他就一甩手走了。当时作为四大代表的周恩来极力劝他不要一气之下离党，但他却没留下来，从此再也没有回到党内。他1941年加入中国民主同盟，1944年被推为中国民主同盟中央常委兼民盟华北总支部负责人。

再一次就是1948年共产党节节胜利之时，他于10月23日在《观察》杂志上发表了一篇名为《呼吁和平》的文章，指出："我们现在最要紧的事，消极地说，就是打破现状；积极地说，就是恢复和平。假使战事还不设法结束，和平还不速谋恢复，必致全国人，至少东北人与华北人，或至少在东北华北大城市住的人，都不得活；国家更将丧尽了元气，丢尽了脸。"

张申府发表的这篇文章，公开呼吁国共两党停止内战，恢复和平，被认为"不合时宜"，被批判为"伪装民主，坏人，卖身投靠，军统走狗，特务小卒，伪自由主义分子等"。这也使民盟开除了他，他的妻子刘清扬与他离了婚。

新中国成立前后，周恩来总理并没有忘记张申府，亲自安排他到北京图书馆做研究工作，并为他亲批了住房。

1973年，著名爱国人士章士钊先生逝世。在追悼会上，张申府见到了周总理。这是他最后一次见到周总理。当时很多人争着问候周总理，张申府没有机会和周总理说话，但周总理委托罗青长与之打了招呼。

1976年1月8日，周总理去世。张申府获悉后，心情非常悲痛。这可以从他1月9日的日记中看出："约七点前（或六点半）醒听广播，突闻周翔宇故友（恩来总理），已于昨早九时因癌病医治无效不起！七点多起床后，一直感到震动悲伤，心神不安！""早起即拟一挽联。上联：'为人类为革命奋斗一生'，下联：'无名心无私情当今完人'。""上款拟作'翔宇总理同志兄万古不朽'"。

张申府虽然最终没能参加周总理的追悼会，但他始终深深地怀念周总理。在亲友的劝慰下，他的情绪逐渐平静，并开始着手撰写回忆周总理的文章。

1986年6月，张申府逝世。7月，《人民日报》刊出一条讣告，指出他"为新文化运动做出了贡献。1920年在北京随李大钊同志筹组共产主义小组，参与建党活动，是中国共产党第一批党员之一。1921 年在法国巴黎建立共产主义小组，是中共旅法、旅德支部的负责人之一"，称他是"著名爱国民主人士、中国共产党的老朋友"。

（原载《百年潮》2010 年第 5 期）

刘仁静脱党的真相

求　索

1927 年 4 月 12 日，蒋介石叛变，中国革命形势发生了较大变化。刘仁静认为形势只是暂时明暗不定，很快又会阳光普照的。不料，武汉政府跟着反革命了。陈独秀也下台了。他由此开始认真考虑中国革命的命运问题。

原苏共派华代表达林告诉刘仁静，大革命失败的原因是陈独秀未执行共产国际指示造成的。而在刘仁静的印象里，陈独秀过去对共产国际的代表恰恰是言听计从。于是刘仁静跑去找苏联的中国通鲍罗廷。

鲍罗廷是个威严的官僚，身材高大，架子也大。据说共产国际对派他来中国曾经有过争论。后来终因他英文好，有工作能力，就不顾他的孟什维克倾向而委派他来华。

刘仁静在国内和鲍罗廷也接触过几次。一次是在北京时，刘仁静因事去找他，他当时住在俄国大使馆北京兵营中的一间房子里。他去时，鲍罗廷正在吃饭，桌上摆满了俄国腌肉等佳肴美酒，看到刘仁静去找他，他既不邀刘仁静用餐，也不停止用餐，仍然旁若无人地大吃。那次他给刘仁静留下了很坏的印象。还有一次是，1924 年在上海，刘仁静主持团中央工作时，因发的一个通告措词不当引起矛盾，也曾去请教鲍罗廷如何解决。鲍罗廷不能以同志般的态度相助，却像衙门老爷一样谈什么权限问题，最后以他无权过问为由把刘仁静打发走了。

刘仁静和鲍罗廷交往的经历虽然并不愉快，可是由于这时鲍罗廷才被武汉政府遣送回苏，刘仁静想他一定掌握着丰富的第一手材料，所以还是决定去拜访他。刘仁静这一次见面当然和以前的情况大不相同，这时鲍罗廷已是戴罪之身，思想负担很重，在刘仁静面前不能再摆架子。但这次，鲍罗廷想的是自己的下场如何，思考如何为他的所作所为辩护，根本没有心思去静思回顾与深入总结中国革命的经验教训。所以当刘仁静请他谈谈他对中国革命的看法时，鲍罗廷总是含糊其辞地讲些什么蒋汪是一丘之貉之类的原则认识来搪塞，闭口不提领导上的具体问题。刘仁静问他：如果照托洛茨基的意见，干脆退出国民党，是否能避免大革命失败？鲍罗廷答道：那就根本没有北伐，没有大革命了。

后来刘仁静听说鲍罗廷的问题拖了很久未作处理，最后被流放到西伯利亚，并死在那里。

当时，刘仁静并不知道通过组织或知情人去了解大革命失败的真相。刘仁静内心很煎熬，他继续千方百计去寻找能使自己信服的答案。他甚至还去找过以中国通闻名的拉狄克。拉狄克原是个新闻记者，在德国与卢森堡一起搞过革命活动，口才很好，当时他已有40多岁，在孙中山大学任校长。他和讲究仪表的鲍罗廷恰恰相反，是个不修边幅的人，他家满地堆着报纸，杂乱无章，却不以为意。另一方面，他和心绪不宁的鲍罗廷一样，有自己的事要操心。他作为被击败的托派的重要骨干，讲话很谨慎小心。所以当刘仁静谈到中国革命时，他既不向刘仁静宣传托洛茨基的主张，也不评论共产国际的政策，只是不着边际地谈些空话。

正在他找不到中国革命失败原因却又不死心的情况下，刘仁静读到了一篇托洛茨基的文章《中国革命与斯大林》提纲，之后刘仁静的思想开始起变化了。

选　择

共产国际对华政策是由斯大林亲自掌握的，斯大林对中国革命发表过许多意见。随着中国革命的深入发展，他仍然坚持对国民党的过高评价，只不过把对蒋介石的信任转到汪精卫身上。而托洛茨基的文章正是针对着斯大林的这种认识而写的。他把问题提得很尖锐，使如何正确认识与对待国民党问题很快成为当时苏共党内争论的又一个焦点。刘仁静自己说："这些也成为我决定态度的一个关键。"

1922年11月，刘仁静代表中国共产党在共产国际第四次代表大会上正式宣布：中国共产党已决定和国民党建立统一战线，其形式是共产党员以个人名义参加国民党。1923年在广州"三大"上，刘仁静和张国焘等强调加入国民党后必须注意保持共产党的独立性。

1926年刘仁静出国前在《中国青年》上发表的两篇题为《青年对北伐军有何认识?》和《聪明些》的文章中，明确写过："我们固然相信蒋介石是民众的朋友，但是蒋介石是否有些过失，如北伐期间内禁止人民言论集会自由、禁止罢工、在工农中勒令销公债等，不顾人民利益，想借此造成个人的专制，有革命的投机危险呢?"

刘仁静说："以新的眼光回想系列往事，重新评估马林一开始就低估共产党，要共产党加入国民党的意义。重新回味在共产国际'四大'上，罗易作为主席团成员深入中国代表团时，兴趣竟集中了解国民党情况，而拉狄克批评我的发言时更流露了严重轻视中国共产党的情绪；重新思考国共合作后苏联集中力量扶持广东政府，对蒋介石抱幻想的种种表现，直到蒋介石背叛前夕，共产国际还正式肯定以往对他让步政策……"由此刘仁静得出结论：蒋介石敢于叛变，共产国际难辞其咎。托洛茨基的批评是对的，而最后终于全面接受了托派思想。

执 迷

由于刘仁静所在的列宁学院里仅有托派组织，他的思想过程是一个渐进的自发过程。后来在孙大（孙中山大学）时结交了几个托派分子，有机会较多地接触托派材料，加深了刘仁静的思想转化到托派的进程。

孙中山大学是1925年孙中山逝世后办的，学校坐落在莫斯科河边，面对大教堂，环境很好。这所学校是专为中国培养革命干部的，其中不仅有共产党员，共青团员，还有国民党左派。在大革命失败后，赴苏学习的人数逐渐减少，孙中山大学就合并到列宁学院了。孙大的主要问题是托派成堆，孙大的校长就是托派的头号人物，赫赫有名的拉狄克。

刘仁静要寻觅托派材料，只得往孙大跑。孙大的托派分子中，刘仁静只认得安福、嵇书功、徐云卓等人。刘仁静去孙大主要是找徐云卓。徐是河北人，年纪很轻，高高的身材，人很活泼，他搞到什么材料都乐于让刘仁静读，但要限期交回。

刘仁静回忆说："那时我读俄文材料还很吃力，又要偷偷看，又要在限期内看完，是很不容易的，只是凭着一股热情劲儿，晚上拖着一本字典猛看，幸亏同房是两个法国人，他们不学俄文，也从不问我看什么，我才能大体按时读完许多托的著作及其他一些材料。"

托派很注意刘仁静，他们后来主动送材料给他。有一次还有一个苏联人到列宁学院找刘仁静，把刘仁静带到院外路旁，偷偷交给刘仁静一些材料，并约定时间要刘仁静到原地还给他。还有一次，他们还让刘仁静参加过一次会议。刘仁静说，"这次会议，只觉得开会地点很远，房里挤满了人，并且以为得到革命真谛。"就这样，刘仁静跟党革命的思想已经变为怀疑、不满甚至为对立的情绪所代替。

刘仁静回忆说："那时，有个参加共产国际四大的爪哇人叫马拉卡，他告诉我，爪哇工人久已准备暴动，屡次派代表来莫斯科要求接济军火，斯大林都主张慎重，还问代表们和商会领袖接洽了没有？结果爪哇工人不能等待，自发起来暴动……刘仁静说，我听了，就更觉得这和斯大林对中国革命的态度如出一辙，就更加理直气壮地以此为据，证明斯大林到处都搞阶级合作，背叛世界革命。由此出发，我很快就发展到全盘否定斯大林的地步。"

刘仁静对斯大林不满的另一个方面是：刘仁静认为斯大林处理党内斗争太狠毒。看到斯大林严厉处置反对派，有的是开除党籍，有的还要下狱，流放……心中不平。

惋　叹

刘仁静赴苏后，就很少与团中央联系了。刘仁静回忆说：在苏时除了与陆定一谈过一些团的情况外，好像没有与团中央发生过更多联系。同时，刘仁静和国内的党组织也没有什么经常的正式联系。

刘仁静回忆说："无非是党派到苏联来的人中有认得的就主动接触一下。"1928 年 7 日，党在莫斯科召开"六大"，来了许多人参加会议，刘仁静也到代表团的驻地去看望过几次。不过，这时他的思想倾向早已固定，对中国革命中的种种问题都有自己的看法，既不注意向他们了解国内的实际情况，也不注意他们的讨论和决议，只是带着叙叙旧情的态度去看望看望熟人。刘仁静那时也见了许多新人，例如周恩来，但只是在门口寒

刘仁静的部分手稿（原件为作者藏品）

暄了几句。

1928 年，刘仁静利用回国前的最后一个寒假，又到库尔茨克休养了一次。休养所设在离车站几十公里的马林诺。马林诺是由一个王宫改建的，环境很好。瞿秋白也在那里休养。那时，刘仁静一心想最后玩一次，每天都去滑雪，尽兴而归。而瞿秋白则因自己刚犯了左倾错误，在"六大"上受了批评，心情沉重，一天到晚把自己关在房子里。刘仁静觉得瞿秋白这个人确实是文人气质重于战士品格，他不像很多人那样，能迅速根据形势要求割断旧的感情联系。

刘仁静回国后，也就是在他参加托派活动之后，党内的许多老相识都不理解他了。瞿秋白则不同。"有一次我在上海的一条路上与瞿秋白相遇，虽然一个走在路这边，一个则在那边，隔着一条马路，彼此可以装作未看见，但他还是与我微微点头，彼此心目示意，表现得很友好。"

（原载《北京纪事》2011 年第 10 期）

王明是怎么进入中央的?

1928 年在莫斯科召开的六大，产生的中央委员共 23 名，他们是（中共六大一次会议选出）：

杨福涛	顾顺章	向忠发	彭湃	徐锡根	卢福坦	李涤生
张金保	苏兆征	关向应	罗登贤	毛泽东	杨殷	周恩来
李源	蔡和森	项英	任弼时	余茂怀	瞿秋白	李立三
张国焘	王藻文					

可见王明并非是六大中央委员，他是 1931 年 1 月 10 日六届四中全会增补的中共委员。四中全会是怎么召开的，在四中全会上他又是怎样当上中央委员的呢？

李初梨同志晚年亲笔回忆《回首当年话孟雄》中说："一九三零年七月，大约是上中旬，李立三对我说，'现在派一个理论家到你那里工作好不好？

是全党有名的理论家。'我问：'是谁呀？'李立三答道：'是王明，他们反中央，你要好好地帮助他，监视他。'李立三为了这件事还专门到我家里来了一趟。王明当时穿着长袍马褂，戴着瓜皮帽。"

1930 年陈昌浩、王盛荣从莫斯科回来后，李初梨同志回忆说："他们是少共国际派回来的。临走时，少共国际负责人找他们谈话，要他们大胆反对立三路线及他的调和路线。他们问：'开除我们的党籍怎办吧？'少共国际负责人说：'我们给你恢复。'抗日战争时期，我才知道这两个同志是陈昌浩和王盛荣。"

李初梨同志回忆说："1931 年 1 月 10 日，在上海召开四中全会，这个会没有任何积极意义，王明等人不是中央委员，由国际代表米夫指定(他)参加了会，并有表决权。听说罗章龙、何孟雄也准备了名单，但是米夫先表决他们准备好的名单，以一票之差通过了，王明当选为中央委员。"

李初梨同志 1928 年八党，1929 年 11 月至 1930 年 5 月任中共上海闸北区委宣传部部长。半年后调中共江苏省委宣传部任秘书（或叫秘书长）。

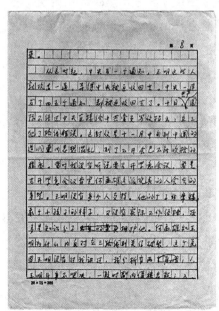

（原件为作者藏品）

1931年初，党的六届四中全会闭幕后，调任党中央和江苏省委共同组织的巡视团沪东巡视组组长。

南京大学奚金芳教授1981年访问了六大中央委员张金保，在其整理的《张金保谈何孟雄及四中全会》中转达了张金保老人的回忆：

"我是六届中央委员会委员，我出席了六届三中全会。在这个会上，李立三作了检查，承认自己有原则性错误。"

"对于立三同志的错误，我们进行过批判，本来可以顺利结束，但是，从莫斯科回国不久的王明一伙，兴风作浪，不肯罢休。"

"三中全会以后，共产国际曾经给中央来信。这信的大意是：一、李立三在政治上是半托洛茨基派；二、李立三在组织上是家长式的统治；三、六届三中全会是一次调和主义的会议。这样一封信引起了党内混乱和斗争。这封信开始没有和大家见面，大家知道后，吵着要公布。王明利用大家的情绪，乘机在里面起哄，把瞿秋白说成是调和主义的祸首，还责问：瞿秋白从莫斯科回来，为什么没有按照共产国际的意见办？我当时想，反立三路线是对的，李立三基本上已承认了错误，并表示坚决改正错误，应该得到大家的原谅。瞿秋白是党内有经验有理论的人，只怕对李立三一个劲地斗下去，那王明就可能趁机，实现他夺取领导权计划。对王明，我当时也觉察到他们有活动，邓颖超在中央党团总支会议上也曾向大家报告了他们这些人有组织的活动。瞿秋白不会不知道这些，因此就来了一个调和，稳住局面。可是当时很多同志是不清楚的，听了共产国际来信后，大为恼火，责问瞿秋白为什么要搞调和主义？是路线问题，为什么要调和？"

"共产国际来信，引起了党内斗争更加尖锐，更加激烈。这种激烈的争论，理所当然地引起了我们一部分同志对中国革命前途的忧虑。我和许多同志一起，要求召开一次紧急会议，这个会议应和八七会议性质相仿，不论是中央委员与否，均可被扩大参加，像在斗争第一线的毛泽东、林育南等同志都可以参加；在白区工作的同志也应派代表参加；从苏联才回国不久的留学生，可派代表参加。中央答复，同意召开紧急合议。但王明一伙却搞了个骗局，他们发了个九十六号通告，通知召开中央紧急会议。实际上这个会议变成了六届四中扩大会议，而不是中央紧急会议，我们受骗了。他们理由是共产国际有权力改变会议内容。当时我心里十分气愤，你通知开紧急会议，可会场却是四中全会，你有权改变，也应与中央委员谈谈，通个气。我是中央委员，都不知道改变会议性质，只集中，不民主。"

六届四中全会是 1931 年 1 月召开的。会场在麦赫司路（今泰兴路）一座外面有大篱笆围起来的花园小洋房。六届三中全会也是在这里召开。

张金保回忆说：

"对于参加会议的代表，王明是经过考虑的，他把和自己相同观点的人都搞来参加会议，而按照召开紧急会议通知，已到达上海的六届中央委员、满洲省委的唐宏景同志一直住在旅馆，根本就不派人去领他到会场，使他无法出席会议。开会前，有个铁路上的党的负责人，突然闯进会场，问为什么不通知他参加这个会议。我想，他大概应当参加会议，否则怎么知道这个会场地址？可王明却坚决不让他参加，并让人强行将他拉出了会场。"

"会议开始后，向忠发宣布：'六届四中全会扩大会议是共产国际批准召开的。'这时，许多人傻了眼，知道这个会事先已经布置好了。但是，大家还是提出了不同意见，指出，中央通知上明明说是紧急会议，怎么又变成了四中全会扩大会？大家纷纷发言，提出质问。后来进行表决，确定这个会是否合法。表决结果是 19 票对 17 票，赞成开四中全会的多两票。王明的阴谋得逞了。后来我想，大概是他们事先算好了票的。"

"接着，王明又抛出一个四中全会决议案，会议又引起了一场争论。罗章龙等人发表意见表示反对，何孟雄在会上也发了言，反对王明他们这一套做法，并就巩固党的团结问题，目前形势和任务问题谈了他的看法。我也发了言，我讲了三点：一、反对改变会议性质，不同意把紧急会议改为四中全会。二、这个会为什么没有经过中央委员会同意，把一些不属中央委员的人拉到会上来参加，而我们提出的一些同志却一个也没有来？三、关于反立三路线的问题，为什么这个会要搞一个补充决议？如果三中全会有不足之处，四中全会则可以加以补充。现在共产国际来信说，三中全会是调和主义，而四中全会却又来补充。原来说立三同志是'左倾'，现在又说他是'右'倾，这是为什么？我们当时对这种前言不对后语，

颠三倒四的做法都弄糊涂了，有的同志非常气愤，干脆不参加表决，就在这种情况下，这一伙人，还是强行通过了那个决定。"

"李立三同志没有参加这个会。瞿秋白同志参加，但不让他发言。休息时，我对他说：'这个会没有解决路线是非问题，可能还要闹得更大。'他说：'你解释解释吧。'我说：'我自己都弄不清楚，也气糊涂了，还能解释什么？'"

"会议就这样吵吵闹闹不欢而散。王明拿共产国际招牌压人，只搞集中，不搞民主。由他们挑起矛盾。这是分裂党的开始。"

"四中全会结束的第二天，我搬家时，碰到林育南。我问他：'你怎么知道我在这？'他说：'我不会问？'他问我四中全会开得怎样？我说：'四中全会开得一肚子气，我们少了两票，少数服从多数。'他说：'谁是多数？'我说：'拥护开四中全会的是多数。'他说：'你们上当了。'他又说：'谁有表决权？多少人有表决权？哪个同你们表决？鱼目混珠了！'他说，你快搬家吧，搬好后到东方旅馆来找我，我再告诉你。"

"这一天，我到东方旅馆，林育南等同志把参加四中全会反对王明的同志召集在一起，揭发了王明一伙非法篡权的阴谋，并由他起草了反对四中全会的《告同志书》，当时签名的有18人，这比四中全会上的表决多了一票，因为陈郁同志投了赞成票。这样双方的票是18比18。这份《告同志书》曾经往下发了，后来王明说我们向敌人告密，就是指这件事。可见，四中全会是王明搞突然袭击，使我们措手不及才让他爬上台的。如果在正常情况下，我们坚持正确意见的同志是完全可能超过他的。而现在这种情况，只好对四中全会采取在政治上保留，在组织上服从的态度。"

"四中全会开过后，双方都在紧张活动。有一天，赤色职工国际代表找我们全总党团干部开会，罗登贤、关向应等同志也参加了。赤色职工国际代表讲了一通话，最后要我们表态拥护不拥护四中全会？罗登贤、关向应、杜作祥（陈昌浩爱人）还有一个全总生活秘书（记不清名字了）表示拥护。赤色职工国际代表很不高兴。接着就宣布，你们四个是布尔什维克，其他人统统是非布尔什维克，并宣布开除我们的党籍。我怎么也想不遇，我在武汉那样白色恐怖情况下，仍坚信党，为党工作，现在就因为我不同意王明这一套，就开除我党籍。我憋着一口气，痛哭了一场。"

"有一次，我到沪西去看望同志，他们在党内争论不休的情况下，工作也没有精神。我闷得很，想找林育南谈谈，他是苏准会常委，我平时也经常到他家看文件。在林育南家，我对他说，现在我们这样困难，又如此危险，得想个办法，我要找向忠发谈谈。林育南努努嘴，意思是说，向忠发就在房间内。我就敲门，开门的是周恩来同志，见他们开会，我想退出。周恩来见我要走，就说：'你进来听听吧！'我走了进去。王明正在指手画脚，大放厥词，说：'凡是拥护四中全会的是好同志；谁反对四中全会，就对谁采取组织手段，进行斗争，坚决打击，直至开除党籍。'听了他的话，我心里很难受，我想到沪西区委，年轻的同志生活很困难，工作没精打采，一个地下工作者的纪律也没有，冷冷清清。王明他们不去关心他们，却在这里大谈无情打击。我越听越气愤，要求发言。向忠发马上制止说：'这里没有你发言权。'周恩来说：'既让金保同志听了，还是让她发言吧！'向忠发说：'限你三分钟！'三分钟也好。我沉住气说，不服认四中全会决议的同志有意见，希望你们多做工作，不要用无情打击去制裁，这不是说服教育。我打了个比喻，袁世凯做皇帝，自称洪宪八十三天，没有群众拥护，结果还是下了台。你们搞独裁，夺了权很威风，要记住这个教训。"

"两三天后，向忠发约我谈话。我对他说，你们这样平息不了人们的气。党历来有民主有集中。他要我拥护四中全会，无条件的拥护。我说：'政治上保留意见应允许，到七大开会再说。'他还逼我写一份拥护四中全会的声明书，我说不会写，有什么意见已经在会上都说过了。他说，你不会写，要赵君陶同志代我写。我说，我要住院看病，等出院后再说。"

"在我住院期间，发生了'龙华惨案'。李求实、林育南、何孟雄等二十四名党的优秀干部在中山旅馆被捕，并在龙华被反动派杀害。这件事是张琴秋告诉我的，她住机关，天天去看门诊，她告诉我，这是陈绍禹（王明）告密的。我听了如同火上加油。何孟雄他们太纯洁了、太傻了。王明他是在借刀杀人啊！"

张金保说：

"何孟雄他们被害，我心里十分悲痛，他们是我们党的中心力量，他们有丰富的斗争经验，经过长期的严峻的斗争考验。他们牺牲了，而我幸免了，我要是不住院，肯定也会去中山旅馆的。当时外面传说二十四个人中还有我一个呢！他们的牺牲，使我心里充满了愤恨，恨国民党这伙刽子手，也恨王明，你不就是吃过几块面包吗？就是天才？就是领袖？你既没有当过红军，打过仗，也没有做过工运，经过锻炼，就是领袖？也许我夜郎自大，你王明哪一点比得上立三？立三还与军阀资本家斗过几个回合，引起敌人注意。我对王明素不认识，听说他在苏联是个马屁精，我心里对他不感兴趣，而龙华惨案，更坚定了我与他斗争的勇气和力量。"

"何孟雄、林育南他们是为党的事业英勇就义的。敌人不敢将他们拉出去枪毙，所以白天挖了坑，晚上秘密杀害，早上埋掉，有的手铐脚镣都没有烂，可见国民党一伙是多么怕他们，多么不得人心！何孟雄他们是我们党的好儿女，为党的事业赤胆忠心。他们的牺牲，不是像王明说的那样，王明说他们牺牲是英雄的，可惜是右派分子。这句话是张琴秋告诉我的。右派分子还能为党的事业英雄牺牲？王明简直是鬼话。"

"反四中全会，反王明上台是多数的多数，不是几票对几票，当时还有不少中央委员没有参加，还有在第一线斗争的同志没有参加，如果他们参加会议，就不是少两票了，王明也夺不了权。"

张金保（1897年—1984年）女，湖北人（生于安徽芜湖）。1926年加入中国共产党。任中共湖北省委妇委书记，汉口硚口区区委妇女部长，中共五大代表，中共六届中央委员，中央妇委书记，全国总工会女工部部长。1931年在中共六届四中全会上，因反对王明被开除党籍。1933年被捕入狱。1937年获释。1943年到延安。1945年恢复党籍，当选为七大代表，任中央妇委委员。

可见，由于共产国际的干扰和我党斗争经验的缺乏，一次不经意的错误，使王明进入了中央，致使中国革命事业遭到严重危害，几乎葬送了革命前途。1956年之后，王明长期留居苏联，以后化名"马马维奇"、"波波维奇"撰文，歪曲历史，标榜自己，攻击中国共产党。

（2012年4月5日）

陈潭秋危急时刻将秘密档案转交党中央

据陈潭秋爱人王韵雪同志回忆：陈潭秋等同志被盛世才逮捕之前，由于形势恶化，对革命斗争不利，当时曾将在新疆的大部分材料、照片交苏联领事馆，请他们转交党中央。

1939 年 6 月，从莫斯科回国的陈潭秋留在新疆，被任命为中共中央驻新疆代表和八路军驻新疆办事处负责人，化名徐杰。

1942 年五六月间，新疆局势日趋严峻：时值苏德战争，德军就要攻进莫斯科，而国民党在国内又掀起反共高潮，蒋介石的代表到新疆活动，蒋介石、盛世才勾结公开化。为此陈潭秋致电中央，请求撤出我党在新疆的全体同志。

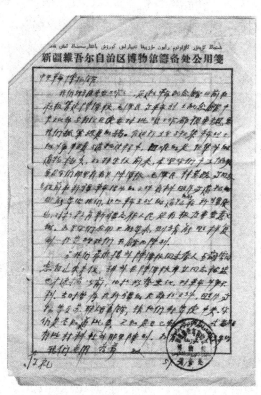

（原件为作者藏品）

8月8日，中央指示除留高登榜等4人外，其余136人包括陈潭秋均撤回延安。因时局所迫，回延安无法成行，陈潭秋与大家商量，要所有人员分三批先撤到苏联。第一批是航空队飞行员；第二批是残疾人及一些家属孩子；第三批才是中共驻新工作人员。

当时便有人提出，让陈潭秋第一批撤离，可陈潭秋坚决地说："不行，我先走就等于是战场上的逃兵。"也有人问要是撤不出去呢？陈潭秋大义凛然道："盛世才要逮捕人时，我去！"那时，他已下定决心牺牲自己。

9月初，盛世才把我党在迪化（现乌鲁木齐）各部门工作的同志全部调出集中在八户梁。9月17日，盛世才派他的卫戍队以"请客"为名将陈潭秋、毛泽民（毛泽东的弟弟）等五人软禁起来。此后陈潭秋先后写了两封抗议信，谴责盛世才破坏抗战、背信弃义，要求将大家送回延安。

1943年2月7日，陈潭秋被投入监狱，受尽各种酷刑，始终坚贞不屈。9月27日，陈潭秋、毛泽民、林基路被盛世才秘密杀害。

陈潭秋，湖北黄冈人，1896年1月4日生。原名陈澄，取"澄清这混浊世界"之意。潭秋是他的字，人们都习惯称他陈潭秋。

青年时代的陈潭秋就积极投身学生运动。五四运动中，武汉派出学生参观团前往上海，他是成员之一。1920年秋，他和董必武等在武汉共同发起组织湖北共产主义小组。1921年7月出席了在上海召开的中国共产党第一次全国代表大会。此后，一直担任党的领导工作，在"二七"大罢工、支援北伐、南昌起义、中央苏区建设中，都做出了重大贡献。1934年，红军开始长征，陈潭秋奉命留守江西，作战中，他的右耳被子弹打掉，脑部受到剧烈震荡。1935年8月，同陈云、杨之华一起前往苏联，出席共产国际第七次代表大会，并作为共产国际中国代表团成员留在莫斯科工作。1939年5月，奉调回国，途经迪化（今乌鲁木齐），被任命为中共驻新疆代表和八路军驻新疆办事处负责人。

1945年6月，中共七届代表大会选举出四十四位中央委员，根据票数排名，陈潭秋排在第九位。然而，这位中共创始人之一，早在两年前就被新疆军阀盛世才秘密杀害了。同时被害的还有毛泽民、林基路等人。只是当时处于战争年代，消息阻塞，所以中共中央只知道他们被盛世才关押起来，并没有得到他们遇害的消息。

毛泽民，字润年，毛泽东的胞弟。1896 年 4 月 3 日出生于湖南湘潭韶山冲。1922 年加入中国共产党，参加安源路矿工人大罢工后，随毛泽东到湖南开展农民运动，又入广州农民运动讲习所。1925 年任中共中央出版发行部经理，1931 年任中华苏维埃政府第一任银行行长，后兼财政部长，长征中负责筹粮筹款和供给工作。长征结束后，担任中央工农民主政府经济部部长。他在长期残酷的战争环境和艰难的财政经济工作中积劳成疾，患有严重的支气管炎和鼻炎，经常咯血。1938 年春，取道新疆赴苏治病，因中苏边境发生鼠疫，边界封锁，交通断绝，只好滞留迪化。后应盛世才的邀请，经中共中央批准，留在新疆工作，化名周彬，先后担任新疆省政府财政厅副厅长、代理厅长，1941 年 7 月，调任民政厅代理厅长。

林基路，广东台山人，1916 年 4 月 17 日生。1933 年初加入中国共产主义青年团。次年，东渡日本，进日本明治大学攻读政治经济学，1935 年加入中共并担任东京中共支部书记。1937 年夏天回国，先在上海文化界救亡协会工作，不久到延安，进入中共中央党校学习。1938 年 2 月，受中共中央委派赴新疆工作，被任命为当时新疆最高学府——新疆学院的教务长。1939 年初调任阿克苏区教育局长，半年后调任库车县长，1942 年 1 月任乌什县长。

抗战爆发不久，中共就与盛世才建立了新疆抗日民族统一战线，并建立了八路军驻新疆办事处。1939 年 5 月，陈潭秋接替邓发任八路军驻新疆办事处主任后，领导在新疆的 100 多名党员干部，忠实地执行党的抗日民族统一战线政策，在整顿新疆财政金融、发展经济、宣传马列主义和党的政策、兴办教育、培养革命青年以及为抗日募捐等方面做了大量艰苦细致的工作，为新疆的进步与发展做出了贡献。

毛泽民在发展新疆经济方面成绩卓著。当时，新疆的财政金融状况极为混乱，贪污腐化，浪费成风。毛泽民上任后，统一币制，提倡清廉，健全财政组织，建立经济预算和核算制度，并提出治理新疆财政的方针：发展经济，增加收入，开源节流，量入为出，争取收支平衡。他任劳任怨地工作着，为新疆财政金融的好转起了重大作用。林基路为发展新疆教育事业，功不可没。当时新疆学院的校风较差，他为学院制定了"团结、紧张、质朴、活泼"的校训，并创作了校歌。他提倡理论联系实际的"教用合一"的教学原则，除了聘请共产党员和进步人士讲授《政治经济学》和《抗日战争的战略问题》等课程外，还亲自讲授《中国现代革命史》，向青年学生宣传革命思想和马列主义，宣传党的抗日方针和策略。在林基路、杜重远、茅盾（沈雁冰）、张仲实等人的影响下，新疆学院的校风焕然一新，许多青年学生走上了革命的道路。林基路在任库车县长时，为了改变当地贫困落后的面貌，领导各族人民修建了拦洪大坝（当地百姓称之为林基路大坝）和"团结新桥"等工程。

随着抗日战争进入相持阶段，国际法西斯势力日益猖獗，投机成性的盛世才也由伪装进步逐步走向反动。1942 年 8 月 29 日，蒋介石派宋美龄等亲临迪化，于是盛世才决定投靠蒋介石，与共产党分道扬镳。

面对国际国内形势的突变，新疆的形势越来越紧张，陈潭秋、毛泽民、林基路等共产党人早有心理准备。陈潭秋曾对党内的同志说："应当清醒地认识到，由于盛世才的反动本性，他随时都有与我党翻脸的可能。"他一方面根据中央指示，积极组织人员撤退，一方面对我党驻疆工作人员进行整风教育和气节教育，勉励大家"富贵不能淫，贫贱不能移，威武不能屈"，要把敌人的法庭当做讲台，坚守共产党员的崇高气节。

1942 年 9 月 17 日，盛世才将陈潭秋、毛泽民、林基路等逮捕入狱，不久又将他们与百余名中共党人及家属投入监狱，对他们施以站铁刺、抽皮鞭、针刺指尖、坐老虎凳等种种酷刑。但这些并没有动摇他们的信仰，林基路写的《新囚徒歌》："囚徒，新的囚徒，坚定信念，贞守立场。掷我们的头颅，奠筑自由的金字塔；洒我们的鲜血，染成红旗万载飘扬。"充分表现了共产党人的崇高气节和视死如归的决心。

1943 年 9 月 27 日深夜，陈潭秋、毛泽民、林基路被盛世才指令特务用麻绳勒死，秘密埋葬在六道湾的荒坡上。新中国成立后，烈士们被重新安葬在乌鲁木齐南郊风景秀丽的燕儿窝革命烈士陵园里。

（2011 年 7 月 21 日）

读纵队司令吴奇伟"追剿"长征红军日记

红军长征艰苦卓绝，黄镇将军当时留下"长征速写"，在红军将领留下的长征墨迹中应是凤毛麟角，日记更不多见。

我收藏的建党前后、苏区至红军长征众多早期文物中，其中有一本吴奇伟始写于 1936 年 1 月 1 日止于 1936 年 9 月底的日记。内容大都是记述他是如何率部"追剿"长征红军萧（克）、贺（龙）、朱（德）、徐（向前）部的。吴奇伟作为国民革命军陆军中将，时任"中央军"薛岳部纵队司令，反共坚决，"追剿"红军不遗余力。但作为高级将领，他在日记中记载了许多反映当时战事和国民党内部矛盾，以及在途中对当地百姓状况及对时局的看法等等内容。读"追剿"日记，也可从另一视角洞察 80 多年前那场史无前例的红军两万五千里长征，从而更知长征的艰苦卓绝，也能更加深刻地了解红军的胜利乃至共产党的胜利、国民党失败的原因所在。

吴奇伟（1891—1953），字晴云，别号梧生。保定陆军军官学校第六期毕业，国民革命军陆军中将。在十年内战中，参加过对中央苏区和红军

（日记原件为作者藏品，现陈列于中粮书院忠良博物馆）

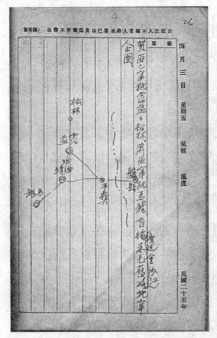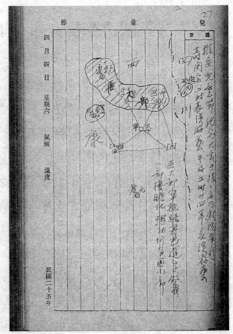

日记部分摘录

第四、五次"围剿"。红军长征后,他率部追击红军至四川。1949年5月,吴奇伟参与和策划了粤东起义,通电与蒋政权决裂,宣布投奔中共。毛泽东、朱德复电,对吴等的投奔表示"极其欣慰"与"欢迎"。

吴奇伟日记反映了红军的英勇作战和金沙江等重大战役的情况。

3月9日日记写道:

赤匪窜康之谜:我想赤匪断不致窜援西康,但事实打倒此种推断。徐匪是已经占领道宁、威胁康定了。在成都方面的人,以为从此匪据康定境,不会轻于犯川。但我仍然要坚持我从前的推断说,目前匪之入康,不外两种目的:一种乘康境无兵,用一部游击队去征集粮,运入丹巴,以供再度犯川整顿内部期间之消耗;一种是假道泰宁、木雅、广坝,比较富饶的高原河谷去接引窜宁的萧贺匪部。待两股接合后分从金川与宁远两点冲实出来。总之他无援康的企图。

70

4 月 3 日日记写道：

贺匪已窜抵沾益之松林，萧匪窜抵马龙。有循朱毛旧路，渡金沙江北窜。

日记记载了国军在"追剿"红军过程中，与地方政权不合，有功必争有过必推的事实：

5 月 11 日日记写道：

萧贺朱徐各股残匪，约五千人，已在西康会合股。以西康地势的险峻，而赤匪竟得长驱直入，地方负责当局，实在不能辞其咎。

日记还无意透露出军内派系斗争及蒋介石竭尽暗算、诬陷、排除异己之能事：

6 月 10 日日记写道：

西南粤、桂军分途入湘，虽暂停止前进，但仍建筑工事，其后续部队亦继续向前集中，而中央方面对外之军队分防久矣。

6 月 22 日日记写道：

两广异动军人粤陈（济棠），桂李（宗仁）、白（崇禧）之罪状如下：放弃国防擅离职守。不服制止，抗命犯上。以抗日为虚名，增加敌国之嫉妒，陷国家于危境。以叛逆为事实，破坏民族生存之新机，援乱安内攘外之阵线。公然勾结敌国，收受军火接济，雇用日人为军事顾问，接纳先后叛逆之陈李蒋蔡。

另一方面，日记也重笔记下了国军内部反对内战、踊跃抗日和举国上下呼吁停止内战一致抗日的形势：

71

潘家园

6 月 23 日日记写道：

粤陈（济棠），桂李（宗仁）、白（崇禧），突然分兵北犯，宣言抗日。

陈李白于廿日，联名发通电请全国军事领袖，赞助抗日战事。电中详述中国军队武器虽逊于日而不致战败之理由，并申明西南出兵纯为抗日，竭力反对内战等语。李宗仁并否认有与白崇禧放洋之说。抗战情形严重。

闻日本现又要求将山东并入冀察区，换言之即扩大华北日驻军之强化区而至鲁地。宋（哲元）司令自以抗日，派之张自忠任津市长，已显然表示对日态度之强硬。并向中央请得既定方针，昨赴济晤韩（复榘）即为商榷此事，能否扩大即与日方决裂殊难预料。

沪各界团体及学生工人等三千余人，以上海各界救国联合会赴京请愿团名义，于昨晨八时集上海、北京要求开车赴京向中央请愿团结抗日，闻保受桂系暗中唆使云。

这时，连处于"剿共"前线的吴奇伟也不得不疾呼："华北日急，真不堪再有内战矣。"

日记还特别写道：

……因为本地不出米粮。军队到着时后方米粮输不上，要在本地购买粮食，不免与居民争食，因此就不得当地居民好感。更兼本地的保卫团丁动辄持势欺凌，人们因谋生不易，更要供给团丁的伙食，不免生怨。余巡查乡间时，闻保甲长叫苦，乾人的声音是："我们宁愿红军来！"

还写道：

询知，红军到时，只打土豪。我军到时，强买粮食，强取农具（因要做工事，筑机场），乱砍树木、竹林。颇惹人怨。

读到"我们宁愿红军来"我思索良多，我想，当时国民党要员吴奇伟们在听到乾人的声音"我们宁愿红军来"时，可能还不能明白，共产党为什么能胜利，而他们为什么失败。共产党体恤民情，关注民生，在农民最需要土地时，打土豪分田地，进行土地革命，赢得人民信任。"我们宁愿红军来！"这大概就是共产党能胜利的根本所在。

历史的老人就是这样无情地嘲弄了不可一世的国军：当年那些在牧师家围着火锅，边吃狗肉边谈军事，指挥"剿匪"、"围剿"处于饥寒交迫中的萧（克）、贺（龙）、朱（德）、徐（向前）红军，大骂红军为"匪"的国军将领，10 多年后的 1949 年，当年的国军，除像日记作者吴奇伟一样弃暗投明、投奔当年咒骂的"匪"外，或被俘，成为战犯，或被赶到台湾那个弹丸之地，向隅而泣。而日记中的"匪首"萧、贺、朱、徐等人，则成了新中国的开国元帅与将军，站在天安门城楼，受到人民欢呼拥戴。得道多助，失道寡助，历史就这样定格了。

（原载《百年潮》2013 年 3 月刊）

中华苏维埃国家银行存折

在博物馆和收藏家手里常见有中华苏维埃共和国国家银行发行的钱币（包括纸币、布币和金属币），但发现完整的一本（共 6 页）存款折实属罕见。在中华苏维埃共和国国家银行成立 80 周年的今天，新发现的中华苏维埃共和国国家银行存款折对研究中华苏维埃时期的金融、货币政策和实施的方式方法等有着重大的意义。

中华苏维埃共和国国家银行在 1932 年 2 月 1 日成立，总行在瑞金叶坪，行长毛泽民。一栋只有两个小厅三个房间的砖木结构二层普通民房就是总行，还成立了江西兴国等若干分行。

银行成立后，颁布了《中华苏维埃共和国国家银行暂行章程》，规定银行主要担负统一货币，统一财政和税收，以及吸收存款和发放贷款，支持苏区的生产与贸易等职能。同时，国家银行还受政府委托，代理国库出

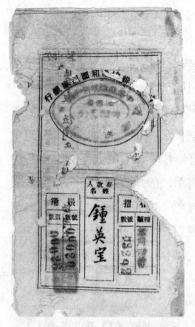
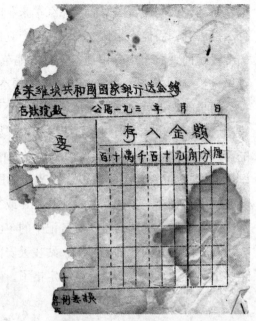

中华苏维埃共和国国家银行存款折　　　中华苏维埃共和国国家银行送金簿
　　　（封面 17.5×10 厘米）　　　　（原件为作者藏品，现陈列于中粮书院忠良
　　　　　　　　　　　　　　　　　　博物馆，收录《红色典藏》）

纳，代理政府发行公债及还本付息事宜。这些功能的主要目的是为了保证中央苏区的经济运行和货币流通，为苏区建设提供经济保障。

　　根据中华苏维埃第一次全国代表大会的决议，中华苏维埃国家银行成立后即着手设计印刷国家银行纸币，开始人民政权统一发行货币的尝试。根据当时苏区的具体情况设计出了壹元、伍角、贰角、伍分等面值的苏币票样。国家银行成立 5 个月后，印制出第一批苏区纸币。在履行货币发行和流通管理职能的同时，中华苏维埃国家银行还积极开展吸收存款和发放贷款等信贷业务。

　　从中华苏维埃第二次全国代表大会开始，根据毛泽东的要求，国家银行开始吸收群众存款。国家银行的存款分为两大类，一般存款和储蓄存款。一般存款又分三种类型：定期存款，活期存款和零存整取。1934 年 3 月 20 日起，国家银行开办储蓄存款业务。1934 年 10 月，中央红军主力和中央领导机关撤离苏区，进行战略转移，开始长征。中华苏维埃国家银行的工作人员编入中央第二纵队第十五大队，重点监护国家总金库的资金，参加突围转移。次年 10 月到达陕北，中华苏维埃国家银行与原陕甘晋银行合并，改称为中华苏维埃共和国国家银行西北分行。

（2012 年 11 月 26 日）

朱毛《出路在哪里?》

《出路在哪里?》文告深刻揭露了国民党反动派的罪行，阐述了党和红军的主张，指明了工农劳苦大众的出路。

收藏于湖南省博物馆的《出路在哪里?》

出路在哪里?

出路在哪里??

出路在哪里???

工人、农民、兵士以及一切贫苦的民众们！万恶的国民党军阀蒋介石、陈济棠、何键等，不但把我们中国出卖给帝国主义，使你们变成帝国主义强盗们的奴隶牛马，而且他们自己也拼命的屠杀你们剥削你们，你们整年整月做着苦工，然而你们总是养不活你们自己与你们的父母妻子儿女。苛捐杂税，是永远还不清的，修堡垒筑马路等各种兵差劳役是永远做不完的。再加上地主、资本家、高利贷、土豪恶棍，对于他们的残酷剥削，使你们倾家荡产出卖妻子儿女，也还不清他们的田租与债款。

你们是在忍受着饥饿、疾病、寒冷与痛苦。你们像牛马一样，死在道路田野里，没有一个人来埋葬你们。

你们不能反抗，不能说一句不满意的话，国民党军阀、民团、警察、流氓恶棍，会如狼似虎一样，鞭打你们杀死你们，杀你们的头，把你们放到监狱里。他们还要说你们是"共匪"，要杀你们全家老少。国民党军阀、地主、资本家都威吓你们，说"共匪"是"杀人放火"，是"共产共妻"，他们压迫你们出钱、出力、出性命去帮助他们"围剿共匪"，要你们组织民团、守望队、铲共团防堵"共匪"，但你们自己还只是听到人家骂共产党、苏维埃红军，你们自己还没有看到过共产党、苏维埃红军是什么东西。

你们只要知道共产党、苏维埃与红军的主张，你们就会赞成他们！他们的主张：

我们穷人，我们工人、兵士以及一切劳苦大众，不要再受帝国主义、国民党豪绅、地主、资本家的剥削与压迫，我们大家要团结起来，武装起来，暴动起来，打倒帝国主义，推翻国民党豪绅地主的统治，建立我们工农自己的军队，工农自己的政府，这种工农的军队，就是红军。这种工农兵的政府就是苏维埃政府。

我们要立刻取消一切国民党政府的苛捐杂税与兵差劳役，取消一切高利贷，没收地主阶级的一切土地财产，分配给贫苦的农民，工人实行八小时的工作制，增加工资，我们要使每一个工人、农民有衣服穿暖，有饭吃饱，取消强迫的雇佣役制，改为自愿兵役制，把土地分给士兵，改善士兵生活，不准打骂士兵。保障工农群众言论、集会、结社、出版、罢工等一切自由的民主权利与男女完全平等。

亲爱的兄弟姐妹们！共产党所主张的苏维埃与红军，就是你们的出路。你们不但不要反对苏维埃与红军，而且还要拥护苏维埃与红军，在一切方面帮助我们苏维埃与红军得到胜利。

亲爱的兄弟姐妹们！你们的出路就在这里。我们贫苦工农大众要齐心，要团结，拿我们的菜刀、锄头、大刀、木棍、鸟枪、快枪以及一切武器暴动起来，发动游击战争，去杀尽国民党军阀官僚，号召白军士兵杀死他们的长官，哗变到民众方面来，一同革命，实现共产党的主张，创造工农自己的红军，工农自己的苏维埃政府。

亲爱的兄弟姐妹们！坚决为了你们自己的出路而斗争！不要惧怕卖国贼刽子手国民党军阀，不要惧怕豪绅地主资本家，他们那里只有少数人，我们这里有着千百万的工农群众，我们还有自己的红军与苏维埃政府的帮助。我们一定会胜利！我们一定要胜利！我们无论如何要胜利！

苏维埃中央政府主席 毛泽东

中国工农红军总司令 朱 德

十一月七日

《出路在哪里?》长 3.5.厘米，宽 22 厘米，铅字印刷。

这份《出路在哪里?》是 1958 年 5 月从郴县县委征集入藏湖南省博物馆、由郴州良田参加革命的黄传才同志保存的珍贵革命文物。湖南省博物馆研究人员撰文认为，这件由苏维埃中央政府主席毛泽东和中国工农红军总司令朱德联名的文告，印发于 1934 年 11 月红军长征在湘南粤北途中。理由，除文告上手写"郴州良田宋家湾参加革命黄传才保存的"发现地，来源和"从文物月、日时间等信息材料提供了重要佐证"外，研究者还认为，"文告开头数语涉及的人物为蒋介石、陈济棠、何键，其中陈济棠为当时国民党广东省政府主席，执掌广东军政大权的军阀，何键为国民党湖南省政府主席，执掌湖南军政大权的军阀，文告揭露湘粤两省反对统治的黑暗，目

的在于唤醒湘粤两省的人民，支援自己的苏维埃政权和红军，以谋得自己的解放和出路"等。

另一份《出路在哪里?》是贵州省锦屏县杨胜乾1952年捐献的，现收藏于遵义历史纪念馆的，也表明是1934年11月红军长征途中印发。

在之后出现的有关《出路在哪里?》的文章和著作里，包括《毛泽东年谱》、《朱德年谱》等，都认为是1934年11月红军长征途中印发。

我在瑞金发现一份《出路在哪里?》残件（下图）。

作者瑞金新发现的《出路在哪里?》
（原件为作者藏品，现陈列于中粮书院忠良博物馆，收录《红色典藏》）

据原藏者讲，文物是在前几年拆旧房中发现。

首先，从瑞金发现的《出路在哪里?》这件文物发现地分析，如果《出路在哪里?》是1934年11月长征途中湘、黔印发，那撤离苏区的红军不可能再将《出路在哪里?》送回苏区瑞金藏起来，而只有红军从1934年从苏区出发长征带到湘、黔的可能。其次，《出路在哪里?》涉及的人物陈济棠，据文献记载，1934年10月初，何长工和潘汉年根据周恩来的部署，同陈济棠部进行了三天谈判，达成了"就地停战"、"必要时可以互相借路"等五项协议，为以后中央红军开始长征时顺利突破国民党军队的第一、二道封锁线开辟了道路。毛泽东、朱德不可能在1934年11月签发的《出路在哪里?》文告里还将陈济堂与蒋介石、何键放在一起进行谴责。还有，《出路在哪里?》没有"长征"内容，如果在湘、黔的长征途中，不可能不宣传长征。而《出路在哪里?》宣传的是苏维埃政府，"……建立我们工农自己的军队，工农自己的政府，这种工农的军队，就是红军，这种工农兵的政府就是苏维埃政府。"另外，长征之后到遵义会议之前毛泽东一直受排挤，已经被架空，也不可能与朱德一起联名发文告。

那么，《出路在哪里?》文告是哪年印发的呢? 笔者认为应是在红军撤离苏区的长征之前。也很有可能是，印发于1931年11月7召开第一次苏维埃大会的当日。因为在1931年2月20日召开的中央政治局（简称中央局）会议上，已确定毛泽东同志为苏维埃中央政府主席，朱德同志为中国工农红军总司令了。

（2011年1月1日）

40年后"红军"归还当年借谷

2010年11月，我在江西赣州发现，在一本1974年1月记完封存的"记账凭证"簿里，夹有三张1934年中华苏维埃共和国"借谷证"和一张1973年10月的"还谷证明"。

1931年11月，中华苏维埃共和国临时中央政府在瑞金成立，毛泽东当选为临时中央政府主席。1933年3月1日，临时中央为了解决红军的粮食供给问题，毛泽东亲自发布了第20号训令，决定在中央苏区向群众进行借谷，以供应日益扩大的红军军需。并于1933年和1934年先后三次发行借谷证和借谷收据，三次共向群众借谷100余万担。有的未来得及偿

（原件为作者藏品，现陈列于中粮书院忠良博物馆）

还，1934年10月，中央红军主力离开中央革命根据地开始长征。

　　我收藏的这枚借谷证票，票体呈横长方形，长11厘米，宽9厘米，土黄底，双面印字。借谷证顶部印有，"中华苏维埃共和国借谷证"；第二行红色"干谷一百斤"；票中有两位持枪红军战士，战士身后一位拿笔的置制服的人；票下端"此票专为一九三四年向群众借谷充足红军给养之用粮食人民委员会陈潭秋"，并盖有陈潭秋印鉴。票背面一分为二，写"凭票于一九三五年九月向苏维埃仓库取还干谷五拾斤"和"凭票于一九三六年九月向苏维埃仓库取还干谷五拾斤"，即此票为两年期，两年还完。

　　此枚红军临时借谷证，为当年发行的众多的借谷凭证之一，我认为今天也并不少见。但和借谷证装订在一起，在借谷证后边附有一张40年后的"还谷证明"，确属罕见。

（原载《百年潮》2011年第2期）

中央特科"三女谍"

近年，继电视连续剧《潜伏》播出之后，有谍战内容的影视片越发火爆了起来，不少片子内容涉及"中央特科"的背景，但有的反映得不尽准确。根据有关党史资料及研究，提供一些简要的背景材料，仅供参考。

"中央特科"第一部电台

周总理 1928 年参加"六大"回国后就布置筹建无线电台。第一部电台是李强同志自己动手制作的，第一个报务员是张沈川同志。

1929 年底，李强同志又到香港建立了电台，1930 年 1 月上海便与香港首次通报成功。后来，曾三、涂作潮等同志到江西苏区，1931 年 9 月与上海中央通报成功，继而又同鄂豫皖、湘鄂西等地建立了无线电联系。

"中央特科"三女谍

"中央特科"的女同志肯定不只这三位，但由于资料所限，仅将李云、沈安娜及周惠年三同志的材料做一简要介绍。

李云同志从 1935 年 5 月起担任和宋庆龄同志的联络工作。宋庆龄同志对特科工作有很大帮助，提供了许多国民党的重要情报。宋庆龄同志当时曾表示了要作为一个共产党人的意愿，李云同志请示组织后答复说："你同共产党员一样。"宋庆龄同志听了十分高兴。

李云与宋庆龄

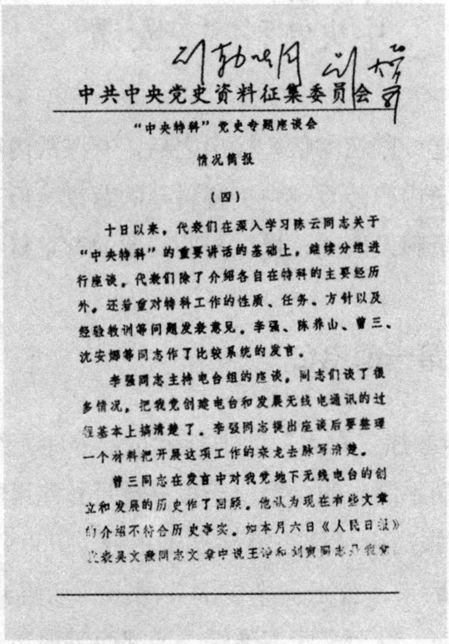

中共中央党史资料征集委员会

"中央特科"党史专题座谈会

情况简报

（四）

十日以来，代表们在深入学习陈云同志关于"中央特科"的重要讲话的基础上，继续分组进行座谈。代表们除了介绍各自在特科的主要经历外，还着重对特科工作的性质、任务、方针以及经验教训等问题发表意见。李强、陈养山、曾三、沈安娜等同志作了比较系统的发言。

李强同志主持电台组的座谈，同志们谈了很多情况，把我党创建电台和发展无线电通讯的过程基本上搞清楚了。李强同志提出座谈后要整理一个材料把开展这项工作的来龙去脉写清楚。

曾三同志在发言中对我党地下无线电台的创立和发展的历史作了回顾。他认为现在有些文章的介绍不符合历史事实。如本月六日《人民日报》发表吴文焘同志文章中说王诤和刘寅同志是我党

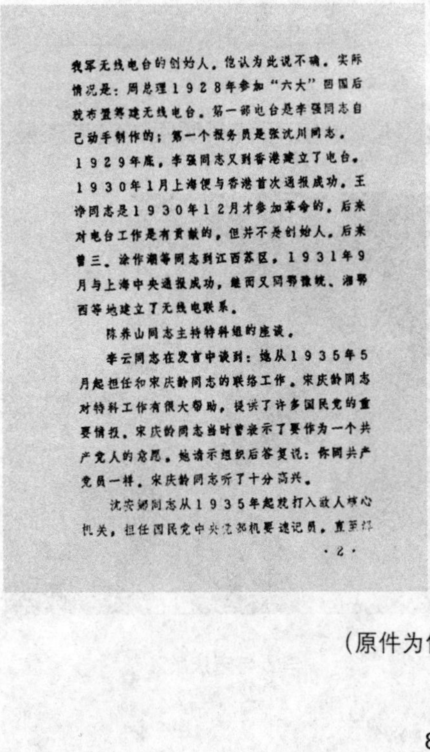

我军无线电台的创始人。他认为此说不确。实际情况是：周总理1928年参加"六大"回国后就布置筹建无线电台。第一部电台是李强同志自己动手制作的；第一个报务员是张沈川同志。1929年底，李强同志又到香港建立了电台。1930年1月上海便与香港首次通报成功。王诤同志是1930年12月才参加革命的，后来对电台工作是有贡献的，但并不是创始人。后来曾三、涂作潮等同志到江西苏区，1931年9月与上海中央通报成功，继而又同鄂豫皖、湘鄂西等地建立了无线电联系。

陈养山同志主持特科组的座谈。

李云同志在发言中谈到：她从1935年5月起担任和宋庆龄同志的联络工作。宋庆龄同志对特科工作有很大帮助，提供了许多国民党的重要情报。宋庆龄同志当时曾表示了要作为一个共产党人的意愿。她请示组织后答复说：你同共产党员一样。宋庆龄同志听了十分高兴。

沈安娜同志从1935年起就打入敌人核心机关，担任国民党中央党部机要速记员，直至解

·2·

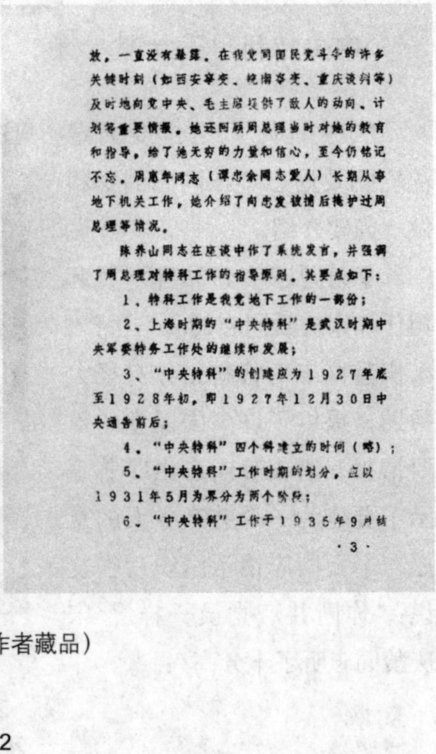

放，一直没有暴露。在我党同国民党斗争的许多关键时刻（如西安事变、皖南事变、重庆谈判等）及时地向党中央、毛主席提供了敌人的动向、计划等重要情报。她还回顾周总理当时对她的教育和指导，给了她无穷的力量和信心，至今仍铭记不忘。周惠年同志（谭忠余同志爱人）长期从事地下机关工作，她介绍了向忠发被捕后掩护过周总理等情况。

陈养山同志在座谈中作了系统发言，并强调了周总理对特科工作的指导原则。其要点如下：

1、特科工作是我党地下工作的一部份；

2、上海时期的"中央特科"是武汉时期中央军委特务工作处的继续和发展；

3、"中央特科"的创建应为1927年底至1928年初，即1927年12月30日中央通告前后；

4、"中央特科"四个科建立的时间（略）；

5、"中央特科"工作时期的划分，应以1931年5月为界分为两个阶段；

6、"中央特科"工作于1935年9月结

·3·

（原件为作者藏品）

　　沈安娜同志从 1935 年起就打入敌人核心机关，担任国民党中央党部机要速记员，直至新中国成立，一直没有暴露。在我党同国民党斗争的许多关键时刻（如西安事变、皖南事变、重庆谈判等）及时地向党中央、毛主席提供了敌人的动向、计划等重要情报。

　　周惠年同志长期从事地下机关工作，向忠发被捕叛变后掩护过周总理等。周惠年 1926 年参加革命，1927 年加入中国共产党。大革命时期，她一直在白区坚持地下斗争，被陈云同志誉为"我党保卫工作的第一位女同志"。1930 年，周惠年接受党的安排，投身于中央特科工作，担负起保卫中央的重大使命，胜利完成传送情报、秘密运送武器等各项任务。1931 年 6 月，与周恩来同住的中共中央总书记向忠发被捕叛变，党中央在上海再次处于危急关头，周惠年在自己的寓所掩护周恩来等同志度过了最危险的关头。

"中央特科"起止时间

　　上海时期的"中央特科"是武汉时期中央军委特务工作处的继续和发展。

　　大革命失败后，中共中央机关迁至上海。为保卫党中央的安全，中央在上海建立"中央特科"，由周恩来直接领导。

　　上海"中央特科"的创建应为 1927 年底或 1928 年初，即 1927 年 12 月 30 日的"中央通告"前后。"中央特科"工作于 1935 年 9 月结束。因为当时党组织已遭破坏，整个形势、组织机构、工作任务和性质均已改变。当然，情报工作一直存在，但不能称为"中央特科"的工作。

（2010 年 11 月 3 日）

摇篮边的守护人，延安精神的传递者

——读《中央保育员日记》

　　1939 年下半年，中国正处于抗日战争的一片硝烟之中，为了让前方出生入死、浴血奋战的将士们安心抗战，中共中央决定在延安创办中央托儿所，曾改为洛杉矶托儿所（1942 年，远在大洋彼岸的洛杉矶爱国华侨及国际友人，给物资匮乏的中央托儿所捐助了一批药品、玩具、食品和生活用品等，为了感谢洛杉矶侨胞和美国友人，有关部门决定将中央托儿所更名为"洛杉矶托儿所"）。原是中央书记处的驻地蓝家坪半山腰上的八九孔窑洞，就成了中央托儿所的诞生地，丑子冈同志被任命为首任所长。这所托儿所随着中共中央从延安辗转至平山县西柏坡，1949 年 4 月又从西柏坡迁至北京海淀区的万寿寺，改名为军委直属机关保育院。

　　1935 年参加革命的所长丑子冈，是一位 25 岁就成了革命烈士家属继而守寡的杰出女性。她在这所简陋的托儿所中为孩子们付出了自己的满腔柔情和爱心。她凭借自己刚烈的意志与性格，带领一批保育人员，为那个战乱年代的将士们的孩子开辟了一片童年的乐土，她们的柔情与慈爱，成为后来从这里走出的革命后代们弥足珍贵的美好回忆。

　　日记出于托儿所的保育员小李之手。这位小李同志叫什么名字我们已无法查找清楚，我以"李轶明"谐音"佚名"代替之。从她日记中自叙的阅历看，她 1944 年在家乡参加革命，1945 年一月到延安即在中央托儿所工作。她略显生涩的手记记录了从 1948 年 3 月从延安迁至西柏坡，1949 年 4 月又从西柏坡迁到北京万寿寺，自己作为保育员的生活凡事，与同志们的交往，让我们真实地感知这段鲜为人知的历史；同时，还重笔记录了她与中央托儿所的创始人丑子冈所长的交往（文中她称丑子冈为妈妈），真实记录了丑子冈同志的高尚品德。

　　小李为何称丑子冈同志为妈妈，一种可能是她参加工作就跟随丑子冈同志，周围不只她一个人称丑子冈同志为妈妈；另一种可能是，她的未婚夫余继是丑子冈同志的儿子。丑子冈已故丈夫姓余，叫余家永。文中提到，她的小儿子小龙给她写信："不必想哥哥了。"张同志也对她说过，"两个儿子都做机要工作。"因此，余继是丑子冈儿子，小李是丑子冈准儿媳的可能性是比较大的。

据小李日记记载，1948年初，中央托儿所刚从陕北瓦窑堡转移到陕北三交不多久，就因为敌机的轰炸被迫计划再次转移。当时条件极差，孩子们患病的不少，延安又缺药，保育员们都急得团团转。在日记里，有这样生动的记录："防空出了乱子，天阴了，没有地方玩，更没有好的比较干燥一些的地方睡觉，所以大人孩子的病日见增加了。护理上有困难，没有护士，又没有房子，所以无法隔离，就把前两天新提拔起来的护士调来管理发烧热病的一切。结果把平常最普通的东西，查体温、登记都搞错了。比如，发烧39.1度被记成了'+9度'。所以在晚6点钟，我又去检查，发现这位护士喂药时又把酒精当作药给孩子吃了。"

在从延安转移到西柏坡的日子里，小李的日记中断了一个月，可见转战途中之艰难困苦。1948年3月15日，托儿所全部幼童和保育人员平安到达河北平山县西柏坡。刚安顿下来，大家又开始马不停蹄地安排开办"全托"，即全日托管的托儿所。小李在日记里并没有详细记录下工作的辛苦，然而我们仍能从只言片语中感受到丑子冈所长带领下的保育人员们的那种艰辛和奉献。小李在日记中记下了这样一件事："早晨两点多钟天还没亮，睡梦中忽听有人叫：'小李、小李，丑主任发烧了，她喉咙痛，你快起来看看她吧。'我挣扎起来匆匆地穿上了衣服，拖上了鞋子，揉揉眼睛跑了过去。她昨天没有休息，很累，今天就病下了。她的病经常是这样的，常常是白天累了，夜里就病了……我时常的劝她多休息。她总是不肯。"

从日记中我们还看到，托儿所作为中央机关的一部分，还紧跟着政治动向，开展了许多学习运动，有"查阶级、查工作、查斗志"的所谓"三查"运动，也有对毛主席的讲话的学习活动。小李认为这些运动对纠风气起到了一定作用，但同时也有过左的倾向。她在日记中就很认真地提到"三查"时出现了"过分民主"和"不民主"的极端现象，人事调动也存在着私人恩怨斗争，等等。

　　在这本 10 多万字的日记中，小李在记录从陕北到西柏坡又辗转到北京，几年来自己作为保育员的生活凡事、人情世故的同时，也记录了延安整风之后的党风建设，党群关系和干群关系的情况。

　　中央要转移到河北省平山县西柏坡去的时候，陕北当地老乡箪食壶浆、依依不舍，惜别党中央。这些动人的场景，都被小李在日记中真实生动地记录了下来：

　　中央离开陕北的时候正值岁末。小李在 1948 年 2 月 9 日的日记中这样写道："旧历年快过完，这是最后的一天晚上了，本是就在这几天之内要出发了，可是今天又下了雪。到处都是离别之前的景象，我们和群众的关系是那样的密切，他们是如何的感到土改后的幸福，体验到了共产党的伟大政策的好。我们用坏了他们不少的东西，而他们听到了我们走的消息，却又送了我们很多的东西，今晚又送了许多的枣子、花生等物品。"

　　"村里的老百姓和丑子冈妈妈更有动人的情感，如他们有些人说：'我愿我死也不愿叫丑所长走！'另外一个人还说道：'您走到哪里我跟到您哪里！'有的老百姓听说我们将要走了，准备了许多东西送我们吃。"

　　在除夕夜晚，丑子冈所长也是和保育员们和群众在一起过的。日记是这样记录的："除夕夜晚，下雪了，同志们都上山玩去了，这里可以对比我们两个所长吧？一个是生活在大家这里，有许多的同志和老百姓，大家一同吃一同玩；另一个则是三十晚上回家去团圆了，家里有儿子，丈夫。回来后没有一个人到她屋子里去。"从这段记载中，我们不难看出，和群众大家庭在一起的干部，群众就拥护和爱戴；脱离群众，只顾自己小家庭的干部，群众就疏远你。

　　透过这本半个多世纪以前的日记，人们能清楚地看到党和群众之间的深情厚谊。那时，老百姓感到土改后的幸福，从朴素的阶级感情出发愿意跟共产党走；共产党想百姓之所想，惠民而又清廉。这样的政党怎能不获得人民的衷心拥戴？

　　爱情是年轻同志生活中不会缺少的主题。小李记录了身旁几个人不同的爱情，有家庭包办婚姻的，有贪恋美色而一时忘记了立场的，更有见异思迁者。她的思想比较先进，认为自己必须具备了知识和独立的工作本领才有资格接受婚姻，并认为在婚姻中妻子与丈夫应是平等的；对远在前线的恋人，她不掩饰自己浓浓的思念之情，但为了两个人的进步，她宁愿牺牲团聚的机会。在迎接全国胜利，为胜任未来工作，学知识蔚然成风的大环境中，小李想继续学习深造的念头从来没有消失过，并且一直在争取机会。要进北京城了，小李和别的同志一样既兴奋又忐忑不安，告诫自己"要学习各种常识，改正自己在农村形成的散漫等不良习惯，更重要的要防止腐化"。在这本日记中，我们看到的是一位文化程度并不高、然而充满着向上的乐观和进步的激情的女青年，关爱着托儿所的每一个孩子；不管做什么工作，她始终坚持着自己理想的追求；她坚持原则，深深地爱着我们的党，认真做好组织安排的工作。日记中表现出她坚定正确的政治方向，实事求是的思想路线，全心全意为人民服务的根本宗旨，艰苦奋斗的工作作风。这些不正是延安精神的体现吗？

在全党开展的联系群众教育实践活动中，读这本写于 65 年前的《延安保育员日记》，体验延安精神，倍感亲切，密切联系群众，全心全意为人民服务的延安精神精髓，是中华民族优良传统的继承和发展，是我们党的性质和宗旨的集中体现。弘扬延安精神，对于推进中国特色社会主义事业、实现中华民族伟大复兴具有重要意义。

（原载 2013 年 09 月 30 日《人民日报》）

发现《国歌》老照片

前不久我收藏到《义勇军进行曲》照片，所用的相纸是 20 世纪 30 年代的进口相纸。《义勇军进行曲》记载是 1935 年 5 月 16 日在《电通》画报创刊号上刊出的纸面，而这张首次发现的照片应是纸面图案的原照，无疑是弥足珍贵的革命文物。

《义勇军进行曲》1935 年 5 月 16 日在《电通》画报创刊号上首次刊出。1949 年 9 月 27 日经全国政协第一届全体会议决议，作为中华人民共和国

国歌老照片（29.8×42.5厘米）（原件为作者藏品）

的代国歌；1982年12月4日，经全国五届人大五次会议决议，正式定为《中华人民共和国国歌》。

《义勇军进行曲》从诞生之日起，就激励着一代又一代中华儿女。无论是在硝烟弥漫的战场，还是在奋力拼搏的赛场；无论是重大的国际外交活动，还是普通的国际贸易交往；无论是隐身戈壁的科技人员，还是侨居海外的游子；无论是做出丰功伟绩的英雄，还是匆匆的来往过客。当听到这首歌时，油然而生的那种热血沸腾的真情实感，都是无法抑制的。

我们的民族是伟大的民族。在五千多年的文明发展历程中，中华民族为人类的文明进步做出了不可磨灭的贡献。近代以后，我们的民族历经磨难，为了实现中华民族伟大复兴，无数仁人志士奋起抗争，但一次又一次地失败了，他们不屈不挠，倒下去再爬起来。《义勇军进行曲》诞生于祖国风雨飘摇的危难之际，是我们伟大的民族在饱受侵略欺辱的黑暗时刻发出的不屈抗争的最强音。面对日本帝国主义的侵略，国土沦陷，中华民族到了最危险的时候，雄壮慷慨的歌曲，唤起中华儿女的斗志："起来！我们万众一心，冒着敌人的炮火前进！"义勇军进行曲的歌词正是体现了这种中华民族不屈不挠的精神。

在和平的当代，有人认为现在的中国已经不需要冒着炮火前进，也没必要再冒着炮火前进；认为《国歌》中对国难的警示不再适合于在国际和平环境中发展的现代中国。毛泽东主席讲得好，选择《义勇军进行曲》作为国歌，为的是提醒国人居安思危，不要忘记中国人民曾惨遭外国侵略的历史，激励国人万众一心，不怕牺牲，不屈强敌，奋发图强。

今天在中国共产党的领导下，伟大的民族复兴之路，还需传承《国歌》精神。

起来！

不愿做奴隶的人们！

把我们的血肉，

筑成我们新的长城！

中华民族到了最危险的时候，

每个人被迫着

发出最后的吼声！

起来！

起来！！

起来！！！

我们万众一心，

冒着敌人的炮火，

前进，

冒着敌人的炮火

前进！

前进！

前进！进！！

而我认为《国歌》精神就是中华民族的精神：团结，自信，不屈，正义。

(2012 年 11 月 21 日)

毛主席与黄炎培同斥美国"白皮书"

1949 年 4 月 21 日，中国人民解放军胜利渡过长江，4 月 23 日南京解放，推翻了蒋家王朝，美国的扶蒋反共政策宣告失败。为了开脱侵华政策失败的责任，美国国务院于同年 8 月 5 日正式发展题为《美国与中国的关系》的白皮书。

白皮书的正文分为 8 章，叙述从 1844 年美国强迫中国签订《望厦条约》以来，直至 1949 年中国人民革命在全国范围内取得基本胜利时止的中美关系，其中特别详细地叙述了抗日战争末期至 1949 年 5 月中间，美国实行扶蒋反共政策，千方百计反对中国人民革命，最后遭到失败的经过。

毛泽东在《别了，司徒雷登》一文中指出："整个美帝国主义在中国人民中的威信已经破产了，美国的白皮书，就是一部破产的记录。"白皮书为中国人民提供

（原件为作者藏品，书写为眷抄件）

了一本绝妙的反面教材。

1949 年 8 月 24 日，居住在北平东城一条小胡同深处的黄炎培，忽然收到毛泽东从城外双清别墅派人送来的一封亲笔信。毛泽东在香山给黄炎培写信的起因，系他前一天从报上读到黄炎培及其领导的中国民主建国会发表的文章。1949 年 8 月 5 日，华盛顿发表了《美国与中国的关系》白皮书，公然诋毁中国共产党和即将宣告成立的新中国。正是这份白皮书，引起了寓居北平的黄炎培的极大义愤。他读了白皮书后，无法按捺心中怒火，马上组织民建其他负责人在北平召开座谈会。虽然此时新中国尚未成立，但黄炎培能以同仇敌忾的民族感情及时组织民建进行讨论，并在《人民日报》上率先发表声明，确实需要一种爱国的勇气。毛泽东读到《人民日报》8 月 24 日以黄炎培和民主建国会名义发表的《加强内部团结和警惕，答告美帝好梦做不成》的声明以后，欣然命笔，给黄炎培写了一封信。他在信中说：

从小就追求民主进步的黄炎培，此前虽从报刊上多次见到毛泽东那龙飞凤舞般的潇洒草书，但从没想到毛泽东会主动给他写信。毛泽东的来信，不仅书写苍劲有力，而且以中共领袖的高瞻远瞩展望即将宣告成立的新中国的壮丽前景，尤让黄炎培这位深谙历史风云的社会活动家心如潮涌。同时，黄炎培也从北平报纸上读到美国对即将成立的新中国抱有的敌意，深感民主党派的任重道远。他在拜读毛泽东的来信后，即于 8 月 24 日挥毫给毛泽东复信。这是黄炎培在建国前夕第一次以书信方式向中共中央领导人阐述他的看法和意见。他在信中这样写道（见右图）：

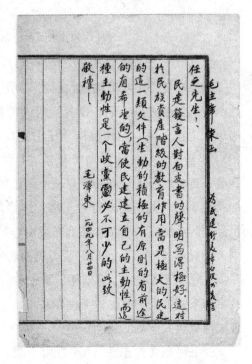

（原件为作者藏品，书写为誊抄件）

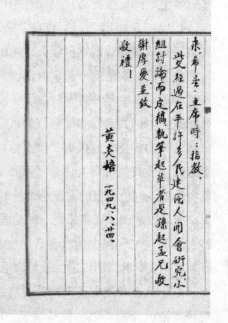

（原件为作者藏品，书写为眷抄件）

毛泽东在香山双清别墅收到黄炎培的复信后，不禁回想起他与这位民建负责人当年在延安第一次见面时的情景。毛泽东在 1945 年夏天与黄炎培见面之前，就对这位江南才子敢于反抗邪恶的精神有所耳闻。他记得 1937 年当国民党反动派幽禁著名"七君子"于苏州的时候，延安报纸就刊载了黄炎培等人于当年 5 月从上海组团前往苏州探视"七君子"的新闻。如果说黄炎培此前与陶行知、蔡元培等人推崇马克思为"伟大的思想家"已经引起毛泽东的敬意，那么当黄炎培等人不顾个人安危，为营救七位爱国人士赴苏州时，毛泽东对黄炎培的敬意和好感更深。所以，当 1945 年 7 月黄炎培与褚辅成、傅斯年、章伯钧、左舜生等六位知名人士为促成国共合作来到延安的时候，毛泽东在机场上与黄炎培初次见面，就感受到这位民建负责人炽热的爱国深情。

让毛泽东尤为感动的是：在眼下战争的烽烟尚未消散，国共两党争战胜败难辨的关键时期，黄炎培作为民主建国会的负责人能够舍弃他江南地区的舒适生活，毅然北上来到古都北平与中国共产党精诚合作，足以说明这位著名民主人士对共产党的向往、追求与信任。自从毛泽东等中共中央领导人来到北平以后，黄炎培就积极参与共产党为解放全中国和建设新中国的工作，为共产党解放江南广大地区出谋划策，甚至到了知无不言的至诚境地。特别是在上海战役即将打响前，黄炎培更是为解放军解放上海提出许多宝贵的建设性意见，而这时他的爱子却惨死在国民党的屠刀之下。噩耗传来，老人泪洒衣襟。然而，当他听说民建将公推他为代表参加与中国共产党的合作时，黄炎培不仅欣然受命，而且将失子之痛化为力量，信心百倍地投身到支持共产党的斗争中来。其中，黄炎培参与包括共产党在内 10 个党派负责人签名的《反对北大西洋公约联合声明》，就表明他已经毅然走上了为国家为人民参政议政的道路。

毛泽东想起与黄炎培的交往，马上欣然命笔，再复一信。

8 月 29 日，当黄炎培在北平东城那座幽静四合院里再次收到毛泽东

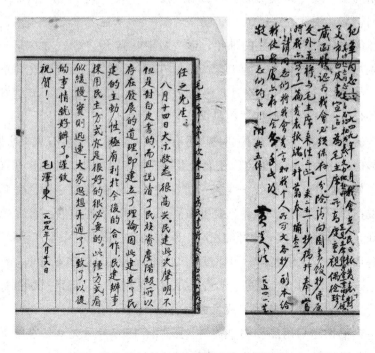

（左为誊抄件，右为黄炎培真迹皆为作者藏品）

的亲笔信时，他的心也飞向香山的双清别墅。他想起重庆谈判之前，自己与其他五位知名人士访问延安的往事，毛泽东与他相识恨晚的感情，让黄炎培引以自豪。在延安期间，毛泽东特备酒肴款待他们六位参政员。席间肴馔虽然都是深山野菜，然而毛泽东那些深谋远虑的话，早在黄炎培心中留下了深刻印象。

（2011 年 7 月 8 日）

彭德怀的亲笔诉说

庐山会议后，建国十周年大典前夕，彭德怀从中南海移居北京西北郊挂甲屯吴家花园。1965 年，中央决定调彭德怀去成都工作，担任中共中央西南局"三线"建设委员会第三副主任。1966 年 12 月底，被北京地质学院和航空学院红卫兵押至北京。

在彭德怀"犯错误"的那年，彭梅魁刚好满 30 岁，在北京第一汽车厂医院当一名普通医生。她 1955 年到北京第一汽车厂工作，在北京的前三年，彭德怀"辉煌"的岁月，包括第一汽车厂的领导，都不知道她是彭德怀的侄女，而在彭德怀"犯错误"之后，她却对厂党委书记说："我是彭德怀的侄女"。并说：彭德怀身边没有子女，生活上需要有人关心照顾，作为彭德的侄女，她希望自己还能去看望伯伯，照顾他。此后星期天和节假日，她和她的丈夫张春一常来彭德怀住处。彭德怀担心自己会牵连侄女，说："我犯了错误，以后不要再来了。"彭梅魁安慰伯伯："犯了错误就改正呗。"始终陪伴在彭德怀的左右，默默地分担着他的艰辛和苦难。

特别是在"文化大革命"那段腥风血雨，人人自危的岁月里，一些人或出于政治见解的不同或迫于形势压力或是某种欲望，渐渐从彭德怀的身边走开。而彭梅魁却凭着"我是彭德怀的侄女"，见不到本人就让人转，仍坚持给伯伯送日用品和书籍资料。彭德怀 1969 年 4 月 6 日在给专案组写的"关于与彭梅魁来往问题"也证明了这些。

信是这么写的：

关于彭梅魁的来往问题

她是我的侄女，常来我处，上月已作了详细交代，现在补充呈述如下：

"她来往什么信件，经常来我处，还有什么人一同前来？"

过去没有信件来往，一九五五年到汽车工厂当医士，别人不知道她是我的侄女。在一九五九年庐山会议我犯错误时，她把此事报告了工厂党委，说她是我的侄女，并想去看看我，当时厂党委同意她常来我处看看。上述这些话，是我离开中南海搬到北楼门不久时，她来我处说的。我说，犯了错误，以后不要再来了。她说，犯了错误就改正呗。她还说，在医务业余大学学习，家里的小孩闹翻天，很难认真学习好，矛盾论和实践论有些看不懂的要我当辅导员。此后星期日她还是常来我处，但不是每星期日都来。她的丈夫名张春一，在人民解放军某军医学院毕业，在汽车（厂）当医生，有时也同她一道来，多半是年节带着他们小孩一起来，此人对工

（原件为作者藏品）

95

务学习比较认真,他不是党员。此外,没有其他人同她来过我处。

"一九六二年六月我写给主席和中央的那封长信,她看过没有?提过意见没有?"

我写给中央的那封长信,她没看过,她也不知道有此信。

"我被捕到此家后,同彭梅魁来往关系?"

我是一九六六年十二月底,被地质学院和航空学院红卫兵押至北京的,到后即由解放军某部和学院红卫兵共同看管,还有某部负责者(可能是警卫局或卫戍司令部派来的),一同参与管押。到一九六七年二月中下旬,我没衬衣换洗,身上生疮已化脓,某负责人问我北京有无亲属和朋友?我说,有侄女彭梅魁,在成都市工作机关,还有警卫工作者和秘书,此外就无私人关系了。某负责人要我两处都写信,将需要的东西也写上,由内部帮我送去。这些,上月已作了详细交代,不需重复。送来了日用品和购买了列宁选集等书,所有送来的东西都附清单,我也给了收(条),有一次还写上解放军风格很高,要她向解放军好好学习。这些也是由看押我的部队负责转给我和送出去的。此外同彭梅魁就没有别的来往。

彭德怀

一九六九年四月六日

1973 年 1 月,彭梅魁又一次转送给彭德怀一些东西,但仍然没有收到任何收条,她担心伯伯有什么不测,于是 1973 年 1 月 28 日,给周恩来总理写了一封信,在信中她再次表明自己是彭德怀的侄女,在政治上要与他划清界限,但在生活上还要照顾他,并告诉总理从 1967 年以来,她就一直给彭德怀送东西,开始还有回条,后来就没有任何音信了,目前也不知他的生死。信是这样写的:

周总理:您好!

我是彭德怀的侄女:我叫彭梅魁,在北京东方红汽车制造厂职工医院作医务工作。

对于彭德怀这样一个人我坚决地同他划清界限，努力地学习毛主席著作，不断地提高路线斗争觉悟，决心跟共产党、毛主席干一辈子革命。

67年初卫戍区通知我，因彭德怀没有衬衣等物，要我帮助给他准备生活用品并送到卫戍区，也有本人的回条。近几年送东西就没有回条了，特给您写这封信，向您请示，能否告诉我，他还活着没有，能否探视。请您通知我。

祝您身体健康

彭梅魁 73.1.28

住址：朝阳门内，南小街大方家胡同 30 号。

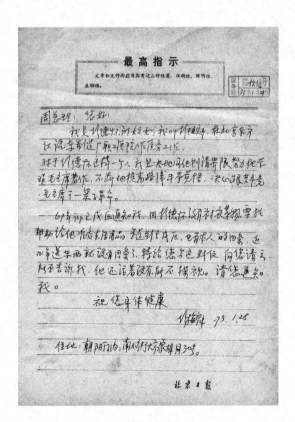

（原件为作者藏品）

彭德怀 1973 年 4 月 18 日被诊断患癌症，他知道自己将不久人世，不愿意因为自己而再牵连侄女。于 1973 年 7 月 11 日给彭梅魁写了一信：

梅魁：

我被捕后承你关照，从六七年期承购日用品和书籍，所费多少？我无法记清楚了。最近由我拘押处某负责人给了八百元，作为偿还你的费用。以后不再麻烦你了。你也不要再挂念！以免妨碍工作。

现有：一身蓝布冬棉服，志愿军皮冬服，均已破旧。另有两卷蓝斜纹布，你拿去，除作为还你六八年替我作的制服外，再加作一条棉裤。

彭德怀

一九七三年七月十一日

彭德怀 1974 年 11 月 29 日 14 时 25 分在北京含冤辞世。

1978 年，粉碎四人帮之后，彭梅魁在报纸上看到黄克诚参加一些活动的报道，于是便通过各种渠道打听到黄克诚在 301 医院住院的消息。彭梅魁找到黄克诚后，讲了她与伯伯彭德怀的交往，将彭德怀手稿交给他并让他转给胡耀邦。

胡耀邦听了黄克诚的介绍，收下彭德怀文稿，并写下如下文字：

克诚同志：并梅魁同志：

今天上午，克诚同志交给了你要他转给我的彭德怀同志的一批手稿。计：五个 32 开笔记本，一个 22 开笔记本，一封给中央的信的手稿，一份注有眉批的"庐山会议文件"。

我当作为珍贵的历史文物转给中央。

这封信是我给你的收条。

胡耀邦　1979.1.4 下午

（原件为作者藏品）

1978 年 12 月，中共十一届三中全会为彭德怀同志平反昭雪，恢复名誉。同月 24 日，中共中央在北京人民大会堂为他举行了隆重的追悼大会，邓小平同志亲致悼词，悼词中称："彭德怀同志是国内和国际著名的军事家和政治家，一直受到广大党员和群众的怀念和爱戴。""彭德怀同志热爱党，热爱人民，忠诚于伟大的无产阶级革命事业。他作战勇敢，耿直刚正，廉洁奉公，严于律己，关心群众，从不考虑个人得失。他不怕困难，勇挑重担，对革命工作勤勤恳恳，极端负责。"

（2011 年 5 月 12 日）

胡耀邦亲书控物价

2013 年 4 月 15 日是胡耀邦同志逝世 24 周年，在此纪念这位深受人民爱戴的前总书记。怀念他这位保持"红小鬼""共青团"传统而始终洋溢着激情的革命前辈，体验他与百姓真挚而深厚的情感，敬仰他排除干扰落实干部政策和锐意改革的毅力和胆魄。

现披露一份珍贵的胡耀邦同志的手书，1986 年 2 月 4 日他亲笔给时任中央书记处书记的邓力群同志写信指出：物价上涨已经影响到国家的安定团结，不要怕得罪人，必须采取措施，严加控制。

力群同志并研究室同志：

我说过：多年来，无论在理论上和实际工作上我们都没有把物价上涨的原因说清楚。这当总是一个令人很不愉快的大话（题），但何尝不是一个严酷的事实?! 应该感谢湖南这个物价管理者，这个姓严的记者，他们

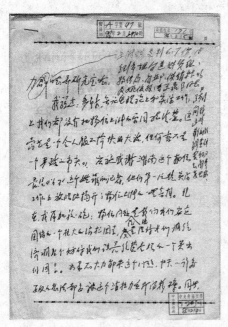
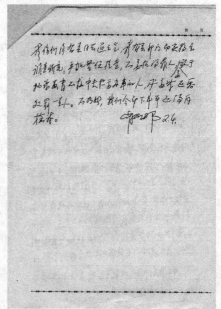

（原件为作者藏品）

第一位从实际工作上放胆地揭开了物价上涨的一些真相。现在，我再加放一炮：物价问题既是影响我们安定团结的一个极大的消极因素，又是阻碍我们调整经济并妨碍我们改善经营管理的一个突出的因素。如果不大力解决这个问题，中央的许多正确想法都要被这个消极力量打得粉碎。因此，请你们向有关同志通通气，请有关部门切实搞点调查研究，严加督促检查，不要怕得罪人，要放手批评严查不按中央指示办事的人，必要时还要处罚一点人。不如此，我们今年下半年还得再检讨。

（2013 年 4 月 18 日）

胡耀邦亲笔修改"摘右派帽"的社论稿

我手头上存有一套关于《人民日报》社论《一项重大的无产阶级政策》的样稿和一些与此有关的资料。最初的一份《一项重大的无产阶级政策》是 1978 年 9 月 23 日的样稿，公开发表的一份是 11 月 17 日《人民日报》正式稿。从这些样稿和资料中，可以清晰地看出，当时围绕这份社论的起草和修改，对 1978 年右派改正问题在高层有一些争论。

1978 年 9 月中央作出全部摘掉右派分子帽子（1957 年划定右派 55 万人之多）的决定（中央 55 号文件）后，《人民日报》为配合中央精神，要发表一篇社论，题目是《一项重大的无产阶级政策》。9 月 23 日社论打出样稿后，送中央统战部、中央组织部、公安部等有关部门领导征求意见。

时任中组部部长的胡耀邦对这个社论稿亲笔做了几处修改：在第一段中将"右派分子"改为"被摘掉帽子的人"；在第三段中删去三处"右派分子"的提法；另将一处将"右派分子"改为"他们"，删去了"这是无产阶级专政历史上的一项伟大胜利"一句。

当时，社论稿中有段内容是这样写的："对于确属错划的右派怎么办？事隔二十一年就算了吗？不。只要确实是错划的，尽管事隔多年，也要实事求是地予以改正。一九五七年十月十五日毛主席批准的中央关于'划分

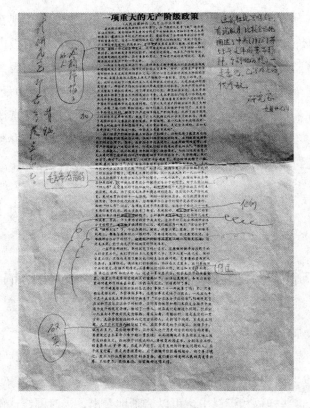

（原件为作者藏品）

右派分子的标准'，明确规定了应划和不应划右派分子的标准。当时有些地区和部门未能完全按照中央这个文件的规定办理，错划了一些人。现在我们处理这个问题，仍应依一九五七年中央的规定为依据。有反必肃，有错必纠，这是我党的一贯方针。凡符合划右派标准而定为右派的人，是摘帽子问题，不是改正问题。而不应划右派而确实被划错了的，应实事求是地予以改正。划错多少，就改正多少。某些疑难案件，应对本人进行历史的全面的综合地考察，要看他过去在革命队伍中的一贯表现，从而判断他是否在根本立场上反党反社会主义。经批准予以改正的人，要恢复政治荣誉，分配适当工作，恢复原来工资待遇。原是共产党员，没有发现新的重大问题的人，应予恢复党籍。原是共青团员的，应予撤销开除出团籍的处分。由于事过境迁，改正工作依然相当艰巨相当复杂，我们要以对党对人民的高度责任感，不怕费力，不怕烦，切实做好这项工作的。"

对社论中提到的"错划"问题，当时有部委提出了异议。认为中央作出全部摘掉右派分子帽子的决定即中央55号文件属党内文件，没有向群众公开传达这个问题，而《人民日报》发表社论后，群众会大量涌向各级党委，这是值得考虑问题。10月13日，负责此项工作的某部副部长亲笔给乌兰夫写信，说："关于人民日报《一项重大的无产阶级政策》的社论，在五人领导小组会议上讨论过，在讨论的时候，意见有分歧的，我认为社论中心应是阐述全部摘右派帽子的重要意义，而不应该把改正错划右派的内容突出"，"因为中央55号文件把改正的问题意义讲得很清楚了，只要认真贯彻执行党中央文件，所有的错划的同志都可以改正过来，既是在改正的工作中出现的某些地方有阻力，我们可以用党内通报好的批评有阻力的办法，也可以纠正，事实上要改正的数字是一个不小的数字，我估计抓紧工作，今年也不一定能改正完。这就需要时间，需要工作的过程，只要认真做好改正工作，才能防止真右派的翻案。如果就按这个社论的内容发表后，会把别的工作都冲掉。在召开十个省市座谈55号文件的会议上，安徽就提出在他们那里已经发生被划错的右派围攻划右派时的主持人。这就告诉我们做这项工作时，一定要注意到安定团结，不能因为工作上的疏忽而使局面混乱，就是要强调做好思想工作，有步骤地去做改正工作，不能一哄而起"。"我们只能用今天的认识去改正过去工作中缺点错误，而不能用今天的认识去否定过去的工作。"

10月14日，乌兰夫同志处将这些意见转给了新华社、《人民日报》。《人民日报》立即作了回应，"觉得很有必要将这篇社论稿起草过程中的一些情况"向乌兰夫"汇报"。从《人民日报》的汇报中，可以进一步看出关于《一项重大的无产阶级政策》社论的起草和争论情况。

9月14日，中央负责右派摘帽办公室召集新华社和《人民日报》有关同志开会，布置起草贯彻中央55号文件的消息和社论。当时有同志建议，社论内容应包括摘帽、安置和改正，并介绍了"改正工作，阻力很大"的情况，要求社论要解决一些思想问题。《人民日报》根据中央55号文件的精神，并参照"摘帽办"的意见，起草了社论的初稿。

9月22日，五人领导小组举行会议，讨论《人民日报》社论和新华社新闻的初稿。会上，有部委负责同志首先提出社论不要谈改正问题，并声明他这个意见不成熟，请五人领导小组讨论。其他同志则认为改正问题在社论中还是要说。有同志甚至提出：社论应以摘帽为中心，附带说改正问题，或者发表几篇社论，第一篇说摘帽，另外一篇说改正。几位同志都基本肯定了社论的初稿的内容，同时也提出中央文件的有些具体规定不一定都写进社论，可以压缩。会后《人民日报》根据多数同志的意见，修改了社论初稿。

随后社论第二稿改成后，又分送五人领导小组的同志。一些同志对第二稿提出了修改意见，并在文字上做了些改动。9月28日，在十省市统战部长座谈会上又讨论了社论的第二稿。参加座谈会的同志对社论的基本内容表示赞同，并提出一些具体的修改意见。

《人民日报》根据十省市统战部长座谈会上的意见，以及五人领导小组同志的修改稿，对社论又作了一次修改。送给乌兰夫审阅的就是这个第三稿。它与初稿相比，已经做了较大压缩，并采纳了讨论和座谈中提出的内容和文字方面的意见。

《人民日报》在给乌兰夫的汇报中还特别指出：某同志书面意见中所讲的情况，与事实是有出入的，他对社论的意见和对我们的指责，我们是不能同意的。

由此可见，当时围绕《人民日报》社论《一项重大的无产阶级政策》，是有很大争论的。30多年之后，重新审视和反思那场争论，如果隔开当时的历史背景，抛开当时人们的认识水平，而用今天的观点去判断那场争论的是与非，不是马克思主义唯物论的观点。我倒觉得当时那位同志讲的"我们只能用今天的认识去改正过去工作中缺点错误，而不能用今天的认识去否定过去的工作"，去认识和评判那场争论，更有意义。

（2012年3月）

陈云的亲笔"请假条"

陈云同志在新中国成立后，成为以毛泽东同志为核心的党的第一代中央领导集体的重要成员。

今天，我们从40多年前这张小小的请假条中，看到老一辈无产阶级革命家陈云同志不居功自傲，不高高在上，与人民群众鱼水相依的高尚品格。从"陈云同志关心冬储大白菜"到"陈云同志的请假条"这点点滴滴的实例中可以看到陈云同志人格的伟大，看到老一辈无产阶级革命家身上闪耀的精神光辉。这也正是他长期赢得人民群众的真诚拥护和无限爱戴的根本所在。

根据毛泽东和中央关于战备疏散的决定，1969年10月20日，陈云同王震乘一节公务列车前往江西南昌。陈云在江西化工石油机械厂"蹲

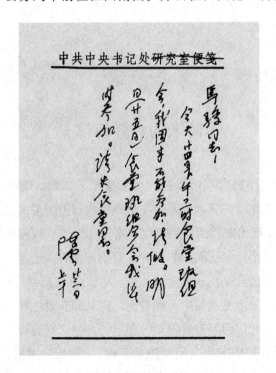

（原件为作者藏品）

点"。1972年4月22日离开南昌返回北京,持续时间2年零7个月。

陈云在江西石油化工机械厂"蹲点"期间,工厂负责人把厂办公室主任马骏介绍给陈云:"首长,您到厂里来有什么要办的事情,由马骏负责办理。"陈云应声答道:"好啊!"转向马骏笑笑说:"你这个名字取得好啊!骏马跑得快!"

陈云同志以普通人身份,在厂里从车间、会所到食堂、班组等,深入基层调查研究。一次,陈云原定参加食堂炊事班政治学习会,他因临时有事不能按时参加,派工作人员送来了这张请假条。

陈云故居暨青浦革命历史纪念馆里的陈云给马骏的请假条内容与这张假条完全一样,但故居里的假条是写在一本杂志的背页上,而且有修改痕迹,可见是请假条的草稿件。这张假条是写在"中共中央书记处研究室便笺"上,可见是正式假条,是交给马骏的终稿。是陈云同志将写在杂志上的假条又重新誊清。细微之处又可看到陈云同志的工作作风。

(2013年2月18日)

陈云的评弹情愫

陈云同志从小就喜欢听评弹。后来参加了革命,南征北战,戎马倥偬,虽也时常想念着评弹,但不得不远离了自己所钟爱的家乡艺术。

20世纪50年代中后期以后,他在南方休息和养病期间,重新开始听了大量的评弹演出,包括演出的录音,召集评弹界人士座谈。提出了一些真知灼见的指导性意见。

从陈云同志的亲笔书信中可以看出,陈云同志对毛泽东同志的《在延安文艺座谈会上的讲话》有着深刻的理解,评弹"要有噱头,但要防止错误地滥放。要有轻松节目,但要防止下流。"对传统书回,排除其糟粕,吸收其精华。这些无疑是对庐山会议后愈加紧张的文艺极左倾向,给了一颗舒心丸。

（2013 年 6 月 13 日）

目前关于噱头、轻松节目、传统书回处理的意见

一、要有噱头，但要防止错误地滥放。

二、要有轻松节目，但要防止下流。

三、要挖掘传统书回，同时也要整理和演出可成为保留节目的新中篇和新短篇。二类书中说唱严谨的书回，也应整理演出。

四、如果对某些传统书回或开篇可否公演有怀疑，那就应该先经内部试演、讨论，决定后再公演。

五、对噱头、轻松节目、某些可疑传统书回的开放，应该采取谨慎态度。应该先经反复考虑后再开放，这样，比之乱开放后再收缩，其损失要

目前关于噱头、轻松节目、传统书回的处理的意见

一、要有噱头，但要防止错误地乱放。

二、要有轻松节目，但须防止下流。

三、要挖掘传统书回，同时也要整理和演出可成为保留节目的新中篇和新短篇。二类书中说唱严谨的书回，也应整理演出。

四、如果对某些传统书回或开篇可否公演有

怀疑，那就应该先经内部试演、讨论，决定后再公演。

五、对噱头、轻松节目、某些传统书回的开放，应该采取谨慎态度。应该先经反复考虑后再开放，这样，比之乱开放后再收缩，其损失要小些。

六、对噱头、轻松节目、可疑传统书回在演出一个时期后，应当重行检查和讨论一次，研究演出的效果和得失，以便取舍。

陈云　一九六一年七月廿五日

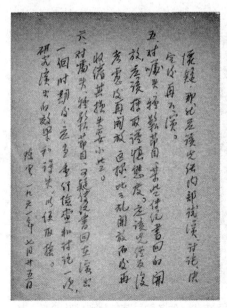

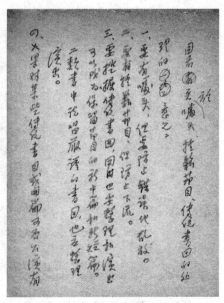

（原件为作者藏品）

小些。

六、对噱头、轻松节目、可疑传统书回在演出一个时期后，应该重新检查和讨论一次，研究演出的效果和得失，以便取舍。

陈云　一九六一年七月二十五日

陈云关心冬储大白菜

从 80 年代生活过来的北京人，都不会忘记冬储大白菜。当时大白菜可是居民饭桌上的"当家菜"，炖、炒、熬、熘、凉拌、包饺子等，大白菜是绝对主角，在来年新菜上市之前，整个冬天就靠它"唱主戏"了。从 10 月底 11 月初开始销售冬储大白菜，一般是三天左右的高峰期，有的机关单位还给职工放一两天假去买冬储大白菜。个个副食店前的大白菜，堆得像小山，上至老奶奶下至少年儿童，老老少少，全家出动，肩

新华社发的 80 年代"北京市民在一个昼夜营业的冬贮白菜销售点排队购买白菜"的图片

担手提，平板车推，自行车驮，甚至连儿童车也用上了；买菜、晾菜、包菜、贮菜，成为一幅繁忙而有致的北京市民风俗画。你再看看家家户户楼道里、阳台上、四合院、大杂院的平房墙根，好家伙到处垒着齐刷刷的白菜墙。粮店有粮，家里有菜，心里不慌啊。

据资料统计：1982 年北京市销售大白菜 9 亿斤，居民 6300 万斤、机关 2200 万斤、市销 900 万斤、贮存 600 万斤……；菜分四级，一级菜每斤 2 分 9 厘、二级菜每斤 2 分 3 厘、三级菜每斤 1 分 6 厘、四级菜每斤 7 厘。

城市居民生活中不可须臾离开的冬储大白菜牵动着老一辈革命家陈云同志的心。1982 年 10 月 25 日他给时任中央主要领导同志写信："北京（天津）烂菜问题是个多次发生的事情。霜降已

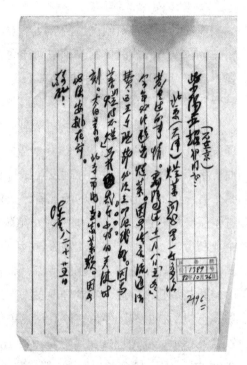

（原件为作者藏品）

过，11 月 8 日立冬。今年必须避免烂菜。因此，生产、流通、消费这三个环节必须立即组织好。""大白菜是北京市民当家菜类，因此必须安排在前。"

据说，那一年，经过陈云同志的过问，北京市还成立了专门指挥部，使冬储大白菜供应工作进行得很顺利，基本没有发生烂菜情况。

老一辈革命家关切民生事例，至今感人肺腑。

（2013 年 1 月 21 日）

李先念关心理发业

理发业本身虽对国民经济推动不大，对财政收入支持甚微，但与民生相关，在改革开放的体制改革中同样受到老一辈无产阶级革命家的高度重视。1978 年 10 月在中央领导的关心下，商业部、国家劳动总局、财政部联合发文《关于在理发业推行基本工资加超额提成奖励制的通知》：

为了贯彻执行华主席和李先念副主席关于改革理发业工资形式，做好理发工作，提高服务质量，扭亏增盈的指示，商业部于今年二月以（78）商层字第 6 号文件，通知在理发业试行基本工资加超额奖励的制度。从十几个省、市、自治区试点的情况看，效果比较好。凡是试点的单位，都促进了服务质量的提高，减少了理发排队久等的现象，营业额大幅度增长，企业扭亏增盈，职工收入增加，生活有所改善。实践证明，这种工资形式，是适合理发业手工操作的特点，有利于把企业经营的好坏同企业职工的利益联系起来，进一步做好理发工作的。但是就全国来说，这一改革的进展不快，有的地区停留在原有试点单位，有的地区还未开展。最近，华主席又指示，要把理发业实行超额奖励的办法继续搞好。文件还就：积极扩大试行范围；健全各项制度；严格执行服务操作规程；加强定额管理；精简人员充实理发劳动第一线等提出多项具体要求。文件强调，在理发业实行基本工资加超额提成奖励的办法，是贯彻"各尽所能，按劳分配"原则的一项重要措施，各级有关主管部门一定要在地方党委统一领导下，加强协作，做好思想政治工作，及时总结经验，妥善解决推广过程中的问题，以保证这项工作在理发行业中顺利推开。

说起理发排队，20 世纪七八十年代在北京生活过的青年人大都不会忘记，那时结婚，到王府井四联理发，一大早排队的情景。国营四联理发店分男部和女部，男士午饭前能理上就不错了，女士则差不多大半天甚至一整天都消耗在理发店里。热情的服务员给排队理发的每人发块热毛巾，算是挂上了号，毛巾凉了再换，不厌其烦。技术娴熟的老师傅用小指头大小的塑料棒把女士头发卷成几十个麻花状，卷卷得越小越多越好，用吹风

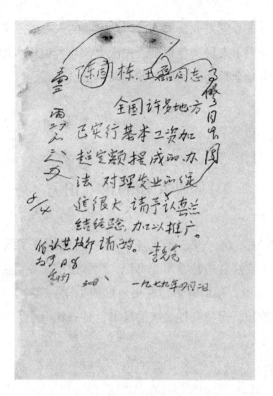

（原件为作者藏品）

机加热风用劲儿吹，差点就把头皮烫出燎泡来，从理发店走出来的女士，修长理顺的头发变成一头波浪花，头发美不美不说，心里偷着乐美极了，这一头波浪花表明结束姑娘生涯要变媳妇了；男士由一头潇洒乌发，变成烧得表面一层焦黄的杂毛，抹上像糨糊一样的头油，头发那光滑劲儿，像牛舐过一样贴在头盖顶，简直像戴上了个半拉土锅盔，坐在女士身旁耐心陪伴等待，女士尽情地闻着身旁男友头发散发出的焦煳味道。女士觉得男友变了个人，帅了，男士觉得眼前的女友变了，时髦了。

　　理发，就是这样一个人人离不开的服务行业，在体制改革中受到老一辈无产阶级革命家的重视也理所当然。李先念同志主管经济工作，改革开放日理万机，他生怕挂一漏万，批示："全国许多地方已实行基本工资加超额提成的办法，对理发业的促进很大，请予认真总结经验，加以推广。"

李先念同志关心理发业，关心从事理发业的人员的工资收入，表明了老一代领导人来源于人民，植根于人民沃土，与人民鱼水相依的品格，体现了共产党人全心全意为人民服务的崇高宗旨。

（2013 年 2 月 15 日）

习仲勋和他的秘书田方

习仲勋 15 岁入党，1933 年 3 月才 20 岁，就担任了陕甘边游击队总指挥部政委、中共陕甘边特委军委书记、陕甘边革命委员会副主席。在他 70 多年革命生涯中，前后有多位秘书协助他工作，其中，与他相识较早，一起工作时间较长，保持交往最久的秘书，是只比他小 5 岁的田方。

一、相识

1943 年初春，陕北绥德。当时整风运动从学习阶段转入审干阶段，康生发动的"抢救运动"正如火如荼。就在这人人自危的时刻，《解放日报》驻绥德通讯处的负责人海燕偕夫人私自去了重庆，边区保安处下令"通缉特务分子"。

田方作为通讯处党小组三人之一，当时 25 岁，刚到陕北根据地一年多，唯恐被牵连，成天忐忑不安。

一天早饭后，绥德地委书记习仲勋突然来到通讯处。这是田方初次见到习仲勋。他们的谈话自然从海燕事件谈起。

田方向习仲勋汇报：1941 年 11 月陕甘宁边区参议会期间，海燕为了争取与会记者的待遇，发动记者们联名向参议会提出提案，受到上级组织的严厉批评。"抢救运动"开始后，他怕被追究，偷偷地逃跑了。

习仲勋听了汇报，当即表示："你和海燕夫妇只是工作关系，他们的逃跑与你完全无关。你可以照常安心工作，并协助党组织继续查清问题。"

习仲勋的敏锐判断力和实事求是精神，让田方顿时卸去了包袱，松了一口气。

就这样，初次见面给田方留下了深刻印象。

二、相随

9 年后，1952 年 6 月，田方已担任西北新闻局新闻处长，忽然接到调令，从西安调入北京，进中南海，做习仲勋的秘书。这一干，就是 9 个年头。

1952 年，习仲勋从西北调中央，任中共中央宣传部部长兼政务院文化教育委员会副主任。上任之前，他向毛泽东主席坦陈，按照自己的经历和水平，怎能担得起领导中国宣传、文化和教育工作的重任？毛泽东幽默地告诫他：蛇看起来可怕吧？但印度人耍蛇耍得得心应手。只要真正谦虚，摸到客观事物的规律，任何工作都可以做好。

当时中南海分为甲、乙、丙、丁四区。中宣部位于中南海乙区，邻近怀仁堂；政务院文委在丙区，邻近周总理所在的丁区西花厅和国务院会议厅。中南海环境优美自不待说，单就丙区而言，它紧挨横跨北海的玉带桥，碧波荡漾的南海和亭台楼阁的瀛台尽收眼底。区内有金碧辉煌的紫光阁，这里是中央首长经常接见外宾的地方。紧挨紫光阁新建的一座小礼堂，则是举行报告会或放映电影、文艺演出的场所。

田方给习仲勋做秘书的头几个月，就住在习仲勋的寓所，与他同吃同住同上班下班。田方后来回忆："仲勋同志爱吃面条，但有时为了照顾我这个南方人的习惯，过几天总要做些鱼虾之类的南式饭菜。其实我这个南方人在陕西多年，我对面食也是喜欢的。后来他了解到这些后，就在我的要求下，为节约起见，还是以面食为主。"

田方与习仲勋在中南海工作的 9 年，除参加中央会议外，外出考察调研活动是一项主要工作，例如：1958 年 9 月至 10 月赴西北考察；1959 年 6 月赴河北考察钢铁生产；1961 年 4 月到河南长葛县蹲点调查。其中，给田方印象最深的，是最后一次调研。

1960 年 10 月到 1961 年 3 月，中共中央相继发出了关于农村人民公社政策问题的文件，以纠正"共产风"，恢复农村经济。党中央和毛泽东主席发出认真进行调查研究的指示，号召全党大兴调查研究之风。于是，田方随国务院副总理习仲勋率领的调查组来到河南长葛县，对公共食堂、大办农业、大办粮食和干部作风等问题进行了历时 3 个月的深入调查。习仲勋根据亲自调查所得，先后两次向中央作了详细的报告。田方说："我有机会参与这次调查，不仅使我学习了习仲勋同志深入实际、密切联系群众的作风，而且也懂得了从实际出发、实事求是的重要性。"

三、相别

1961 年 8 月，习仲勋对田方说："你还年轻，应当到地方实际工作中去锻炼。"于是，43 岁的田方离开北京，就任陕西省宝鸡地委副书记。

这年 10 月，粮食征购工作开始，地委书记、专员们按各自分工到各县进行督导。田方从宝鸡坐吉普车翻山越岭赶到千阳县。下车稍事休息，县长陪他外出散步，走到县级机关的羊圈旁。县长说："我们今晚要宰一只羊来欢迎你!"田方一听，顿时大吃一惊："怎么能为我宰羊?!"县长说："没关系，这羊是我们机关自己养的，不用花钱!"田方说："不行! 地委书记下来你宰羊，那省委书记下来你杀牛呀?!"县长以为田书记说客套话，就让炊事员拣了一只大肥羊往外拉。田方着急了，严厉地说，"这不是开玩笑! 我离开北京前，仲勋同志就叮嘱我，'下去工作切不可特殊化!'仲勋同志参加中央书记处会议时也是吃熬白菜，我怎敢、怎好意思下来宰羊吃呀!"县长看田方是动真格的，只好做罢了。

1962 年 9 月，在八届十中全会上，习仲勋被康生诬陷为"利用小说《刘志丹》反党"的反党分子，不久被下放到河南洛阳矿产机械厂当副厂长。从此，他被审查、迫害达 16 年。

1963 年 2 月，田方被调任《陕西日报》副总编辑，与习仲勋中断联系。三年后，"文化大革命"开始，田方被诬为习仲勋的"黑爪牙"，受到残酷斗争。

四、相知

1978 年，习仲勋调任广东省委第二书记。1979 年，田方获得平反，调任国家计委经济研究所副所长，与习仲勋又有了交往。1983 年，田方从副所长的位置上离休。此时，习仲勋担任中央政治局委员、中央书记处书记，而田方仅仅是一名副局级干部。但他与习仲勋同志交往了半个多世纪，之后写了大量的回忆习仲勋的文章，对习仲勋同志无限崇敬和感激之情，溢于言表。

晚年的习仲勋乐意找离了休的田方回忆往事。田方说，1998 年秋季的一天，习老和他聊半个世纪前的往事："1944 年 10 月，在八路军南下支队司令员王震出发前，毛主席曾对我说：我们不能老是困守在陕甘宁边区，为了全国人民的解放，我想建议你和王震一起南下。但没过几天，毛主席又找我谈：我考虑再三，你还是应该留在陕北，首先把陕甘宁边区建设好，巩固好，这是当务之急。"

田方撰文回忆："我和习老半个多世纪的交往，深受教益。五十多年的风风雨雨，祖国大地发生了翻天覆地的变化。我曾跟随他走过黄河、长江、泰山、长城。斗转星移，沧海变桑田，在说不完、道不尽的往事中，至少可以概括出：他既是一位德高望重的老一辈无产阶级革命家，又是对他身边工作过的同志充满感情的良师益友。他在坎坎坷坷的生涯中，曾不止一次受不白之冤，但能强忍委屈，始终对党对祖国抱着一颗赤诚之心；他为人质朴厚道，正直无私，待人至诚；他无害人之心，从不整人，却经常为他人平反冤假错案。"

2002 年 5 月，习仲勋逝世，享年 89 岁。2006 年 3 月，田方随老首长而去，享年 88 岁。

（原载于《新华文摘》2015 年第 5 期（有删节））

亲历者清华学子魏东明回忆一二·九

我收藏有魏东明于20世纪60年代写的一些自传材料，而从收藏到整理《魏东明自传》，是受了韦君宜《忆魏东明》的影响。

著名作家，原人民文学出版社总编辑、社长韦君宜与魏东明曾经是清华大学的同窗，又同是"一二·九"运动的精英。韦君宜二十多年前的文章《忆魏东明》开头是这样写的："最近我受命参加'一二·九'运动史编写工作，翻阅材料，在许多材料中都碰见魏东明的名字。"接着，韦君宜带着深沉的惋惜和无限的感慨："我们这一代这一群中当年公认为拔尖的才子，我们曾都认为会有很大成就的……"

在整理《魏东明自传》时，我发现当年众多的中青年精英，如政界姚

1935年12月9日，清华大学女生陆璀向被阻于西直门外的燕京、清华等校学生讲话
（照片取自《一二·九图文集》）

依林、谷牧、黄华、李昌、蒋南翔等与魏东明都有程度不同的交往，在这些文字中也多次出现有韦君宜、杨述夫妇的名字。

魏东明祖籍浙江绍兴，于1915年生于天津小王庄。1921年至1927年在铁岭，靠母亲佣工读小学，1927年迁居沈阳，靠哥哥做工读初中及高中。1928年以第一名考入省立第一初中，1930年以同等学历跳考高中，又以第一名考入省立第三高中理科。他这时已有反日思想，在《三中校刊》上发表揭露日寇欺侮国人的散文。1931年考入天津北洋工学院预科，1934年同时考上了北京大学和清华大学，北京大学考了第一名，但他选择入清华大学外语系学习。1936年参加中华民族解放先锋队和左联，在北平主编《泡沫》、《浪花》、《北平新报每周文艺》等文学副刊，参加首都平津学生救亡宣传团，后历任武汉《通俗读物》、重庆《生活教育》、《战时青年》文艺编辑，全国文艺界抗敌协会第一次代表大会候补理事，延安中央宣传部干部，陕北公学教师，中央研究院文艺研究室研究员，中央党校教师，《东北日报》、《长春新报》、《前线报》记者，延吉第一中学、吉林联合高中校长，东北大学教师，八一军大副教育长，南昌大学党委书记，中南土木建筑学院副院长，湖南省作家协会副主席。1945年开始发表作品，1962年加入中国作家协会。著有回忆录《回忆延安整风运动》、《大跃进中的一个乡》、《纪念与回忆》等。曾任湖南大学副校长、湖南省文联主席等职。

现将《魏东明自传》部分摘录：

我当时读死书，死读书，买了一本英国出版的讲字义解析的小字典，一个个读单词。但不久就发生了九一八事变。北洋工学院院长蔡远泽，我未见过，教务长王季绪是忠厚学者，他绝食要求南京政府出兵抗日。全体同学绝食劝王复食，之后全校学生到南京请愿，住在"中央大学"体育馆地板上。国民政府教育部长CC头子陈立夫曾来看望学生，陈是北洋工学院毕业，学采矿的。在"中央党部"礼堂听蒋讲话时，台后有持枪卫士，给我印象不佳，蒋口齿不清，话很难懂。我们在南京住一星期即归。当时北洋学生会由国民党员操纵，学生会负责人李诵琛、张绍衡都是国民党员。后来北平学生南下到南京请愿示威，南京政府疯狂镇压，报载学生

（原件为作者藏品）

"失足落水"。

我又见报载，南京"国民政府"将迁都洛阳，逃避日寇侵袭。我曾写诗表示不满，"专车连夜入关中，洛阳应设望夷宫，望夷宫殿连夜修，直把杭州作汴州"。

当时我不知洛阳不在关中，而是在潼关以东。我拿奸臣赵高和昏君赵构比南京老蒋。这时我开始关心时局，常看报纸，爱读《申报》副刊"自由谈"上何家干即鲁迅的短文（同情爱国学生，讽刺反动政府）。

《北洋周刊》杂志编辑张树椿是京东人，1933级的学生。我投稿认识了他。我写的新诗表达思想苦闷和感到自己是弱者，题为《我几次徘徊在古河渡头》："我几次徘徊在古河渡头，跺了几次脚决心要随水漂流，我抬头做一次最后的祈祷，看见了新绿的柳条上乍啭歌喉的小鸟。那柳条系住了我欲去的心旌，那小鸟唤醒了我垂死的灵魂，我茫然回转了充满愁思的躯身，微嘘了一口气，这个不敢做弱者的人……"

在1932年暑假，我到大沽造船厂我的二哥那里时，看到街头唱曲乞讨的小女孩时，也写了新诗在《北洋周刊》杂志上发表，题为《在一个海滨……》，开始一段是"在一个海滨小镇的一隅，曲巷的角落里挤着一群人，一个个耳朵耸着吸取，凄凉的痛苦的嘶哑的声音……"

1932年初因投稿校刊，认识并参加校内文艺读书团体"河滨社"，因社员多是毕业班的，不久即自动解散。

北洋预科是由高中一年级学生投考的。保定育德中学和保定二师有进步学生活动，九一八事变后北平各中学抗日爱国运动空前高涨。因此，1932年暑假后从北平、保定来了一批倾向进步的同学。这学期学生会请我担任《北洋周刊》杂志编辑，我主编副刊，与投稿相识的黄诚（皖南事变中牺牲）等组织"荒火社"。这名字是我取的，意思是在荒地上的一堆火。读了些进步书籍，开始给天津《益世报》副刊（马彦祥主编）投稿，写了些文章如《论厕所文学》，《招待不周》，《炸弹章》等讽刺反动统治。例如《炸弹章》："投我以炸弹，报之以亲善……投我以炮火，报之以和约……"讽刺日本侵略。但也写过无聊的东西，如写过一篇对鲁迅杂文吹毛求疵的文章，把鲁迅文章中说"肚子饿了要争饭吃"，作为"毛病"指为"光明的尾巴"。1933年下半年升入本科机械系，担任班长，与赵庭良（共产党员）同屋，因学潮罢课，我与黄诚等同被学校反动当局开除。

1934年暑假，前住北平，准备投考大学，我报考了清华大学和北京大学，同时给天津《益世报》、《大公报》，北平《华北日报》、《东北青年》等报刊投稿。

这年我同时考上了北京大学和清华大学，北京大学考了第一名，但我选择入清华大学。清华的同屋黄诚、吴承明、周嘉祺都倾向进步，我大部分时间读书写稿，参加进步活动不多。第二年与王永兴同屋，读了哲学、经济学书籍，思想有了进步，当时平津危急。

"一二·九"运动在清华的发动酝酿，我是完全拥护，积极参加的。我参加签名并找人签名，参加大会并反对破坏大会。通过联合各校进城游行时，我报名参加纠察队，并到各宿舍通知列队出发。"一二·九"游行未能进城后，我参加宣传队到附近农民家及清河制呢厂去，我还自己办了《平斋壁报》宣传革命理论，发表关于抗日救亡统一战线的意见，也拉了

黄敬同志扶着电车向群众讲话，下为宋黎同志
（照片取自《一二·九图文集》）

别人写稿。"一二·一六"游行示威时被打伤，反动当局宣布提前放假。我留在清华，参加了平津学联组织的"南下扩大宣传团"。在宣传途中，我积极工作，教群众唱革命歌曲。参加南下宣传的有蒋南翔、雷骏随（李昌）、王永兴、魏蓁一、黄绍湘、高宝琦（高原）、李立睿、杨学诚、章安椿、王玉发等，还有燕京大学的王汝梅（黄华）。

南下宣传回来后，1936年初参加下乡宣传及成立中华民族解放先锋队。回校后，蒋南翔要我与赵德尊、王永兴等成立清华"左联"小组。这期间，我做过下乡教"拉丁化新文字"，在农校教课，办刊物，撒传单等工作。参加的社团有"泡沫"社、"文艺青年救国会"，与刘曼生（现名谷牧）、黄树则、鲁方明（现名余修）等认识。还曾与张露薇合编《文学导报》。

我在给《泡沫》写的文章《当前文艺运动的任务》中，提到了"国防文艺"的口号，笔名用的是"未辰"。我还替《泡沫》捐款，向清华师生张申府、吴承明、叶笃廉拉捐过，又在清华合作社代销过《泡沫》。

那时间，我经常代表"泡沫"社去开秘密的会，可能是"文总"或"左联"召开的，地址常变动。记得清楚的一处是在东城北大红楼附近，沙滩大街西口当街的住家里，是中等家庭光景。还有一处是宣武门外一带的一个会馆里，在这个会馆里开过不止一次。我模糊的记忆中，我到前门外开

过一次这样的会。这样的会，都是只有七八
个或十个人，都是代表各学校文艺团体和文
艺刊物的。刊物的名字有《文地》、《文风》、
《北方文学》之类。记不清哪次会了，会上筹
备成立了"北平文艺青年联合会"，简称"文
青"。

　　"文青"是公开做社会活动的群众团体，
曾在西城中国学院开过大会，由我当主席，
请了张申府讲演（我到过张申府在清华的住宅
几次，一次曾遇到姚克广即姚依林也在他家。
当时，我认为张是进步教授）。这期间，我还
认识了北平大学医学院的黄树则（笔名黄既，
现在中央卫生部工作）。我到医学院去找过黄
树则，也多次到过中国大学的鲁方明家。他
们都是"文青"的。

燕大学生领袖黄华
（《一·二九时期的黄华》）

　　1936 年 4 月间，"泡沫"社被查封，北平警察局特务车到我在城里的
住处抓我，警察侦探到清华去找我。因此我去天津三哥及表哥家里躲了一
两个月，暑假中又回清华，与叶笃廉（现名叶方）同屋。为《浪花》（"泡
沫"社后身）、《新地》（清华文学会编）、《光明》等刊物写稿，又为天津
《益世报》编半月刊"生活文化"。这年冬天参加绥远前线服务团（团长郭
见恩，现名郭建），回来写了一些通讯报告，在《申报周刊》、《国闻周报》、
《中流》、《光明》等刊物发表。

（2010 年 10 月 24 日）

第三章　故纸轶闻

里斯本淘宝记

2005 年 11 月 16 日，我们赴欧考察团到了里斯本。

里斯本（Lisbon）位于欧洲大陆的最西端，是葡萄牙的首都和葡萄牙最大的海港城市，也是欧洲历史文化名城，号称伊比利亚半岛西海岸最美丽的城市。一如欧洲其他大型城市，里斯本保存了固有传统，中世纪街的景观依然留存至今，新旧城规划秩序井然，时代反差明显。城市一面完全是 21 世纪大都市的风貌，另一面则继续向世人呈现 17 世纪以前的历史遗迹。这与我们中国毁灭历史文化的所谓旧城改造完全不同。

里斯本 1245 年成为葡萄牙首都，随着 15、16 世纪葡萄牙航海业的发展和海外地理大发现的成就，逐步发展为欧洲最发达的城市之一。400 年

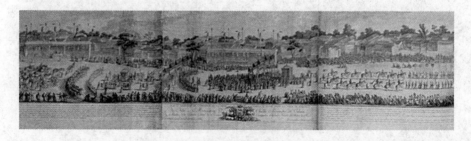

（原件为作者藏品）

前，里斯本是世界上最强大帝国的中心。

1553 年，葡萄牙开始入侵我明帝国，打不成就用谦恭的态度贿赂当时的中国政府官员，入居澳门长达 400 年之久，显示了一个欧洲帝国的强悍与野心。我们从里斯本维护良好的博物馆及古迹上，可以想象当年帝国的兴盛及奢华。

平生业余无他事，唯古董收藏是我几十年的喜好。处理完公事，我们来到了古董一条街。

古董一条街叫圣班多街，是个东西巷子。古董街所处位置并非繁华的商业区，较僻静，街道不太宽，仅可对开轿车，道路两旁是法桐古树，参差错落、新旧不一的古董店布满街道两旁。

店里大都是欧洲油画，也有中国 17—19 世纪的外销青花、彩瓷。一件彩瓷大碗将我吸引进了一家店铺。

坐店的是位 70 多岁的老妇人，金发碧眼，气度雍容端庄，精神矍铄，看得出她出身非凡之家。她见我拿着那个碗不放，反复端详，问清我们来自中国后，很热情地说，她是为儿子看店，她马上叫儿子过来。说着，她给儿子打了电话。不一会儿，她儿子驾车赶来。她儿子 40 多岁，长发，穿戴打扮别有一种艺术家的气质。果不其然，他是个画家也是古董商人。同事吹嘘我是中国文物的鉴赏家，引起了这母子的很大兴趣。母子说起了中葡友好的历史。儿子指着放在不是特别明显处的、装在一棕色木框里的铜版印刷画"中国皇帝出行图"自豪地说，他的外祖父的爷爷，当时曾出任葡国驻外大使。我想，可能是驻过中国大使，但不知何故，话到嘴边他却没说全。

那铜版画一下吸引住了我。我嘱咐同事与那母子谈大彩碗的价格，自己全神贯注在这幅画上。这幅铜版印刷画，由三块板拼接而成，长 125 厘米，宽 24 厘米，画旁标有"一名中国皇室画家所绘"和"献给国家财政部长、国王的继承人夏洛尔·麦克桑德"的法文字样。在右上角标明 1786 年由法国赫尔曼铜版印刷公司印刷。

铜版画 16 世纪开始在欧洲流行。法国赫尔曼铜版印刷公司在 18 世纪已是一家世界著名的印刷公司。铜版制作过程不算复杂，先在优质的特制铜版上涂拒腐的可变固体（比如防腐蜡或沥青），用刀或针刻画临摹原作，用特制带腐蚀酸性的药水（比如硫酸）腐蚀，刻画过的地方则被腐蚀成沟凹，铲去固体。然后，用油墨抹在铜版上，油墨留在沟里，然后上机器通过滚筒的压力，使填入凹线中的油墨印到纸上，形成凸起的线条，具有独特的艺术效果。

这幅画，人物众多，场面宏大壮观，画面清晰，层次分明，印制精美，手笔不凡。这也应该是 18 世纪世界版画印制的最高水平。

画面的下方是法文说明，大意是说：

这是盛大的凯旋仪式。中国皇帝离宫出行和回銮凯旋，总是有着盛大豪华的场面。仪式上，除了多种多样既定的护卫以外，每隔一段距离，皇家部队的骑兵都形成了弧形护卫队形。皇帝凯旋队伍所经过的街道，都进行细心的打扫清洁，参加仪式的人都要打扮一新，鲜花和绘制的各种带有丝带做成的装饰物，把他们装饰点缀得富丽堂皇。

这种仪式以 40 名身着镶金红色服饰的侍卫开始。最前面的四人举着绣有皇帝服饰和金黄色的龙的图案的锦旗，其他人有的打着灯笼旗，有的打着遮阳伞。这些都是精心制作的镶有金饰的华丽的制品，持有长枪的剽悍骑兵穿着绿色镶金的服装，马鞍是蓝色和金色相间的。官员同样穿着节庆的服装，帽子是红色的，帽檐是黑色的，孔雀羽毛的花翎飘动着。两个年轻的贵族，手捧香炉，在那至高无上的、掌握着和平与战争的、身着与众不同的醒目蓝色为主的服装的皇帝仪仗前走着。

轿帘是遮蔽着的，轿子的顶盖是华丽的金饰的绣穗和秀美的丝带。木制的轿子漆成红色和金色，轿子上有着数量众多的杰出雕刻艺术，轿子由 28 名身着红色花饰的华丽服装的轿夫抬着，他们的腰带是绿色的，帽子的翻边上有银质的星形装饰，扛着脚踏板的人穿着同样的服装，在随行的贵族当中，有 4 位穿着华贵的由太傅抱着的王子，在这群人中的很多人捧着水果篮，分发给围观的人们。

皇帝的后面是皇后，皇后按照习俗穿着绣有金龙图案的蓝色长裙，并镶有白色的貂皮饰带。同行的女士们也都身着同样的绣花的蓝色服装。后面又是一项金色的轿子和一些身着红色和金色服装的侍从。

在皇室队伍的后面，是皇帝的护卫和长枪手，在他们的蓝色战袍上镶有金饰，他们跟随着一些身着镶有金饰的蓝色服装的武将，他们保护着皇帝的出巡。最后，出巡队伍以华贵的骑兵护卫和侍从们押运着行李的场面结束。

店主见我爱不释手，说可以转让给我。经过讨价还价，最后以 350 欧元成交。店主将框子拆下，我小心地把画卷起来，放在了手提包里，告别母子俩，悄然离去。

我走出这家店时已下午 5 点多钟，太阳就要落山了。我突然喜欢上了这座城市，具体说是喜欢上了这个不足一华里的街道。再前后左右打量这个僻静的街道，路面由一尺见方的石块铺成，已现斑斑痕迹，法桐金黄色的落叶洒满街道，它们错落地叠在一起，像块块有皱纹的金黄地毯（我想他们是故意不打扫的），树上还稀疏地挂着些残叶，微风吹去，飘然飞舞，悄然落地，静静的。在温暖的夕阳中，整个街道显得极其静谧美丽。我沐浴其中，多有惬意，似乎也觉得十几天的欧洲之行的劳碌疲惫，在这条小街的夕阳中一扫而光。

回国后，我专程拜访了我的老朋友，故宫博物院研究员、中国文物鉴定委员会委员、古字画鉴定专家、原故宫博物院副院长杨新先生。据杨新先生考证：这幅铜版画所画为"凯旋"仪式，铜版刻制于 1786 年，即乾隆五十一年。那么，原稿的创作应在此年以前，究竟是哪一次凯旋呢？又据图中所画景物，以及牌坊特点，似乎应是从永定门至前门这一带。那么乾隆皇帝只有南巡和到南苑围猎、銮舆才走这一条路线。而街道肃静，没有闲杂人员，而又有临时搭建的礼棚，很有可能是乾隆四十九年（1784 年）弘历第六次南巡回銮的记录。因为乾隆这一次远巡江南，从正月出发，直至四月才回京，所以才会有既隆重又肃静的场面。可惜原稿今不知存何处，所刻制画面，也不知是局部还是全貌。这些都有待于进一步考证。

杨新先生认为，这幅画与存世的《平定准噶尔回部得胜战图》来比较，原稿的创作有两种可能：第一，出自中国宫廷洋人画家之手；第二，由中、西皇室画家合作完成。但是，经过西方工艺家刻制成铜版，在技法和表现上又进行了一次加工，进行了一次或二次西化。例如，天空云彩的描绘，已完全是西洋技法。所以，这幅画是一次中西艺术交流的成功尝试，是一幅中西艺术合璧的艺术珍品。

看到这幅铜版画，我当即想起乾隆时代的郎世宁。清政府曾将朗世宁所绘《平定准噶尔回部得胜战图》拿到法国赫尔曼铜版公司制版印刷，至今故宫还保存有当时的印刷品。而这次出巡专门印制成铜版作为礼品赠送法国储君，可以肯定的是一次重要的文化艺术方面的外交活动。

从法文说明文字的语气看，是出于法国人之描述，这反映出欧洲人对中国皇帝奢华的羡慕和惊讶，也显示出大清帝国作为世界大国的分量和地位。另外，把画拿到欧洲刻版印制，也说明乾隆时代对西洋艺术和现代科技的向往。它是其他诸如瓷器、丝绸、工艺品等礼物所不能替代的。仅就这一点，这件铜版作品就显得弥足珍贵了。

（原载《十月》2006年第6期）

百年旧照饱含民族屈辱

民族屈辱历历在目　黑白旧照触动创痕

一组八国联军侵华照片：

这组摄于1900年的照片均署英国Underwood出版社制作，不少照片背后还附有摘自该出版社拥有版权的1904年出版的《旅游须知》的相关内容。其中有"陌生人到这里游玩，最好在当地找一位可靠的中国向导"的字样。

我实在难以想象，这些充满中国人死亡惨状的照片竟会与所谓"旅游""游玩"有关。

我国历史悠久且是文明古国，人们更愿意回首鼎盛与辉煌，期许美

中国人的尸首漂在河里（原件为作者藏品）

遭八国联军屠杀的中国人惨状（原件为作者藏品）

好。而当我们现在拿起这些存在了百年的历史旧照时，扑面而来的都是过往的沉重和苦难。

圆明园1860年被英法联军烧杀掠抢毁坏，因为有了雨果1861年的《致巴特勒上尉的信》义正词严的檄文，将侵略者永远钉在历史的耻辱柱上了；100年后发现的1900年八国联军侵华时拍照的这组八国联军侵华，践踏中国国土，屠杀中国人的照片，100多年来依旧黑白分明地将那些侵略者永远钉在历史的耻辱柱上！

在新世纪，美国占领伊拉克，践踏了这个国家的尊严，用现代化武器，毁坏了这个古老国家的历史文明。当今，美、英、法联军又在利比亚燃起战火，颠覆利比亚政权。重复着他们的侵略历史。

我面对一沓八国联军侵华照片思索良久，百年之后的世界仍然是弱肉强食，不知那个脱离战争，没有侵略，平等、和谐、美好的世界，离人类还有多远?!

(2011年4月28日)

150年前的《圆明园游记》

《圆明园游记》写于1862年，选载于1864年出版的《环游世界》。即

(取自作者藏书《圆明园游记》)

《圆明园游记》比雨果 1875 年闻世的《致巴特勒上尉的信》早 11 年让世人了解了圆明园。而且从《圆明园游记》文章内容看，这篇文章虽写于1862 年，但作者对辉煌时期的圆明园有过目睹，对 1860 年圆明园被毁前的胜景有详细记载。

序：

据史稿载，北京西北，群山连亘，自太行迤逦东趋，若天然屏障，其下陂陀起伏，流泉环带，泉之巨者曰玉泉，东南汇为昆明湖，余支衍曼，散于近郊，春夏之间，萍藻蒲荇，交青布绿，野禽沙鸟，出没翔泳其间，无殊江南风景。

康熙十四年幸玉泉观禾，嗣后遂常幸西郊。迨三藩平定，海内又安，康熙二十三年、二十八年，再度南巡，乐江南湖山之美，就海淀西丹陵，明武清侯李伟清华园故址，命吴人叶陶筑畅春园为避喧听政之所。

雍正践阼复有营建圆明园之举，园在畅春园北里许挂甲屯，康熙四十八年赐为雍邸私园。雍正三年，大礼告成，就园南建殿宇朝署值所，为侍直诸臣治事之地，又溶池引泉，辟田卢，营蔬圃，增构亭榭，斯园规模遂大体略具……

咸丰十年秋，英法联军，进逼北京，举五世经营与百余年之积蓄，付诸一炬，……

咸丰十年（1860），第二次鸦片战争前后。当时英法联军纠集两万余人，乘军舰由上海进发，借口护送英法公使赴京交换 1858 年签订的《天津条约》批准书，而重燃战火。此时僧格林沁亲王统兵两万在海口设防。并上呈皇上：英法侵略者这次重兵来犯是经过精心策划的。先前他们曾两度在广州挑起战端，但均未达到预期目的。这一次侵略者采取的策略是以公使进京换约为幌子，一面武力进逼，一面诱以"讲和"，而又屡屡节外生枝，条件愈益苛刻，目的是陈兵京师，逼清廷就范。爱国大臣纷纷上书咸丰皇帝，请求"罢议和"。僧格林沁书奏咸丰皇帝指出：英法诸国"志在精华"和"利我土地"，他们此次不惜倾兵重资"岂专为议和换约而来？"

乞求讲和的结果也只能是"徒损国威,与事无济"。

僧格林沁请战:按海口敌我力量对比,虽没有必胜的把握,但此时大沽前线广大官兵,志切同仇,效命疆场。但若一旦自屈,尚守心涣散,更难收拾。因此"断断不可不战,尤不可不速战!"

然而在此紧急关头,清政府的当道诸公,意皆主和,咸丰皇帝迟迟不决计用兵,结果造成"执政主和,疆臣观望",兵民不知所措的被动挨打局面,痛失了在其立足未稳时的歼敌良机。

在疆臣观望之际,英、法联军攻下大沽口,血洗张家湾,强占通州城,处于不利战机的清将僧格林沁及瑞麟、胜保的人马节节败退。英法联军并未直接攻打北京,而是迳取圆明园,意欲擒获咸丰帝,以提高议和的条款。

咸丰携懿贵妃(年轻时的慈禧)等逃奔热河避暑山庄,英法联军强占了圆明园,掠去异宝奇珍后,火焚了这座人民血汗筑起的世界名园。

在圆明园被毁一周年的1861年,雨果写出《致巴特勒上尉的信》。信中说,"有一天,两个强盗闯进了圆明园。一个强盗洗劫,另一个强盗放火。""耸立在欧洲文明地平线上的一个东方文明的朦胧轮廓(圆明园),这个奇迹现在消失了。"雨果的信让后人了解了当年一个正直的外国人对侵略者的愤慨和谴责。但这封信静悄悄地收录在他的《言行录》里沉默14年后,直到1875年《言行录》出版时《致巴特勒上尉的信》才和世人见面。

我收藏一册1864年法国出版的法文版《环游世界》里选载一篇叫《乾隆皇帝的避暑宫殿——圆明园游记》(简称《圆明园游记》)的法文书稿。书稿图文并茂,内容写圆明园被毁前后。作者(M.G.Pauthier)M.G.保蒂埃(生卒年代不详)法国人,著名的汉学家,他出版的诸多有关汉文化的书籍在汉学研究领域起着重要的作用。他曾经将汉字和楔形文字进行比较,提出了中国文明和巴比伦文明有亲缘关系的说法。

《圆明园游记》写于1862年,选载于1864年出版的《环游世界》。即《圆明园游记》比雨果1875年闻世的《致巴特勒上尉的信》早11年让世人了解了圆明园。而且从《圆明园游记》文章内容看,这篇文章虽写于1862年,但作者对辉煌时期的圆明园有过目睹，对 1860 年圆明园被毁前的胜景有详细记载。圆明园被毁之后，M.G.保蒂埃又特地来了圆明园，并面对残景驻足良久，悲愤万千，痛心疾首。回到法国后，看着他收藏的刻印于乾隆年代的精美铜版画，回忆并写下了《圆明园游记》。作者像是一位独具匠心的画家，用极其细腻精彩的笔致，描摹了圆明园融山水园林为一体，风光旖旎的园林胜景，让读者对圆明园巧夺天工，东西合璧的建筑艺术叹为观止。他和伟大的作家雨果一样，对侵略者进行了谴责，惋惜地说："圆明园是世界文明的体现，可它却在点燃的火焰中消失了。"并疾呼："火烧圆明园的行为是绝对的袭击方式，是野蛮的。所有帝国都不应该再做出类似的愚事。"

有趣的是，作者 M.G.保蒂埃说："我们很高兴地看到，法国没有参与到火烧中国圆明园这一野蛮的行为中来。"我想，如果 M.G.保蒂埃这段话有些根据的话，那法国充当的角色，大概就是雨果文中所说的"一个强盗洗劫，另一个强盗放火。"中的"洗劫强盗"吧！但更大的可能还是作者惧怕来自于当局的压力所致，而笔不由心地为其辩护粉饰。

是为序。

圆明园游记：

第一部分

在北京西直门西北方向三十里或者说三古里（法国的一种距离单位），人们发现了一个不小的镇子，命名为海淀，这个地方现今仍然存在，当时，就像曾经的凡尔赛宫一样。此地附属于中国的皇家园林，居住着大量的人口，人们仅靠小批量的手工业为生，各朝皇帝均积极鼓励这里手工业的发展。这个镇子里坐落着全北京城最大的畜牧场，同时还有两个四方形的同心围猎区，周围散布着四十余处典型的中国皇家建筑。当时人们根据这四十处宏伟彩色建筑中的其中几处绘制了好多样品图，并且由中国的艺术家将其绣在丝绸上。这些图画曾被装订成册，并可在乾隆皇帝的展览厅里找到它们，你还可以在巴黎皇家图书馆买到这些图画。人们还找到了另

外几处风景的手稿，其中具有代表性的二十幅彩色画被收录成册。

康熙的儿子雍正皇帝（当时法国路易十四在位）选择了北京西北部的这片地方，作为他夏天避暑的胜地。雍正的小儿子乾隆皇帝（驾崩于1769年）在位的六十年中，对这里的宫殿、凉亭、水以及岩石等都做了进一步改良，部分利用了人工手段使得这里更加美丽。

在中国帝制初期，我们看到像以上中国皇帝一样的统治者，还有亚洲其他国家的君主，都十分热衷于修建豪华的宫殿和大型的公园。

生活在公元前250年的中国著名皇帝秦始皇，焚书坑儒，形成了中国最早的封建帝制。他修建了周长300里的大园林，里面有四足动物、鱼类、鸟类、树木和各国的花卉。据中国历史学家说，园里有超过三万种树木。秦始皇摧毁了许多公园，过度修建了豪华的宫殿。他都是命人事先修建了最好的模型，然后依照这些模型建造出来一模一样的宫殿。

汉武帝（公元前140年）指挥他的军队进军到里海和印度洋边界的海岸，在那里修建了一座周长长于50英里的大园林，里面有亭子、洞穴以及各种装饰品，与宫殿遥相点缀。这个朝代的另一个皇帝并不喜欢此种辉煌，也对园林带来的快乐漠然视之。其中的一个大臣每每就这件事问起他，他就回答说："我想要整个中国就是个园林。如果我的前任皇帝斥巨资雇人清理、扩大和美化园林，正好，我们国家有充足的成千上万的劳动力，他们还都吃不饱穿不暖，他们可以靠建设国家这个大园林来解决生活问题。"

"而作为您的仆人，当我壮起胆子准备穿越边界线的时候，我就告诉我自己，在您的国土上这是尤被禁止的。在下确实了解到，在一个周长40里的园林里，普通人谁杀了一只鹿就要被判处死刑，量刑和杀人犯一样。那么这个园林就真成为了您国土上一个周长40里的墓穴。您认为对吗？"

第二部分

在多尔出生的Attiret是乾隆皇帝的随身画匠，曾在1743年11月1日写过一封信，信中描述了皇帝夏天的避暑胜地——圆明园（《宗教和世俗心的信》第35卷）。

他在《国家之屋》中说道：它是可爱的。它修建在一片广阔的地方，镶嵌在起伏的小山上，这些小山高约20到50或60英尺，形成了无数小小的山谷。清水通过地下的渠道会形成喷雾，并会在几个地方形成小的池塘或海。人们可以遍游这些水道，这些盆地以及这些美丽池塘上的小船。在这些山谷里，水边上，建筑物都是互相辉映互相搭配的，庭院、或打开或关闭的展览馆、花园、草坪、瀑布等，集合成了最美丽的构图。人们在这山谷，而不是欧洲美丽的小巷流连；穿过岩石，穿过流水，走着走着就会发现另一个与之前完全不同的山谷，可以看到独特的建筑构造。

的确是这样，所有的山和丘陵都覆盖着树木花草，这在这里很常见，这是地球上真正的宫殿。这里的水道不像我们那里一样，这里有大片的石灰岩，但有很美的岩石碎片，人们认为这样的人工景色是如此巧妙，就像大自然天然形成的一样。水道有时狭窄，有时宽阔，它蜿蜒百里，却又在某处戛然而止，真像是山谷间的纽带一样。山谷周边都是布满鲜花的岩石，大自然在每个季节都有它特定的繁华景象。除了水道，这里到处都是小路，或者更确切地说，是小径，路上铺满了小石子，悠悠然然通向其他的山谷。这些小径曲曲折折，有时沿着水道边，有时却又疏离开。

每到达一个山谷，人们就会发现一座建筑。整体看来，外面是一列一列的窗口，雕梁画栋，彩绘釉面，屋顶覆盖着琉璃瓦，红色、黄色、蓝色、绿色和紫色，这样组合起来的搭配，实在是美轮美奂的佳境。几乎所有的建筑都有一个地下构造，离地面大概有2、4、6或8尺。这里的石头都没有规正的形状，都是像大自然天然雕琢的一样。像这样的宫殿一定少不了仙女的精致点化。我们可以想象在干旱的沙漠中有望不到边的几千英里的沙漠和石块，那一定是上帝在点化时使用了精湛的技艺。

宫殿的外部看起来辉煌夺目，内部的装饰也富丽堂皇。

屋内的设施都有完美的搭配，家具和装饰物的价格都相当昂贵，制作的无比精良。庭院中的花瓶都是大理石的或精美陶瓷的，或是铜铸的。昂贵的花瓶中插满鲜花，摆放于各个通道。屋内的某些特定地方放置了大型雕像，由大理石、青铜或铜铸成，雕像下有刻着图腾动物的基座，以及燃着香的香炉。

　　每个山谷都有其独特的工艺价值。之所以小，是因为考虑到整个园林的大小以及最合适的布局。但它虽小，却比我们欧洲最大的奥热尔园林及其随从的所有园林还有价值。这些房屋周围多种植了雪松，让人们在方圆上百英里都感觉到非常凉爽。我们为什么会认为这个园林与达乌斯这个巨大的峡谷公园不同呢？不把宦官计算在内，就有200多人拥有这里的房，人们住得很近，只几码远，来往方便。基于这个原因，宫殿之间都有隐藏的墙体，或由山将其自然隔开。蜿蜒的水道减少了桥梁间的间隔。通常这些桥梁都由砖、石或某些木材建造，且人们可以在桥下自由得通船。桥栏杆为白色大理石，上面刻满了极具艺术性的浮雕，每一个浮雕图案都是各不相同的。信不信由你，这些桥都互相连接在一起，中间毫无间断，每一段都有转向和蜿蜒。单看这个桥梁可能只有30或40英尺长，但若计算它们的总线路，总共有100—200英尺。人们可以在园林中央看到小的休息室，它们的门开在4、8或16根柱子间，非常明显。这里的宫殿大都依桥而建，非常漂亮。我们的思想此刻会跳到了遥远的欧洲，在欧洲的国家大多是两边有凯旋拱门。中国的木质和大理石门给了西方的建筑风格一种很好的参考。

　　水道最终流成水池，汇入大海。这些水池的确很大，并因此影响了这里海的命名。这是这个游乐花园最漂亮的地方。正如我刚才所说，池塘边缘环绕着宫殿，宫殿间以人工水道和小山相隔。何为真正的宝石呢？真正的宝石是在野外出现的岛屿或嶙峋岩石，而在这一海域，这些宫殿就建在岩石上，在水面中部崛起约6英尺以上。宫殿里有上百间房子，房屋有四个面，每一面都非常漂亮，我无法用语言来表达。房外的风景也很美。在水池的边缘有很大一片空间，所有的山脉和水道都在此终结，水因此也汇集于此。所有的高桥，所有的亭子或者桥拱，所有分开或掩盖宫殿的树木都是为了掩映这里的宫殿。这个迷人水池的边缘各有不同视野，看不到尽头。这边，有雕琢过的石块，也有水道和小径；那边，有人工修饰的大石头，具有想象不到的美；此外，还有修建过的美丽露台，周边修有楼梯，从楼梯上去可以进入圆形剧场；另外，还有巨大的树木和只在最荒凉的小树林才能找到的野生树木。

我们还可以看到凉亭掩映在池塘里。池塘中有各种水禽，种类几乎赶得上世界水禽的一半。树林里也有各种飞禽走兽，人们可以在那里狩猎。鱼类中大部分是鲜艳的金色，但是还有其他银色，蓝色，红色，绿色、紫色、黑色以及黑麻等颜色以及这些颜色的混合色。园林里有好几处水库，但最引人注目的只有一个。它有广阔的面积，并且周边由非常薄的铜格包围，以防止水库中的鱼游走。最后，为了让人们更加享受，这里还可以钓鱼，也可以做其他有趣的游戏。最重要的是晚上，园里会燃放烟花，整个夜空都会灿烂如昼，照亮每一个宫殿，每一艘船只以及每一棵树木。我之所以惊叹是因为，我很少见过什么东西能远远超过意大利和法国的物品，但当时我们制造烟花的水平却远远落后于中国。

在海上（一片最大的水池）有一座三裁山。人们可以在海上泛舟，或者驾一艘帆船迎风漂流。遗憾的是，此行我们并没有碰到此情此景。每一个人都应该知道那些能激发人激情的东西，比如金、银等，而这些东西现在皇宫中已经没有了。那些外国人是如何在这片国土上生活的呢？也许这里只适合神仙生活。当他们住在这里时，他们希望其他人都在遥远的地方。

这里的很多布景都呈花瓶形或方形，构成一些有名的景点。在东面，是"像花的雌蕊一样光芒绽放"的宫殿。在西面，三大水池的水形成了新月的形状。在空白处点缀着绿色的小灯。

石头和云彩倒映在水池中，你似乎可以伸出手，碰触到那松柏与天空交织的平面。鸟儿扇动着翅膀，在高耸入云的山峰间飞舞，（那声音）像猫儿在用六种音调唱歌。著名的鲁班都没有发明出类似这样的建筑，因为我们在他的作品中从没看到关于此类的想象。而当他看到这座迷人的岛屿时，一定认为自己曾经的努力都是徒劳。这里的土地植被繁茂，所有到这里来的人都流连忘返，想居住于此，过神仙般的生活。如果一个人拿这里（令人心醉的地方）和黄金宫殿（寓言中提到的）相比，他一定会认为这里较之其他，有过之而无不及。

这里我们引用了伏尔泰的诗句：

我们在这里无法用拉丁文来完全复原这些中国诗句；

请接受我的敬意，中国富有魅力的皇帝；

您的宝座建立在两座山上；

人们都知道，这次灾难是我们的错；

如果您的宝座没有被大火吞噬

请告诉我，北京这些伟大的艺术和巴黎相比是否也有不同呢？

第三部分

皇帝在后宫可以和很多女人同住，那些女人包括皇后，以及其他后妃。后宫附属于皇宫，和皇宫、园林以及其他建筑物构成完美的组合。

这算是一个小城镇，大概有我们的多尔小镇那么大。这些宫殿的人们晚上都不出去散步、吃晚餐和夜宵。皇帝一般住在入口处正对的宫殿，紧接着是第一大厅，会客室，庭院和花园。再向后是一个小岛屿，周围是又宽又深的运河，这里可以被称为后宫。人们能够看到宫殿内的摆设，其实可以想象乾隆时代的情景，里面有家具、装饰品、绘画（我在中国最喜欢的）、清漆器和日本瓷器，古董瓷花瓶，丝绸，纺织品、黄金和白银。皇帝从各地收集这些高品位的艺术品，不断增加财富。

依据皇帝的旨意，庭院中间布满了小径。在每个方向上都延展出好几英里。后宫有四个门，有四个城楼，有塔楼，有城墙，有护栏和城垛，还有街道、广场、庙宇、敞厅、边境兵区、作坊、看台、宫殿及休息处。

你可能知道中国有一个非常有名的灯笼节，它是在每年的正月十五。在那一天无论贫穷与否，中国人都会点灯笼。到处都能够看到卖各种形状、大小和价格的灯笼的景象。这一天全中国都会灯火通明，但皇宫一定是最美丽的地方，尤其是我刚才提到的宫殿。礼堂、画廊里都挂满灯笼，如果没有空间，可能还能在地上看到灯笼。每一个山谷上都有灯。船载着灯笼在水面上来来回回，桥上，高山上以及每一棵树上都挂满了灯笼。这些灯笼都做得非常精致，有鱼、鸟、动物、花瓶、水果、花卉以及船只，各种大小，惟妙惟肖。制作材料有丝绸、玻璃、珍珠及其他各种材料。灯笼上有图画和刺绣，据此，我看到了中国人的智慧，我非常佩服。

　　中国人也喜欢对称，他们喜欢好的秩序，优美的环境，就像欧洲一样。中国的宫殿就是在这样的审美基础上修建的。皇子和各部大臣的宫殿，以及商人们住的房屋，都遵循这一规律。但某些建筑却专门追求反对称，他们认为这样才是美。那些房屋一边的风格和另一边相差很远。也许是为了追求一种外国模式。

　　其他的小宫殿并不简单地遵循田园风格。我去年看到了一个皇子和皇帝的表弟共用的宫殿，家具和室内设计就耗资 60 万，更不用提金银首饰了。

　　另外，房屋内部还有很多美妙的字幅，不光摆放有讲究，视觉效果、布局、数量等都有艺术性，这些构成了和谐的整体。我来看过这里的门、窗等，发现形状有圆形、椭圆形和方形。上面刻的图案也不尽相同，花鸟鱼虫均有，有对称的也有不对称的安排。

　　我认为只是在这里才能看到这样的画廊，而我无法用语言描绘出来。因为主建筑间相隔遥远，所以这些画廊就起到连接的作用。它们是由一根根柱子支撑，这些柱子有时在内侧有时在外侧。有的画廊的柱子就像宫殿

（取自作者藏书《圆明园游记》）

137

的柱子一样，在各个方向支撑着，走进去顿觉凉爽。奇怪的是，这些画廊在一条直线上修建很难。它们总是弯弯曲曲，不太守规则。有时在宫殿后面的灌木丛里，有时在岩石后面，有时在一个小池塘周围，没有比这再有情趣的了。这里空气清新无比，让人陶醉。

海滨图，就是画廊图案中比较有代表性的，它反映了一个主题，用中文来表达就是"风调雨顺"。

"在海中要形成三个不同大小的岛屿"，当时负责公共建设的尚书王永屯（译音）说。我们必须想象，每天都在紧张忙碌的建造，以使人们能在山上体验到神仙所在的画廊般的美妙感觉。修建时，那些土堆不是土堆，而是凉亭，而且那里看起来已经有了12所房子，我们往往有这样的幻觉，经验告诉我们，我们常常混淆事实的真与假，大与小。

如果我们理解了这个创造性的构想，我们应该看到，它是装饰艺术规则的某种代表。

在宋朝时，这个湖比现在还要清澈透明，这里的花色品种非常丰富。这就是为什么这里被称为"青云风花"。在这个地方玫瑰色的花像连衣裙一样到处铺满。彩虹在天空出现，空气和光影在这里交相辉映。

皇帝的公共部尚书，在园林的这40个景点上发现了新的问题，他想让这里更具技术性，更具指导性，但这不是他的最终目标。正如所描述的，路易十四在凡尔赛宫借用了神话使其更具戏剧性，并借用某些人物和修辞使其更奇特。因此王永屯还要求，以他的画笔来修饰园林的风格，在中国人眼中，这样的风格更加美丽、精致、典雅。这就是说，经过选择性的修饰，他的撰文更显博学。我们必须充分研究总结，以便能够正确理解所有华文文学甚至把握真谛。

第四部分

人们一般都不知道，圆明园类似于在欧洲的一座城，乾隆皇帝将那里的风景和陈设都仿照凡尔赛宫的景象。一位法国传教士在1786年10月在北京给巴黎的一个老书商写了一封信，信中介绍道：

"你想象一下，圆明园的所有欧式房屋都和那20个凉亭一样具有代表性。我将这些图寄给你。依据乾隆皇帝的旨意，这些房子的装饰和家具都有欧洲风格。令人难以置信的是，如何在景色和布置上能如此丰富，且都是非常典型的各种西方风格。"

是这样的，新建筑里有一个房屋专门用来生产并放置戈布兰工厂生产的挂毯，这些挂毯是在 1767 年从法国宫殿引进的。现在大部分房间都有这种挂毯，到处都散发着美丽的味道。观察这间屋子，长宽各有 70 英尺，很大，机器的摆放也很符合比例，而且机器是可以移动的。这些机器花费了二三十万英镑，因为工作要求是非常精细的，并且这些丰富的做工经验也是非常宝贵的。

您一定想知道是否美丽的圆明园的泉水能够再次涌出。自传教士 p.benoist 死亡，我们对管道等的修复还处于缺损状态。那种能够将水抽到宫殿里来的机器是由 p.benoist 制造的，现在已经被破坏了或者是使用时间过长了。它并不需要被修复，而且中国一定放弃了旧的使用方式，换新机器成了必然。在这个民族的政治体制中，对劳动人民的使用是有些令人尴尬的，劳动力的闲置是不安全的。例如，我们知道当皇帝漫步在欧洲的建筑区内，一至两天前，他就让人们带好足够的水，那些水是从城堡里最大的水池里抽出的，皇帝走到哪里，水就得带到哪里，且要永远充足。

在圆明园里有一些分散着的零星的小房子，这是专门供王子在园子里散步时休息用的。其他房子住着皇室的人。每个皇子，即皇帝的儿子，都和他的随从，他的政客，他的家庭等住在特定的区。

在 25 岁到 30 岁之间，皇子往往会获得一些特权或者封为皇帝，那么，他就会离开圆明园，到北京城里去。这个城的每一个区都被装饰成宫殿的样子，其中许多楼宇都被很多朝代所保留纪念。皇宫所设的规矩在世界范围内来说，都有利于制止暴乱、扑灭火灾，起到监管作用。一旦火灾发生，他们都会以最快的速度冲向大火。

我还要跟你谈谈万寿山，这是中国最美丽的景点之一。在圆明园里，它几乎是贯穿始终的，并没有被楼宇阻断。它是很典型的一座山依附于另一个山系的例子。这个山系开始于离这里 70 公里的东海边，终止于欧洲的边界。

雍正皇帝（乾隆的父亲，康熙的儿子）在这座山上修建了很多中国非常漂亮的建筑物，它们都在不同的高度上。这些宫殿在山上连成一体，十分宏伟壮观。在山角南边，有一个水池，半径大概有四分之一英里。这里有一个沐浴用的平台，终止于山脚下。水中倒映着山上的建筑，我不知道中国的建筑物竟有这么多种形状。乾隆皇帝非常喜欢这个地方。他想将这里变成他的乡间别墅。但当时中国的风俗使得他不能实现他的愿望，因为皇帝不能住在上一任皇帝住过的地方，而必须有自己的宫殿。

《古典庙与现代庙》这本书的作者用中文介绍了这二十幅雕刻画中欧洲的宫殿。我们不得不提到之前对于这些的描述。这些相似的插图也用中文按照原来的刻本写道：hai-an thang tching-mien。意思就是，南边宁静的水泊中升起海上宫殿。

建筑物前面有十个窗口，与阁楼一起在前面排列，两座建筑物的两端也向前突出。这三个部分的大门是用壁柱装饰的，分列在前门的两边。门顺着两边的楼梯一直延伸到庭院和花园。每一个楼梯的两侧都有喷泉，沿着喷泉的轮廓还摆满了盛满花的花瓶。这些楼梯边的喷泉和凡尔赛宫的圣云起到了同样的效果，只是这里的喷泉池壁上刻着部分龙的图画。所有这些水域都形成于三角形的洼地。洼地两侧排列着 12 种动物，都是不一样的属相，每排六个，中国人叫十二生肖神。人们可以根据这些动物来判断时间，因为在每一天的每一小时，以及一年四季里，这些动物在洼池中的倒影都是不一样的。

在接近宫殿的三角形水池里有一个很大的喷泉，喷泉中还有一个大石块，这个石块甚至大过了其他很多水中的石块。它也属于这个皇宫中特有风格的石块的一部分。最终，这些三角形的水池是皇宫中水群中的一大部分。这种水池是配合左右两边的塔而建，这种组合很奇特，我就不做过多说明了。在这里我们可以忽略一些小的细节的说明，但我会将它们记录下来。法国传教士 p.benoist 问过中国水利部尚书一个问题，他在 1752 年写道："我和中国的皇帝曾同处一室，在炎热的夏季感觉也很凉爽，是水道的原因吗？皇帝确实将他的休息室建在园子里，里面放有卧榻，房顶是用透明珍珠做的，而不是木材，这样阳光就能够很好地照进来。园子里各部

（取自作者藏书《圆明园游记》）

分和谐统一，不同的小小美丽风光，宫殿，娱乐室以及用来磨粮食的磨坊让人心旷神怡。喷泉、瀑布等已由农民重新修整，整体效果很好。因此空气更加清新，风景更加旖旎。"

在他1754年写的另一封信里，他说：

"我仍然为皇帝管理液压机。现在皇宫内部也需要一台。但必须抽取皇帝宝座旁边的水，通过电流和大理石做成的渠引进来。我们所做的这些如果在欧洲，会用铅、铁甚至木材，而在这里，用的却是铜。在法国，成本也就10法郎。而在这里用于皇帝，则比一千英镑还多。在做这项工作之前，要提前预算花费，以及做好其他准备，而不能过于迅速地开工，一定要保证工作的顺利进行。"

第五部分

1793年乾隆皇帝受到英国大使macarlney的邀请，并在1795年在荷兰大使馆建立了友好关系，乾隆皇帝邀请英国大使macarlney去他的皇家

园林，就是在圆明园。

以下就是如何描述 1795 年那次事件的：

15 分钟后，沿着公路走，我们到了一个广阔的，宏伟的宫殿，在它面前是一处非常壮观的地方。这个地方的两旁各有一处院子和足够大的空间，建设的很对称。这里似乎是供宫廷里的官员和其他官僚居住的。在宫廷上有两个大理石基座的宝座，旁边的两个青铜狮子特别大。

往东走，就是第一间房屋，这里非常大，而且悬挂着很多中国灯笼。房屋的中央是一个平台和一把椅子，这是皇帝的宝座。经过了会客室，我们发现了一处方形的院子。在北部和西部都有建筑物，周围的景象处处显示了这里的富饶，我们所及之处无不如此：园里的每一处房屋都有广阔的前门，有的地方还装饰得如东南沿海的风景。院子内正对着北边有一面很大的墙壁，是用石头砌成的。搬运这块石头一定是个相当大的工程，因为它实在非常重，并且需要很多人共同搬运。皇帝庭院的石头是整个皇宫最高级别的，其他皇子院中的石头也模仿皇帝的装饰风格，但都次之。其他各处地方都种满了各种花草树木。北边的建筑物是会客室，房屋中到处挂满了灯笼。我们的向导带我们从左边进入，告诉我们马戛尔尼勋爵就在前几年会见过皇帝。我们坐的车非常豪华，整个车子光亮夺目，都用金子装饰。我认为，其他人在见到我们的汽车时一定非常惊讶于与四轮马车的不同，这里的四轮马车非常普遍。

我承认，我的想象力很好。请问我们有何资格批评豪华汽车过剩？最好的证明就是这里。还有中国，他们用四轮马车。我推测这车是皇帝在每年的重大仪式上才会用到的，我非常赞赏这里的农耕文明，这里是地球上的寺庙。

在西边有一个小的宫殿群，有的部分只有一个小的屋子在中间。其他屋子都拼凑得很狭窄，而且不规则，感觉像是个迷宫。

我们都认为皇帝的宫殿是最豪华的，皇帝是天子，因此他的宫殿也与天有关。其他的宫殿也各有特色，我们发现到处都有宜人的景色，以不同的形式在不同方面显现出来。我认为没有谁比皇帝更会享受，这里的墙壁，这里的湖水，都大气宏伟，同时精致迷人。这里的湖是最先吸引我注意的，湖的中间是一个相当大的岛，一些宫殿就建在上面，并且有很多浓密的大树荫蔽。将岛与陆地连接起来的是一个漂亮的石拱桥，共十七个孔，贯穿东西。

将视线转向西边，看到一个比刚才那个小一点的湖，它被一条大路隔成两半。第二个小湖的中间有一个圆形的城堡，这是一个相当美丽的建筑物。中间这条路两边各有一个石桥通向那两个湖，石桥非常高，且是单拱的，连接了两片水域，让人们能够自由往来。

再往西应该还有很大的空间，可是视线被一座高山挡住了。

最后，在西北方向有一片庙宇，这些庙宇的建筑非常有艺术性，与山头上的各种天然或非天然的石头相得益彰，如作天工。无论是庙宇还是石头，所花费的成本一定都是巨额的，因为这些石块都是从很远的地方搬运过来的，工程量很大。这项工作看起来就像巨人爬上天空。

皇帝的藏书阁摆满了书。书柜是中国制作最精良的，里面摆着最精致和古老的书。皇帝这些珍贵的物品已经为欧洲人所周知。但遗憾的是，自 1860 年圆明园被烧以后，没有一样东西留下，乾隆皇帝的藏书阁和其他伟大的建筑一样，毁于一旦，真是巨大的损失。我们真的希望有法国的高级官员能在圆明园被烧前来这里看一看，亲眼目睹藏书阁的壮观。据了解，这个藏书阁有三个卢浮宫的大小，所有图书自上而下排列整齐，方式科学，为防止蒙灰，书籍都用丝绸覆盖。这里收集着各种书籍的最好版本，有的稀有书籍只有这里才能找到，共有稀有书籍 128 册，藏于皇家翰林书院。描述这一藏书阁的作品已经上升到 10500 本。但其中最大的图书是《古今图书集成》（古代和现代的百科全书），在康熙年间（1662—1724）出版，共有 5000 册。有人说，还有 30 册衍生本。

其实，我们可以用圆明园的藏书阁和亚历山大大帝最骄傲的藏书阁相比。圆明园是世界文明的体现，可它却在战争中在点燃的火焰中消失。

总之，我们不知道该以什么样的心情面对这个东方最伟大的传奇的讣告（它由官方发布于 1860 年），上面写着：

"圆明园的壮观景象留给中国盟友的印象及影响是深远且巨大的，我们通过各个时期的教育来传播其精神。我们所要传承的精神是一样的。火

烧圆明园的行为是绝对的袭击方式，是野蛮的。所有帝国都不应该再做出类似的事情。"

我们很高兴地看到，法国没有参与到火烧中国圆明园这一野蛮的行为中来。

以上就是我的自白。

（2010 年 10 月 11 日　新华网 2010 年 10 月 14 日
《法国人 150 年前游记揭圆明园昔日辉煌》）

故宫丢失文物是"赏"还是"盗"？

我收藏一册宣纸油印本溥仪《赏溥杰文物》。该册共 116 页，共登记约千余项。《赏溥杰文物》是日记式的账簿，从宣统十四年（一九二一年）七月十三日起，至十二月十二日止，记的是唐宋元明清的名画和善本。说是赏溥杰（溥仪的弟弟），实际上是溥仪看出了他随时都会被逐出宫，他要抓紧时间把它（书画等）以"赏"的名义从宫中盗出。

1911 年辛亥革命爆发以后，各省纷纷起义反抗满清统治，满清王朝摇摇欲坠，崩溃在即。许多满族人都逃往中国北部的满洲里（17 世纪时，他们正是从那里入关推翻明朝统治的）。但是，逊清皇室爱新觉罗家族依然住在紫禁城的后半部分。1912 年 2 月 12 日，爱新觉罗氏的小皇帝溥同意并和新政府签订了退位条约。溥仪留在北京紫禁城所谓的内廷里，在这里长达 12 年之久。

溥仪与其弟溥杰密谋之后，1921 年 7 月至 12 月，溥仪以"赏赐"其弟溥杰为名，几乎每日或隔日，每次 10 卷或 13 卷，源源不断从宫里流出。

那么，这批文物哪儿去了呢？

溥仪被逐出宫后，先是居住于其父载沣醇王府，被盗出的书画、古籍，就存在醇王府中，不久溥仪又躲进了日本驻华公使馆。

1925 年 2 月 23 日，在日本警察的护送下，溥仪潜至天津。从宫

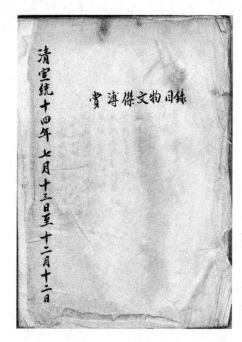

（原件为作者藏品）

中盗出的文物被分装成七八十个大箱，通过铁路运抵天津英租界。为了维持自己的奢华生活，溥仪开始通过各种人物搭桥，出卖盗运出宫的字画。据王庆祥先生撰《伪满小朝廷覆灭记》书中所述，溥仪在天津时曾"赏赐"经手人陈宝琛的外甥一批书画，其中就有唐人阎立本的《历代帝王图》、《步辇图》、《阆苑女仙图》等极为珍贵的作品。

而《历代帝王图》最终流入了美国，现藏于波士顿美术博物馆。所幸保管《步辇图》、《阆苑女仙图》的主人没有转售给外国人，全国新中国成立以后捐献给了政府，现藏北京故宫博物院。

九一八事变后，溥仪在日本人的安排下，在长春成立了"满洲国"伪政权。据当时在津专门管理这批珍宝的严振文 1952 年初回忆，溥仪在天津搬家时，带有书法名画手卷约 30 箱，内装 1300 件；书法名画册页 4 箱，内装计 40 件；书画挂轴一箱，内装 21 件。

1945 年 8 月 10 日，日本节节败退，伪满洲国迁往通化。慌乱中，溥仪挑选了一批书法名画而逃，其中有唐周昉《簪花仕女图》、五代黄筌《写

宋高宗書馬和之畫小雅南有嘉魚之什六篇圖一卷 静字七百二十四号
董邦達仿黄公望烟村野钓一卷 静字七百八十九号
十一月初一日
賞溥傑
吴寬記園中草木詩一卷 静字八百二十五号
倪瓚苕霅溪山圖一卷 静字七百七十四号
宋僧法常花卉翎毛真蹟一卷 静字四百四十一号
王紱湖山書屋真蹟一卷 静字八百四十号
王守仁自書詩帖一卷 静字七百七十号
董其昌詩帖真蹟一卷 静字六百四十五号
錢選臨顧愷之列女圖一卷 静字七百〇六号
阮郜女仙圖真蹟一卷 静字四百二十七号
關仝秋山平遠圖真蹟一卷 静字六百〇二号

賞溥傑
唐周昉調嬰圖一卷 静字四百七十七号
宋織慶壽圖并米芾書一卷 静字五十八号
文徵明遊西山詩並繪圖一卷 静字四百六十八号
陳淳源東圖并書岳陽樓記一卷 静字五百三十七号
祝允明自書詩一卷 静字四百四十二号
李公麟臨洛神賦一卷 静字七百二十四号
三家詩画合璧一卷 静字四百二十八号
祝允明書前後赤壁賦一卷 静字七百九十七号
仿高克恭雲巒烟林一卷 静字四百八十五号
楊基書鄭元祐撰陶煜行狀一卷 静字六百〇九号
宋人文姬歸漢圖一卷 静字四百六十一号
王紱萬里長江圖一卷 静字七百十二号
仇遠自書詩一卷 静字七百七十二号
陳繼儒臨文龍仿米元章雲山圖一卷 静字九百十七号

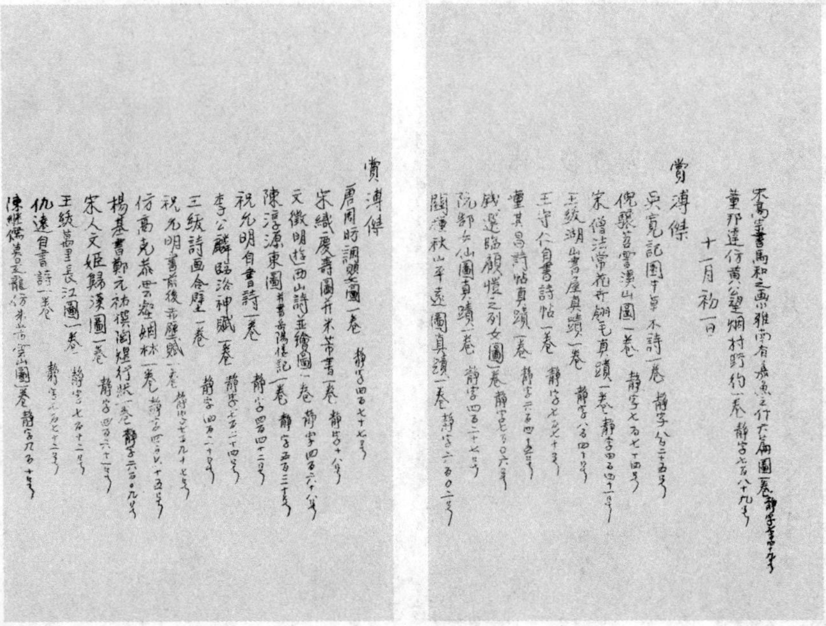

（原件为作者藏品）

生珍禽图》、北宋张择端的《清明上河图》等，后被追回。但大量的书画则被留在了“伪皇宫”，遭到看守伪军的哄抢，许多珍宝因此下落不明。

据故宫博物院宫廷历史专家向斯统计，自第二次鸦片战争以来，流失的故宫国宝约为 30 万件。

另外：据我所知，近几年在嘉德等知名拍卖公司拍卖的宋元名画中偶尔也能见到“赏赐”的文物。极可能是外流的“回归”。

（2011 年 8 月 22 日）

张学良与赵四、朱五

朱光沫与朱五（朱湄筠），在 20 年代末、30 年代初的多封“缠绵”信（朱湄筠在天津，朱光沫在沈阳等地）中，多次提到张学良与赵四小姐的"风流韵事"。通信中也揭露了那些达官贵人，不思抗日，每天沉迷歌舞酒色；富佬阔少，狂赌烂醉，日掷千金之情景。而此时，东北老百姓的却在日寇蹂躏之下，生活处于水深火热之中。而蒋介石"攘外必先安内""清共""剿共"正急。

1931 年九一八事变时，马君武曾写过一首诗《哀沈阳》讽刺张学良的九一八之夜，日军进攻沈阳我军北大营，他仍沉迷歌舞。《哀沈阳》诗云："赵四风流朱五狂，翩翩蝴蝶最当行。温柔乡是英雄冢，哪管东师入沈阳。告急军书夜半来，开场弦管又相催。沈阳已陷休回顾，更抱佳人舞几回。"诗中的朱五，就是朱光沐信中的 P.P. 朱湄筠。

张学良（原图片为作者藏品）

张学良说他最恨马君武"赵四风流朱五狂"的诗了，曾澄清过与朱五的关系。在他生前对哥伦比亚大学口述历史的时候，曾有如下说法："我最恨马君武的那句诗了，就是'赵四风流朱五狂'那首。这个朱五是谁呢？朱五就是朱启钤的五小姐，她是我秘书朱光沐的太太。他俩结婚的时候，是我给他们主婚。她小的时候，我就认得她，我同她的姐姐是朋友，仅仅是一般的朋友关系。她的四姐还嫁给了我的一位副官。这首诗我最恨了，我跟朱五没有任何关系。"

我永久亲爱的 P.P.：

今日收到初四日的来信，照药方看来，头痛恐由阴亏所致，我二十几岁时，也是如此，吃六味地黄丸好的，既然不愿服中药，就赶快找西药经治，不要种下病根。我母亲也有头痛的病，因为起居不注意，直到现在数

十年，还是时发时愈，协和治病不敢说好，但检验确很周密，你到北平何妨乘便去一次呢？

昨晚王充学请小吴夫妇二奶奶和我在大和旅馆吃牛肉火锅，久不尝此味，觉得格外甘美。你闻见了也要垂涎三尺咧。我们猜想，那时你一定和老铁去看电影，不知道对不对？我并没有把安眠药的真意图告诉若愚，我说是代表RUN不是轻得多吗？这种安眠药人人从小吃到大，有什么窘呢？哈哈，我听说四小姐又身怀六甲，有一个多月了，现在正设法堕胎呢？老铁的二百元，已经面交二奶奶，东大还无回信，明天再问。

旗袍装像照好了，赶快寄给我，恰巧我买了一个很好的镜框，所以愈加着急要装上，一天近一天了，不过觉得还迟慢，P.P.常来信，免得悬望。

沐　三十一　夜三时

信中所说的四小姐就是赵四，而 P.P. 就是朱五。"赵四朱五"是谁？赵四是张学良红颜知己赵一荻，朱五则是出身豪门，北洋政府总理朱启钤的五女儿朱湄筠，人称朱五小姐。朱湄筠与张学良素有家族渊源，赵四朱五是天津华西女中同学，朱五嫁给了张学良的秘书朱光沐，朱六嫁给了张学良的弟弟张学铭。

朱光沐，字秀峰，1887 年生，浙江绍兴人，毕业于国立北京大学法科。历任张学良秘书，安国军第三、四方面军团部秘书及军法处处长，东三省保安总司令部处长，同泽新民储才馆教育长，东北边防司令长官公署秘书兼东北电政管理局局长等职。1931 年任国民政府陆海空军副司令行营总务处处长。1932 年任北平绥靖公署总务处处长。

20 年代末和 30 年代初，朱光沐一会在沈阳，一会在南京，又来往于上海、杭州。朱五此时在天津。朱光沐与朱五的通信中，大都在畅谈天各一方的思念之苦，朱光沐更是用古人诗句"心如膏火独夜自煎，思等流波终朝不息"来表达他对朱五的思念。

也多次出现朱五的舞信消息：

本月十六日，北洋画报新闻登载，今晚俄国医院假座西湖别墅开慈善跳舞大会，名交际家朱湄筠及王涵芳女士，亦将参加舞会共襄善举云云，就是你说的音乐会了？

这是身在异乡的朱光沐看到报载舞信后给朱五小姐的信。

通信中也透露出一些对当局的不满与无奈，世道人心和男女情长："军事紧张，不过多添麻烦，并不十分忙碌""到前线看热闹，据眼下情况，恐怕要成画饼""这两天每晚赌钱，睡得很晚"（朱光沐给朱五的信）。

"二爷等整夜狂赌，每人输赢数万""中国目前是无心肝的（人）实在让人伤心，劝你不要太傻，卖命的卖命，开心的开心"（朱五给朱光沐的信）。

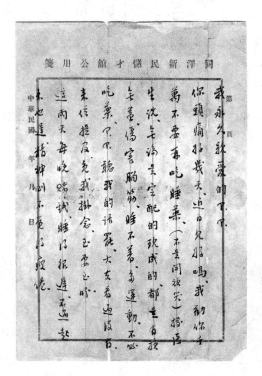

（原件为作者藏品）

朱光沐在给朱五的一封信中还特意提到赵四小姐堕胎之事："我听说，四小姐又身怀六甲，有一个多月了，现在正设法堕胎。"由此看来，当时的张学良与赵四小姐正缠绵至极。

朱家小姐利用她们的特殊关系也做了些别人难于做到的事情。据说，周恩来总理 1960 年写给张学良的"为国珍重，善自养心；前途有望，后会可期"十六字密信就是托朱湄筠通过妹妹朱浣筠送给了在台湾的张学良。

（2013 年 8 月 20 日）

革命队伍一书生
——辛亥人物陈修夫

陈修夫（陈攸山），河北庆云县（今属山东省）人，生于 1883 年 10 月 29 日，1960 年 12 月 26 日去世。陈修夫之父陈宏训，清末拔贡，英年早逝。

今天，陈修夫这个名字，早就被大浪淘去，历史上就仿佛没有过他这样一个人了。但此人绝非等闲之辈，他参与和鼓吹辛亥革命，曾经和孙中山一起组建国民党，与张作霖、张学良、吴佩孚、冯玉祥、宋哲元、吉鸿昌、胡景翼、马龙潭、张树声、蓝天蔚、刘艺舟等都打过程度深浅不一的交道。

陈修夫，是一个有理想、有抱负、有激情、有胆略的人物。他参与组织和领导了登州起义，经历了济南暴动。他对旧中国的社会深恶痛绝，也曾经致力于改变其黑暗愚昧的面貌，他办《东方醒狮》报，唤醒民众，声援辛亥革命，为推翻清政府摇唇鼓舌。他联络北洋军阀，呼吁停止内战，说服冯玉祥的西北军参加北伐。他担任过地方官员，起草过今天看来不仅不落后，依然显得激进

陈修夫，时年 60 岁
（照片为陈修夫家属提供）

的自治大纲。

这位当年革命党中的一分子和与他一起战斗的斗士们，他们就像麻密的星空中闪耀着的群星。

1911年3月至1912年2月。是青年陈修夫用文字鼓吹革命转至参加革命行动的一年，正值辛亥革命从酝酿到发起。

1911年清政府把民营的川、汉铁路收归国营，向英、美、德、法签订借一千万镑大额借款契约。契约是清政府以两路作抵押，出卖铁路修筑权。此举激起中国人民的反抗，当时全国反对，四川、武汉人尤激愤，四川等地爆发保路运动，武昌发动武昌起义，接着各省纷纷响应，不少地方发生暴动。

陈修夫河北省庆云县（今属山东省）人士，生于1883年即旧历清光绪九年。自1890到1894年在本村私塾念书，1895年至1897年，陈修夫辍学在家，读了一部《四书》、一部《诗经》、一部《书经》、半部《礼记》。

武昌新军先劫火药库，然后分三路进攻都督府，此为清吏闻风乘车仓皇逃逸的情景

1899 年陈修夫族兄为让他应试，给他出钱让他再读书，实际上是作文章，作八股文、作律诗来为应试用的。作了一年，老师虽然说他文章作得不错，可是他认为，八股、律诗是害人的东西，他决心不再学下去了。

1901 年 8 月按陈修夫听说，他的先父陈宏训最亲密的同学马龙潭在沈阳做了官，9 月 15 日陈修夫找到了马龙潭。马龙潭驻防地点是北距沈阳 60 里地的十里河。官职是奉天省首县承德县的巡捕队的总巡。

那时，俄国人占领着东三省，不准中国留军队，所有军队改名巡捕队（即警察队），每县设一营编职，营长的官衔是巡捕，由将军直接委派，巡捕与知县是平级，共同管理所辖地面。

马龙潭让陈修夫住在他的文案处，学习公文。过了一个月，马龙潭调任通化县巡捕，陈修夫又跟到了通化，1902 年 5 月马龙潭把陈修夫升为文案处办事官。同年 7 月马龙潭被撤职，调省交法审处查办。原因是马龙潭打死了土匪头子张桂林，俄国人不干了。

俄国人知道张桂林是土匪头子，仍收抚他，委任他当统领。

1902 年 5 月，马龙潭的原文案处办事官吴学周去省城领了三个月的饷金，回来的中途，被张桂林派土匪劫了，还打死十几个人。张桂林想把马龙潭的部下遣散，只给马龙潭留下四十名卫队。张打算是把这营巡捕队消灭了，由他的土匪占领通化地盘。张桂林正计划着，马龙潭先发制人，乘右堂请客，张桂林入席之后，马龙潭派了一百多兵，包围了右堂衙门，把张桂林当场打死。

马龙潭被查办后，陈修夫回到庆云县。

1910 年马龙潭升任了右路统领，驻防凤凰城。陈修夫又被邀去了沈阳。

那时沈阳已有报馆十多家，陈修夫写了几篇文稿，全部被报馆采用了，以后他作篇短评或写篇社论，投入报馆，也大多被采用，文章也可以讨生活了，他也没再到马龙潭的军队里去。

1910 的秋冬之交，日本吞并了朝鲜，宣布日韩合并。韩国大部留日、留华学生回国奔走革命。东北民众大为激愤，尤其教育界，所有教职员、学生，全体出动，奔走呼号，要求官府，推广教育，提高国民素养，普施军训，由人民推选代表，成立国会，监督官府。

这时的陈修夫越发感到舆论的重要，认为有筹办一个报馆的必要。陈修夫的朋友，晚清宫监院葛月潭赞成陈修夫这个主张，他捐助两千元，作为开办费。另有一个工业学堂的教员黄世农愿意与陈修夫一起办报，他筹措了三千元。就把报馆办起来了。黄世农任报馆经理，陈修夫任编辑，报名《东方醒狮》。

《东方醒狮》刚筹备就绪，不料，东三省发生了鼠疫，火车停开，邮寄停寄，由 1910 年 11 月延长到 1911 年 3 月才恢复交通，《东方醒狮》报才得以出版发行。

《东方醒狮》日出一大张，星期日加半张。自然，《东方醒狮》报的新闻评论，以攻击清政府充满了篇幅。总督赵尔巽，对于《东方醒狮》报的影响非常吃惊。他叫民政使张元奇出来干涉（那时报院归民政司管理），张不敢拒绝，可是又怕戴上摧残舆论的帽子，于是他托地警萧应椿用私人资格、朋友名义，向陈修夫劝告。陈修夫答应他，之后不再批驳上谕（上谕是皇帝的命令，当时陈修夫常批驳上谕）的文字，官府也勿再过问报纸事宜。

1911 年，那时许多有革命思想的人，来报馆访问陈修夫，有的与陈修夫成了朋友。到了 8 月，陈修夫所得到的消息，各地革命的空气，全很浓厚了，可是如何发动起义？在什么地方发动？陈修夫认识的这一般朋友，谁也不知道。陈修夫想，最好先在北京发动，次在直隶。（那时河北省叫直隶），陈修夫打算到天津、北京各处看看。可是在陈修夫这次到沈阳以前，和革命党人一点接触没有，在此之前陈修夫也没有成熟的革命思想。现在要回直隶，就需要在沈阳的朋友在这方面作介绍。有的朋友，给陈修夫写了介绍信，有的告知陈修夫，保定育德中学，是革命党人聚集的地方，到那里问问，北方革命的情形，就全知道了。

陈修夫于八月十四日（旧历）到天津，发高烧，病了十几天，（早在报上看到了武昌起义，是旧历八月十九日，即新历 10 月 10 日）起来后赶快去了保定，到育德中学。那时，保定正计议由入伍生（即军校毕业到军队见习）起义，陈修夫介绍他的同学秦承烈（是陈修夫老师的孙子）和入

伍生见面，商量取得军器的办法。那时秦承烈是保定军械局兵器库的库官。计划妥当了，决定第二天晚上，占领保定。不料第二天早晨，革命党人吴禄贞在石家庄被刺身死，消息传来，保定起义的计划就放弃了。这是旧历八月末九月初的事情。

陈修夫又回到天津，租了法租界平安里9号一所小房子。往来的人虽然不少，可是对于实际革命，没有帮助。陈修夫住了一个多月，所有的消息概括起来是，南方革命进展很快，北方革命处处失败。除吴禄贞被刺外，还有两件最可惜的事：一是张绍曾在滦州失败，二是蓝天蔚在沈阳失败。张绍曾犹豫不决，给袁世凯造成擢取清室政权以后，篡窃民国之机会。蓝天蔚犹豫不决，给张作霖造成以后割据东三省之机会。这时，陈修夫想，在天津住着，实在毫无意义，又接到沈阳来信，陈修夫的报馆也被张作霖抄了，文学编辑田今生被杀害。又接到刘艺舟、宋涤尘来信说：他们到了安东，于是陈修夫赶快去安东，因为陈修夫那位老世交马龙潭，是奉天（那时的省名）巡防营右路统领，安东也是他的防地，陈修夫很怕刘艺舟、宋涤尘这两位朋友落到马龙潭手里。陈修夫深夜到了安东，按着他信上的地址，没找着，陈修夫找到日本报馆一问，据说：刘艺舟已去了凤凰城。第二天陈修夫赶到凤凰城，晚上见到马统领，才知道刘艺舟在凤凰城经过，末下火车，陈修夫这才放了心。陈修夫在马统领处住了两夜，经马统领口中，听到蓝天蔚失败和张作霖取得实权的经过。

陈修夫从凤凰城又回到沈阳，从前的朋友，一个也不见了。找了两天，在南满车站附属地，找到商震，才知道之前在沈阳的一帮朋友全到了大连，刘艺舟也在那里。

陈修夫到了大连，刘艺舟、宋涤尘还有几个山东朋友，全到烟台去了。其余的朋友，各自住在旅馆里。大连各旅馆，全有野妓。这些同志之间，往往因为争风吃醋打架。陈修夫赶快租了一所大房子，写了一个通知，叫那些革命同志，限三天以内，搬进这所房子去，不搬去的，认为他脱离了这个团体。一面给商震去信，叫他赶快到大连，把这些人，组织起来，因为商震已成了蓝天蔚的代理人。

又过了两三天，刘艺舟等由烟台失败回来了，又运动别的地方。陈修夫搬到宝善荷圆三楼上去，和刘艺舟等人，专作山东的运动，商震专作关东运动。

登州革命运动已酝酿成熟了，陈修夫、刘艺舟一到，组织起义，获得成功。

然而，鉴于烟台的失败，需带一小部分武力，以防止反动势力复活反攻登州。陈修夫为巩固登州的胜利成果，打算买几十只小手枪，可是手中没有钱。

那时，蓝天蔚由上海汇来 8 万元日金，在商震手里。陈修夫把商震请来，和他商量，借他 3000 元，他说钱用完啦，不肯借。

陈修夫和刘艺舟去找颜白毛，向他借一百人带枪。颜是渤海湾里边海盗的统头目，名兴旺，白毛是绰号。颜白毛把他的部下 400 多人，归了陈修夫领导，这 400 多人全是好枪。

南满铁路运输科和陈修夫约定，他们管辖的车辆（包括大车运货电车马车等）、船只（包括帆船渔船）、仓库，陈修夫全可使用，并可先行记账。又派大慈弥荣，常和陈修夫联系。这时陈修夫把运输这四百多人去驻守登州的事情，托大慈弥荣办理。那时大连是日本租借地，但海关还是清朝的官吏掌执着，所以先把枪弹运进了西岗子铁路仓库。这四百多人，再在西岗子渔船码头集合，晚上连人带枪上渔船。陈修夫几个人和大慈弥荣，乘输船越过海关查验线，到口外去等他们。等他们全上了轮船，陈修夫把军队上四个首领，介绍给刘艺舟和其他各人。因为在大连市内，这四个人，只和陈修夫一人见面订妥的。陈修夫和大慈弥荣乘渔船回市内，接着陈修夫又到天津来。陈修夫知道占领巩固登州胜利已无问题。登州胜利使他认识到，以后进行革命，必先扩充军队，这就需要有军事知识能力的人。而在登州的那些同志，全是书呆子，所以陈修夫回天津来找人。

陈修夫在天津平安里的时候，有几个留学日本仕官学校的学生，常和他往来。陈修夫去了东北，他们也分散开了。陈修夫这次又找到他们，请他们上登州，他们也愿意。陈修夫还给路费，叫他们分别各自走。等了十来天，他们才动身。陈修夫又回到大连。

陈修夫是带着扩充军队一个目标进行工作，天天买军械、招兵。买妥一批，就给刘艺舟打电报，接着，用南满铁路的船运了去。运去两批，登州也没有回电，也没来人。第三批，陈修夫自己跟了去，到登州看看。陈修夫到了海岸上，发现无人管，到了都督府，出入的人很多，无人问，到了里头遇见两个都督，一个叫连成基，是山东人，一个叫杜扶东是孙中山派来的。刘艺舟是总司令，陈修夫到他那里发现，做守卫的，全是海军陆战队，是由蓝天蔚那里借来的。那时蓝天蔚用关东都督的名义，由上海带领三只兵舰来到烟台，有1000多陆战队是新招的，不会放枪。给刘艺舟做守卫的，内外坐满了人，但时有人出入，他们全不过问。

陈修夫由天津找来的人，只有二人在刘艺舟这里。其余刘艺舟全不知道到哪去了。陈修夫以前运来的那两批军械和新兵，也不知道哪里去了，他们也不问，陈修夫来的电报，他们也不回复。

以后见到赵警西，他是陈修夫由天津介绍来的。赵说，陈修夫，因为你的关系，我才未走，其他同学，全到刘庄复那里去了，你（指陈修夫）经大连运来的新兵和军械也由刘庄复接收去了。刘庄复，名基炎，是上海都督陈其美所派沪军北伐军司令，带来三营学生军，也驻在登州。陈修夫介绍到登州来的人，和刘庄复是在日本的同学，所以他们在一起了。

陈修夫从前的打算，完全落了空，在登州起义的这群人，一个有出息的也没有。接着孙中山命令烟台、登州两个都督府合并，另派胡瑛为山东都督，驻烟台。陈修夫带领登州起义的这群人，到了烟台，他们内部明争暗斗地抢位置。

陈修夫打算恢复他那《东方醒狮》日报，只筹到不满一万元。接着，南京政府承认袁世凯当临时总统，谋求南北统一。山东省长张广建是袁世凯派的，也和胡瑛商量，求山东的统一。由双方派代理在青岛谈判。

那时德国人是最仇视中国革命的，烟台都督府派外交司长刘艺舟做代表到了青岛，德国警察署说刘艺舟扰乱青岛的治安，驱逐出境，并罚金3000元，限三天以内交纳。这个电报来到烟台，胡瑛（湖南人）没有实权，其余的总司令、各司长、税务局长等，全是山东人，他们排斥刘艺舟（湖北人），不肯汇钱去，他们想让刘艺舟受更大的侮辱。陈修夫看出这个情形，赶快将准备恢复他那《东方醒狮》的不足一万元，汇去了3000元。

并告知了刘艺舟这个情形。

刘艺舟一怒之下，去了上海，仍作演新剧的生活，不回烟台了。

前几天，蓝天蔚因为军队没有了伙食，向陈修夫借去3000元。这时陈修夫筹措的办《东方醒狮》报的钱只剩了3000元。陈修夫把财政司长李慎哉叫来，把3000元钱点交给他。陈修夫就离开烟台，到大连，向宝善圆领班的孙彰一借了300元路费回了庆云老家。

1912年5月，陈修夫由家去上海，先到南市新舞台看刘艺舟的新剧。因为陈修夫和刘艺舟相交一年多，他的剧本，在陈修夫报上登载了不少。可陈修夫还没看见过他演剧，所以这次去看看。

由刘艺舟介绍陈修夫和新舞台各人认识。那里新舞台成了新人物的会集地。凡参加革命的人到了上海，没有不到新舞台去的。因为新舞台组织有救火会，这群救火会员参加了辛亥革命，打开上海制造局，拥护陈英士做上海都督。他们是上海革命的先锋队。

陈修夫到的时候，正有一大群新人物，计划组织伶界联合会，由新舞台作领导，改良戏剧。以后又把陈修夫拉进去，其实陈修夫对戏剧，一点也不懂，如何改良，陈修夫更没有意见。等到各舞台的老板们，把伶界联合会的组织人选商量好了，推陈修夫起草会的组织章程。后来该会成立了一个补习学校，由陈修夫担任编教材。

其实陈修夫对于这些事一点不感兴趣，尤其当时的局势，革命党人与袁世凯已成了死冤家，可是革命党人，对于如何充实自己的实力，坚强自己的组织，一点也没主见，只是一味地漫骂。陈修夫觉着，这样下去，唯有失败而已。

陈修夫在上海三个月，正想离开，又遇到陈翰来上海，邀陈修夫到他那里去（陈修夫在沈阳认识他）。他是第三十七混成旅旅长，他的部队驻徐州，他在山东革命党中，是很有名望的，可他并不是军人。陈修夫到他司令部的那天，他正派人送6万元现洋，去上海存汇丰银行。陈修夫问他为什么？他说，预备失败了，作生活费。就凭这一点论，他那山东革命党三杰之一（那两杰是刘冠三、徐子健）的头衔，实在是虚有其名！陈修夫在他那里住了两天，对他说：对你的事情，实在没有能力帮助，陈修夫回

天津去了。这是八月间的事。

那时正在预备选举，许多小党，合并成大党，同盟会拉了几个小党，合并成国民党。共和党拉了几个小党，合并成进步党。共和统一会拉了几个小党，合并成民主党。其分子复杂，各党一样。

就大体说，国民党是反对袁世凯的，进步党是拥护袁世凯的。各党为争选举，全去各县成立分部。天津南边有几县，国民党分部成立不了。国民党省支部的几个朋友，是以前革命时同陈修夫常在一起的，转告陈修夫，孙中山要求他加入国民党去组织分部。那时陈修夫对于任何政党全很不满，所以陈修夫拒绝他们的要求。最后他们说，你不帮助国民党，就是赞成袁世凯。陈修夫于是加入国民党，按照孙中山的口谕去组织分部，并办理初选。陈修夫和他们约定，等到选举完毕之后，陈修夫仍辞去国民党党籍，也决不再加入任何政党。

各县初选完了，接着办理复选。天津、河间两府为直隶第四复选区，在沧县举行。众议员院议员和省议会议员，连续复选，陈修夫在沧县给国民党办理复选。

这次选举，就全国说或就直隶一省说，或就沧县一区说，国民党获得很大的胜利。选举完了，陈修夫就回了家。这是1912年12月。

1913年3月，陈修夫到天津，把国民党党员证还给国民党省支部。

那里的首脑人物，全到国会当议员去了，次一等的也去做官了，里边只有两个人，陈修夫不认识。陈修夫把党员证交给他们，陈修夫就走了。在天津又住了几个月，时势逆转得很快，袁世凯成了专制魔王，国民党屡屡失败，凡参加过辛亥革命的人，被杀被捕的，不可胜计，陈修夫于7月间又回了老家庆云。

1916年3月年间陈修夫在家，忽然收到姜同尘的信，说他在天津做买卖，叫陈修夫去帮助他。陈修夫知道这是假话。辛亥革命时，陈修夫在天津见过他，二次革命时，陈修夫也在天津见过他。他是始终奔走革命的。这时候，正是袁世凯称皇帝，袁军和云南讨袁军在四川血战的时候，他如何能在天津做买卖?! 陈修夫到天津和他见面。他说："我从上海来，陈英士派来来北方活动，我认识的人少，我给陈英士推荐你（指陈修夫），他也认识你，他很同意，他邀你先到上海和他谈谈。"

陈修夫和姜同尘到了上海。晚上和陈英士见面，略谈几句各处讨袁情形之后，陈英士就讲起中华革命党的组织来，讲了很长的时间，（那时孙中山已把国民党改组为中华革命党）。大意是说，孙先生是先知先觉，有先见的人，可是他见到的，各同志见不到，不听他的，以后失败了，再想起他的话来就晚了，以前国民党每次失败，都是如此，并举了好些例子。现在中华革命党的特点就是党员要绝对地服从党魁。希望陈修夫加入中华革命党。

陈修夫说："从初次革命到现在，我始终拥护孙先生的主张，可是我没加入任何政党。"陈修夫认为，一般民众知识有了相当的水平，有了运用正当权力的能力的时候，那时政党才有后盾，才有力量。陈修夫自觉得他知识能力，还不够党员的资格，所以陈修夫不肯加入中华革命党。陈修夫还说："北方人心，普遍反对袁世凯，但是只在各人的意识里，或口头上，要说揭竿而起，那是办不到的。"

陈修夫就又回到天津。

又过了几个月，（大概是 6 月）袁世凯病死了，国会恢复了。陈修夫来北京住了三个月，政权仍在北洋军阀手里，黎元洪虽然是总统，也和木偶差不多。国民议员，派别很多，全是谋个人的私利。

1918 年 12 月间，陈修夫起身去陕西，那时吴佩孚驻洛阳，势力正盛，吴有左右陕西大局的力量，陈修夫决意先在洛阳访问吴佩孚，问问他对于陕西的意见。陈修夫到洛阳和吴佩孚谈话之后，吴留陈修夫久住长谈。陈修夫在洛阳住了一个月，差不多天天和他见面谈话，东西南北的不定谈什么。陕西的情形，也谈过好几次，引起了吴对陕西的注意。

1921 年 1 月末，陈修夫由洛阳去陕西三原县，陈修夫打算会见三个人：一个是于右任，是靖国军的总司令，是名士，是革命家；一个是胡景翼，是陕西靖国军的创造者，是实际的军事领袖，也是实际的民众领袖；一个是岳维峻，是靖国军第四总司令。可是这三个人，一个也没见到。于右任到耀县宣传无政府共产主义去了，胡景翼回富平庄里镇老家过年，岳维峻重病不能起床。陈修夫只和于的秘书长王陆一、参谋周耀武，胡的副官长郭蕃，岳的副官长史可轩，谈了不少话。陈修夫对于靖国军和敌方相持的形势，以及内部的情形，全明了了，也就不必和他几个领袖见面了。住了几天，陈修夫给他三人各留下一封信，叫他们赶快打开陕西的大门，向东方开避出一条出入的道路。这就需要和吴佩孚联络，由吴介绍靖国军和张锡元联防。中央第四旅，保卫由潼关至渭南的大道，渭河以北，就是靖国军，一联防，就把敌人的封锁打破了。陈修夫又留下一封给吴佩孚的介绍信，他们要赞成陈修夫这个建议，他就派代表拿着陈修夫的信，和吴佩孚去联络。之后陈修夫就直接回了北京。

到了 11 月，胡景翼来信邀陈修夫去三原，这时陕西关军是冯玉祥，胡景翼军也由吴佩孚改编为陕西第一师。陈修夫到了，住在胡的司令部，胡给陈修夫一个顾问的聘书。

1922 年 4 月，胡景翼师预备奉调出关，参加直隶军对奉作战。陈修夫于五月先行出关，接洽设立兵站及补充军火等事。6 月胡师大部到达河南，协同冯玉祥军，击溃了赵倜的军队，保卫了吴佩孚军在前线作战的安全。以后胡师即驻京汉线彰德、顺德、正定一带，陈修夫有时候到武汉、西安、开封给胡当个代表。

直到 1925 年 4 月，河南督办（那时督军改名督办）、省长胡景翼病故之后，陈修夫才离开他们这个团体。（那时胡的部队已改为国民二军，他这部队是一个不很和谐的团体）那时陈修夫的家眷已由庆云来到北京，以后陈修夫就在北京家里住着。

1927 年春，冯玉祥托人告诉陈修夫，他派人到北京，住在东交民巷华北银行后院，邀他去谈谈。

晚上陈修夫到他那里，见着好几个人，内中陈修夫认识一人，就是张树声，他在陕西给冯玉祥当代表，陈修夫遇着过。

冯玉祥说了好多激励陈修夫的话，叫陈修夫到京汉线新乡、彰德一带去组织武力，援助北伐。那时冯的军队，已到陕西，不久即到河南，渡河北伐。

陈修夫答应先去看看，如有可能，陈修夫担任联络，请他另派人组织指挥。陈修夫到彰德，七八天的功夫，刘其武给陈修夫介绍了不少人，全是红枪会民团的首脑。

陈修夫由彰德回来，正是张作霖查抄苏联大使馆，杀害李守常等人之后，张树声等害怕搬到天津，不断有人和陈修夫联络，但不告诉陈修夫他们住址。陈修夫只能把彰德的情形，托付来人，转达他们，他们不派人去，只好作罢了。可是陈修夫也怕和彰德方面失去联络，将来用着了又来不及。陈修夫就叫刘月亭到彰德和他们联系。

刘月亭是国民二军的团长，他当营长的时候，驻在彰德。以后张树声派人给陈修夫送来三次委任状，一次一个名称。最后是北方国民革命军第二路游击总司令。

等到7月末，有一人到陈修夫家，自称叫刘玉山给冯玉祥当过第六师师长，是冯总司令派他以彰德去劳军，邀陈修夫同他去。陈修夫知道他是要看看虚实。陈修夫也愿意把彰德的事情交代给他。他们直接办理，陈修夫就没有责任了。

到了彰德一看，和春天的情形大不同了。春天红枪会是防备奉军，抵抗奉军的，现在他们协同一致了。查火车、各处守卫，全是双方协力。城内组织有联合会，各红枪会首领，全有奉军的聘书，每月拿几百元车马费。陈修夫和刘玉山到了鼓楼前一个杂货店停下，未得休息，许多人带着枪，去看陈修夫，陈修夫一个也不认识，可是他们全认识陈修夫。问了问，才知道，他们全是红枪会的二头们。他们的首领全在漳河岸上和天门会作战了，彰德城北25里才是漳河。陈修夫向这些二头们说：你们赶快给你首领送信，说陈修夫来了，别打仗了，你们和天门争执，陈修夫给你们解决。明天早上九点钟全来开会，务必全到。

第二天（7月27日）一起身，就叫人去请刘玉山，一直找到九点，也没找到踪影，只有陈修夫自己到会，不顾成败，立刻发动。

陈修夫一到会，就宣布，今天，奉军总退却，我们要立刻开始攻击，先截断他的交通，南 宜 北、玉、丰梁，五个车站，在今天下午两点以前，同时占领。叫他们自报担任占领某个车站。到会的共17人，陈修夫用北方国民革命军第二路游击总司令的名义，委托了17个支队长。分派他们出督之后，陈修夫和第一支队长辛殿平出城，集合了许多人，一面占领了车站，一面进城，先把守卫城门的奉军缴了械，关了城门，接着在城墙上头布防，然后包围警备司令王丕焕的司令部。劝告王丕焕自动出走，保证他安全出河南境。一夜之间，王的部下大部缴了械，少数的携枪逃走。彰德城关没遭到一点破坏。在彰德以南的还有奉军骑兵，三天之间，也全部肃清。

陈修夫先给冯玉祥总司令（他是国民革命军第二集团总司令）打一电报，然后写一封信，叫刘月亭（总指挥）去洛阳和冯玉祥报告详细情形，并对红枪会作个善后措置，一面请他派部队来接防。冯玉祥派十九师师长吉鸿昌来了，不多几天，又调回去了。等到8月27日，陈修夫给冯又去一电报，请他在9月1日以前派人接防，陈修夫负责维持至8月31日为止，以后陈修夫不负责任。冯回电，叫陈修夫会同第三路总指挥孙良诚妥为维持地面。这时冯又给陈修夫和刘月亭加一个少将高级副官的委任。到了31日，陈修夫又去一电报，报告结束完竣，即刻离职。

陈修夫同刘月亭到了郑州，（那时冯驻郑州），陈修夫说："月亭你去报到吧，把我的委任等等带回去。你报告冯总司令，陈修夫不是军人，不敢接受军职，在彰德的胜利，完全是侥幸成功，一切经过，我已有书面报告，不用再说，所以我不去见他了。"在郑州住了一个来月，陈修夫选道山西，回北京了。

1928年7月，北伐军到达河北省，民众欢欣鼓舞，认为中国从此统一，可以走上建设之路，庆云县的许多朋友，要求陈修夫回家，共同谋求地方自治。陈修夫答应担任作计划。8月底陈修夫到了家，草拟了一篇庆云县建设要略，请大家详细讨论。经大家同意之后，印成单行本，分送到各村庄及公教人员，也作为陈修夫以后作计划的纲领。

陈修夫提出来的计划，见于实行的，择要列举于左：

一、把县内五个区，改为十四区，成立民团，肃清土匪。

二、废除县政府之旧制度，把三班六房，一律取消，所有县府书记、政府警察，全由考试录用，除县府正薪外，由地方款给予津贴。

三、成立乡村师范学校，造就师资，改良教育。

四、建立严格的户籍制度，作为一切设施的基础。

五、根据户口划分学区，凡二百户以上，四百户以下，分为一学区，择适当地点设立学校，使每个学童距离学校，最远不超过一里半地。如有孤僻小村，就设分校。

六、根据户口，整理地粮，务使粮地相符。种种弊端一律革除。

七、破除迷信，全县庙宇，适用的改为学校或村公所，不适用的，限期拆除。所有僧道，壮年反俗，做事劳动，老年分往附近学校看门，比普通工友，多给工资。至于尼姑，不满十八岁的，收入学校，教养费由公款负担，十八岁至四十岁的，教她自行择配。四十一岁以上的，每人给予八亩地，一间屋，不禁止化缘。死后，公款棺葬。敬神用的烧纸、香、金银锞，县境以内，不准售卖。

八、禁止早婚及买卖婚姻。凡女不满十八岁，男不满二十岁，及男方对女方有财礼行为的，一律不准结婚。结婚需在十天以前，到区公所登记。不登记和不合规定的，区公所不准他结婚。

九、设立农事试验场，改良粮种、柿种、畜种，作各种肥料试验。

十、提倡打井，每打井一口，贷给公款一百元，分三年归还不取利息。

十一、研究增加农家副业。

十二、实行改良教育。

十三、办一份周报，名为《民间》，陈修夫当社长，略载一点国家大事外，主要的是把县里建设的事情，作批评和研究。

庆云县有一个劣绅，把持县的教育二十年，他勾结天主教堂，把各小学校全归到天主教的掌执中。他的手段是把小学教员的薪水极力压低。在丁纶恩创办初小的时候，教员月薪是六吊铜钱，可以买 5 元现洋，或两石玉米。到 1928 年，陈修夫回家之前，教员月薪还是 6 吊钱，只能买 5 毛多现洋，或一斗多玉米。这样，谁肯当教员呢？可是他有办法，他让天主堂给他推荐教员，由天主教发薪，外边挂初等小学的牌子，内边是天主教传道。这样学校，全县有 90 多家。

1929 年伏假，乡村师范已有两班毕业生共百十个人，陈修夫命令，接收天主教化的学校，消灭传道场所，改变为正式学校。天主堂还设有两个师范班，陈修夫根据部章，师范不准私立，建议教育局把他封闭。学生可以转学到县的师范或初中。

陈修夫说，他的这些做法，在自治范围内，是极平常极起码的事件。可是天主堂把陈修夫看成他们的死对头，天津老西开天主堂主教是法国人，也到庆云交涉，声称要恢复他们的学校，这当然是做不到的。除了学校以外，改革庆云县政府，和清除土匪，也是天主堂最恨的两件事。

1932年8月，张学良派了一个委员来庆云调查，也没说明是调查什么。各机关对他很平淡，他心里有气，又和天主堂一勾结，他作威作福地大闹起来了。县政府开县政会议，他迫着立刻停会。他到财务局去查账，把账簿拿走了。他向有公款的商号去提款，当然不给他，他就把商号的人交县政府押起来。看那情形，非索一笔大贿赂，他不罢休。

陈修夫给张学良打一个电报，大意是：你把东北送给日本人，日本人残酷地迫害东北同胞，你不知道同情，反而用日本人迫害东北同胞的手段，派委员来威胁我们。你派来的委员，是中国人，还是日本人？请你答复。

张学良气急败坏，给陈修夫下了一个通缉令，说陈修夫图谋不轨。

1935年11月，日本土肥原到华北来了，由于河北省主席商震答应了日本的条件，也就是反对中国的自治运动。陈修夫认为，日本进兵中国内地，已成了旦夕间的事。也只有民众起来抵抗，才能作持久战。陈修夫在庆云虽有点基础，可是武力在反对派手里，庆云天主堂就是个大敌。目前日本人组织华北军阀专政，尚未实现。这是不可再得的一个间隙，等到军阀专政实现之后，再就没有恢复自治的机会了。陈修夫决定冒险回庆云一趟。因为有张学良那个通缉令，怕路上发生意外，陈修夫请西村帮忙找两个日本人陪陈修夫去。

11月末，陈修夫回到庆云县，在上午9点多钟，陈修夫进了县政府。陈修夫问："县长，你对于本县以前的自治感想如何？"县长说："好极了！"陈修夫说："现在我还是想跟随以前的办法。"并说，以前有很多不对的地方，陈修夫打算改正一下，再继续下去。

第二天，陈修夫和李县长，把调整人事的事情商量定了，并征求了各人的意见。

第三天早晨，李县长拿着商震的电报去找陈修夫，叫陈修夫赶快走！电文是：陈修夫通缉有案，此次更协同日本人回县作乱，仰速逮捕，解省法办，如有抗拒，格杀勿论。

陈修夫一个人绕道回了天津。

12月初，日本把华北特殊化的计划实现了，商震不能履行对日本的条件辞了职。

日本人拉出宋哲元来，组织冀察政委员会。又把一些做自治运动的人拉到北京去，和宋哲元合作。李庭玉当了政委会委委员，刘易白当了政委会政务处副处长，张申府当了政委会的组长。这全是常和西村武宜亭联络，作自治运动的人。

冀察政委会正式成立后，杨彬甫从北京给陈修夫来电话要到天津见陈修夫，跟陈修夫谈谈。他是国民一军的人，给冯玉祥当过军需。他1925年和陈修夫见过几次面。

陈修夫去了北京，杨彬甫一见陈修夫就说，冀察政委会成立了，你看最重要的问题是什么？陈修夫说，那就是对日作战，除此之外全是次要的问题。陈修夫问，你以为能得到蒋介石的大力援助吗？杨说，蒋绝不会援助。那年长春之战，请蒋下一个追击命令，他都不肯下，他要肯下追缉令，那时就把日本打回去啦。杨又问陈修夫，你的看法如何？陈修夫说，日本是个大敌，日本一下总动员令，他有多少军队？你二十九军有多少军队？日本的装备是什么？二十九军的装备是什么？请你比较一下。陈修夫认为，二十九军对日作战，就是得到蒋的援助也不会太多，也不能持久。要想持久，非把民众好好地组织起来对日本做游击战不可。杨临走的时候，陈修夫对他说："你和宋哲元先生说，如宋先生对我有话讲，你明日给我个信儿，如无话可谈，就不必再来，我明天回天津了。"

陈修夫回天津以后，又以卖文章作生活。

大概是6月，陈修夫从报纸上看到日本军人的稳健派，陆军参谋总长迩日、海军军令部长伏见等全下了台，上来的全是日本少壮军人派，这是日本大举侵略中国的先声。陈修夫就又给宋哲元写了一封长信。大意是：若说抗日，是全国一致的，若问如何抗日？这个答案，就有若干分歧。其实，一研究日本侵略中国之目的，就可得出正确答案。日本侵略中国之目的，就是用中国人力，开启中国物资，归他享用。那么，抗日方案，应当是把中国壮丁，组织起来，和他作战，不被他使用。把中国物资，如铁路、工厂、矿山，凡接近战线，不能保全的，或搬走，或拆卸，或破坏，叫他不得享用。大部军队，和他作游击战，少数的，死守交通据点，叫他每攻一个据点，就得出很高的代价。这是抗日的唯一原则。你现在叫各县组织民团，这是对的，可是你使用之目的，是预备补充二十九军，或扩大二十九军，这样就是错的。你应当把二十九军的精锐，分散到各民团里去，作为民团的骨干，并极力扩大民团的组织，这才能作持久战。

这封信，陈修夫托和他住在一起以卖文为生的武纤生带到北京，请他父亲武宜亭交给宋哲元，那时武宜亭常和宋见面。宋哲元没有答复。

1936年11月至1937年7月末，陈修夫一直在北京，陈修夫看到二十九军在城内沿城根挖沟，在马路堆沙袋，以为他死守北京。不过四五天，忽然二十九军不见了，日军进了北京。

11月末，陈修夫又到天津，一面是打听，听听庆云的消息，一面是找朋友借点钱，把他的女人和两个女儿从威海接回北京来。

庆云那两个保卫队长胡振国、崔玉田，派人到天津和陈修夫说：他们绝不把以前陈修夫要调换他俩的事起怨恨，愿意陈修夫回去听陈修夫指挥。那时，日本委沧县土匪刘佩臣当师长，带二三千人，进了庆云。陈修夫叫胡、崔两队长攻打刘佩臣，"你有决心，我陈修夫就立刻回去。"他俩不敢打，说是力量相差太远，打是白牺牲。陈修夫又叫人去劝他俩，"打仗胜败，主要的是方法，不全在力量，用袭击，把刘佩臣打死就行啦。"可是他们仍不肯……

陈修夫看，他到了山穷水尽的时候了，就到上海投朋友苏锡文去了。

陈修夫和苏锡文是因为扶乱成了朋友。苏锡文在天津时，陈修夫和他经常见面。1937年10月，有一个日本人叫本繁的到北京找陈修夫，说苏锡文叫他来接陈修夫去上海，并送一张天津日租界通行证，天津已预备下飞机。陈修夫满不在意地拒绝了，未去。也未问苏在上海做什么。11月苏派他差使刘万森来天津接他太太邀陈修夫同他太太一道去，这时陈修夫才知道他当上了上海伪市长。刘万森传达苏锡文的话：上海正组织财政局和交通局，叫陈修夫挑一个局长，如果当下不能去，也让陈修夫选定一个局长，他给陈修夫留着。陈修夫说，暂时不能去，去了我也不当局长，最大当科长。刘说，科长一月300多元，局长每月1000元，为什么当科长？苏太太也说，那是为什么呢？还是当局长吧，也多帮助苏先生点忙。陈修夫说，我未有准日子过去，局长常悬着，也不是事儿。每月300多元，也够一家吃饭啦，请你向苏先生说，我不当局长。

陈修夫到上海和伪市长苏锡文见了面。苏说，这里社会局长未有人，我兼着，还有市府第三科未组织，你担任什么？陈修夫说，我担任第三科科长吧。第三科是管拨款审核的。到六月底，陈修夫写了辞呈，当面交给苏锡文，陈修夫就不干了。

陈修夫住的离伪市府很近，苏锡文到陈修夫那里问，从前你不当局长当科长，是不是因为局里有日本顾问，科里没有，好办些？陈修夫说，这是原因之一，另外还有一个原因，我说出来，你可别生气啊，日本才占领北京，几个熟人说闲话，有人说，目前我们是亡国啦，怎么办？抗日吧，没有枪，有枪也不会放，找事做吧，就成了汉奸，不做事就要饿死。大人还好说，小孩子饿得直哭叫，问大人要吃的，你想想怎么办?!张执中你见过吗？苏说，见过。张执中说，我的主张，是要吃饭，不要发财，小事做，大事不做。我很同意张执中的主张。所以我不当局长当科长。

在以后的人生里，陈修夫多有坎坷，甚至被国民党当局审讯扣押，生活颠沛流离，穷困潦倒。

（2008 年 1 月 312 日）

70 年前的情侣日记

我手上有两本日记，一本是王素（化名）所记，王素家住上海，是记于 1936 年的日记，时在上海交通大学读书；一本是王素的姑舅表妹侯华（化名）日记，侯华家住镇江，时在小学任教，也记于 1936 年。

此时，王与侯正热恋中，两人日记时间和叙述的事儿相互映照，真是心心相印，遥相呼应。

日记中有他们认为的"大事件"，有他们的爱恨情仇。他们有爱国的热忱，有青春的追求、向往、冲动与烦恼。阮玲玉女士之死也是他们心目中的一个"大事件"。看来，大学生王素还是阮玲玉的"粉丝"呢！他说，"我个人始终是崇拜阮女士的。"他用较多的笔墨，记录了阮玲玉之死。

在此，摘一部分，原汁原味，看看 70 多年前的青年男女是怎样恋爱，怎样生活和工作，怎样对待"第三者插入"，也看看 70 年前青年男女是怎样"崇星"和"追星"的。

王素 1936 年 1 月 1 日凌晨写道：

动乱的 1935 年是过去了，现在正是 1936 年的开始，我们中国旧历的岁尾年头，我又提起笔来，题目是，"新年感言"，我的意思却是新年的计划。今年本来想另外再买一本"文艺日记"，可卖完了，只有"生活日记"，为华买了一本。好在我这本 1935 年的"文艺日记"还没填满，让我今年把它填满也行。

别了，过去的一年。我由上海到了杭州，又由杭州返回上海。像是生活在上海的便永远不能离开它。

侯华 1936 年 1 月 1 日写道：

醒来时天已亮。抬头看窗外，仍在下着雪，鹅毛片儿不断地飘着，屋上已经积了数寸厚。没有披衣就爬起来开了房门，觉得寒气逼人，竟有发抖，就赶快再钻进被褥里，不肯出来。

七时半庶母到我床前送来一本书。大概是素托父亲带来的，打开来原来是一本"生活日记"。送给我很适宜，一定是新年的礼物了。这是新的日记本，我愿我的生活也和这新的日记本一样，刷新一回，开一个新纪元。从今天元日起，我一定把我的生活很忠实地写在上面，写完这本日记，似乎才不负他送这本日记的美意。

1月7日侯华写道：

早上起的早，所以晚上八时就上床了，看了一册《大众生活》第八期。听杏姊说《大众生活》第九期起停止出刊了，为文字太激烈。如果真的停刊，实在可惜，那实在没有什么杂志可看了。

十时就寝，但终睡不着，窗外的明月很亮，看着屋里的皎洁月光，琐事又上心头，素为什么这好多天还不写信给我？大考吗？心里好念。

1月9日侯华写道：

啊啊，想起人生的变化真是变幻无常，当我初到镇江时候，带着万分的前程希冀，何尝预科！现在呢，父亲没给我好好的教育机会，如果继续的给我求学，我现在已大学一年级了。想不到在半途便中止了，断送了我的前程与希望。

感觉我走到了山穷水尽的人生末路了，想振作，振作不起来，社会上不允许我立足，到如今没有一个相当的职业。我真恨，为什么没有背景就不能干到事情？是不是受了命运的捉弄呢？

1月12日侯华写道：

《大众生活》第九期已经送来了，无疑的是没有停刊。封面是北平学生救亡运动中受伤的一部分，心里很感叹，这许多青年学生牺牲了真太可

惜，里面有一封给上海学生的公开信，看过后我被它感动了，大有和爱国青年同声一气的必要！

1 月 19 日王素写道：

接到华一封信，真有趣，只八个字，"为什么不写信给我？"

1 月 21 日侯华写道：

今晚接到素的信，心里很兴奋。从未接到他的信没像今天这样快乐。他说，我们都是孩子，的确我很愿意做个孩子。想着前天写给他的信只有八个字，现在想想更有趣味。我将这信看了又看，明天预备无论如何抽空写信给他。

1 月 23 日王素写道：

下雪了，冒雪归来，接华信。她说收到我前几天一封信最开心，我想说，她的那封信最不快意了。她说寄给我八个字后便即接到我的信，自己也想笑了。这个大孩子的妹妹呀！

1 月 24 日侯华写道：

今天因为父亲回来了，家中人都忙着弄菜，我一个人悄悄地躲在屋子里给素写信，心中很高兴，一会儿涂了六百字。

写好了就自己出去寄，今天是旧历除夕，他接到信恐怕在元旦日，该要多么快乐哟。

晚上爆竹声不断地响着，每个人都别有一种神气，进香、吃酒都必不可少的事情。一直到十时半才睡觉。

第二天没有天亮爆竹放的像开了战火一般，我也从朦胧中醒来，打开一个红纸包吃了一些糖、枣之类的。这是祖母给我的，说是初一吃了讨个吉利。

起来后，见窗外积雪数寸，知是昨夜又下了雪，北风怒吼，今天又是奇冷。

1月24日王素写道：

今天是大年初一。昨晚跟父亲睡在一起，早上一同起床，天下雨。跟母亲互道恭喜后吃吃东西，敷衍了一个上午。

下午冒雨赴融光观电影《恭喜发财》，邻座有两个杂种女子，脸庞是中国式，而说的却是英语，对着我嘻嘻哈哈笑个不停，我疑心是笑我的，仔细听她们又像不正常的英语语音，只好由她。一个是颇有西班牙味的，又像是犹太人，颇具幽娴风趣。

1月30日王素写道：

今天舅父酒吃的很多，原来他的目的要发表他的"施政方针"，说是因为大家都嫌他用钱过紧，所以特此告诉我们他目前的负债一千几百元，预备在年内拨清，所以不得不紧。临了，他又特别提出，不可受制于女人，这句话是说给我听的，等到将来我把他的女儿管的利害，他可不能干涉的呀。

2月1日侯华写道：

今朝是我有职业的第一天，早晨起来，觉得心里特别的高兴和快乐。吃了点东西，跑到敏姊那里，约她送我到公输小学去。

女教师只有我一个，男性连校长三人。我担任一年级，单室级任，只有两个教室，其余是二、三合级。我担心自己的能力不够，自己总要虚心地努力下去啊。

回到家中，仍然一个人，就提起笔来给素写信，写了不到四张结束。

2月1日侯写道：

午后从学校回家途中，忽然大雪纷飞，街上行人没有一个不是努力奔跑。

晚接到素信一封，知道他已到了学校。觉得这一次的信感情似稍进步了。看完了，心里很兴奋。为了他如此的努力，我怎能不向前呢？

2月8日王素写道：

昨夜做了一个绮丽的梦，梦中说是和华结婚了。"日有所思，夜有所梦"，进了大学也有半年多了，年龄是已经二十岁了，生活的孤独常常加深对伴侣的需要。

昨夜"梦遗"了。

从我和华近十次的通信中，觉得她不错，她鼓励我安慰我，她懂的人情事理比我懂得多。虽然瑛也是一个好女孩，恐怕她的欲望太高了，懂的太多了，我只有放弃。

2月9日侯华写道：

今天又是星期日，吃了早点，感觉没有事做，就提起笔来和素谈谈这一次的来信，叫我猜猜他的梦想，什么梦想呢？我虽自信猜着了，但在今天的信上没有答复他。我得让他知道我猜着了。

2月13日王素写道：

这两天精神上总是很疲倦，虽说是晚上睡眠很正常，没有不正经，然而到了晚上做功课总是没劲，身体究竟应当怎样锻炼呢？

晚上总希望华或瑛来入梦，做一些甜蜜的梦，可是总不能，啊！青春的需要。

瑛的信写了没寄，今天补了一个条子寄了，又致华信一封寄了。

2月17日王素写道：

星期三的晚上有中央委员刘健群来校讲中日问题，这是一个很重要的演讲。他演讲口才非常之好，材料也透彻。他吩咐我们记在脑中，不要笔记。我也只能说他分析了国际形势，然后谈中日战的必然性和时间性，末了谈到准备问题。

近来北平闹的已不是反宋哲元等等。而是学联的共党活动等等，这的确有些实在。师大物理系主任杨立奎宣布了这件事，并希望学联自动声明反共，但学联只说"我们救国，我们不反对任何党派，只要它救国"这几句话很显然的滑头。于是清华又闹起来了，为了要求免除补考而教授一起总辞职。普天之下，似乎还是交大清净些，交大救国会宣布组织国防研究会，时事讨论会，举行升降旗礼，我希望这些都切实的干去。

星期四晚上上中校友会开会。有意义的还算赴京代表黄士提的报告。据他看，他说，周佛海也说，1936年是中国复兴之年。政府确有准备，张伯苓并说，我们要反问自己有了准备没有。这是真好，现在所关心的即是准备问题，我们真惭愧啊。

其次他又说，上海各大学代表只在争盘差费的多少，旅馆的好坏。真实靠上海人救中国是不成的了。

2月19日王素写道：

近来常觉得有许多对华不忠的地方，这真不该。配偶间应当坦白忠诚，应该互守贞操，后者我固然谈不到，我对她却说了很多假话！

2月23日王素写道：

也太奇怪，晚上睡不着，不知为什么事，我唯一的法门便只好手淫一下，久已戒绝了，今夜精排得特别多。除了不得已时，我不应该采取这个法儿，保养吧，珍重。

不知怎么的"女性"在我脑内特别盘旋得利害，我不知旁的同学怎么着，看来很多好像都是鲁男子似的。

2月27日王素写道：

同英文系的女生同学半年，印象最好的以沈朱二女士为最。今天上机画途中遇见朱，头低下去了，回来又碰到，我先对她招呼一下，她也才扭捏一下。看样子似乎在转着是招呼好还是不招呼好的念头。那还是我大方！装模作样么，笑话。惹不得女性。心理的需要更殷切了，然而是不敢尝试的。

3月9日王素写道：

中国影坛不幸的消息！阮玲玉女士已经不是这个世界上的人了。她是为了张达民的控告才自杀的。可惜呀，新女性！

我个人始终是崇拜阮女士的。一来是她是很标准的美人，一来是她的表演超过于任何之一的女星，胡蝶是什么东西！

这样一个天才的艺人，竟在她二十六岁的时候就死去了。像胡蝶快三十岁了，还在活动着，才羞呢！

《寻兄词》是阮玲玉在她主演的电影《野草闲花》中和金焰合唱的，多美呀！

从军伍，少小离家乡；

念双亲，重返空凄凉。家成灰，亲墓生春草，我的妹，流落他方！

兄嘉利，妹名丽芳；

十年前，同住玉藕塘；妹孤零，家又破散；寻我兄，流落他乡！

风凄凄，雪花又纷飞；

夜色冷，寒鸦觅巢归。歌声声，我兄能听否？莽天涯，无家可归！

雪花飞，梅花片片；

妹寻兄，千山万水间，别十年，兄妹重相见，喜流泪，共谢苍天！

　　女人在今日的地位最不稳固。一个女星的私生活自然是不健全的。但这还不是有人在支配着她？自从张达民的控告发生后，她一定饱受着种种的攻击和危词，名誉上生了污点，怎能叫她不伤心呢？

　　然而，她最后的一句话还是向唐季珊说的，"请给我一点安慰好吧"，终究是脱不了男人的。

　　观到阮女士的死，想起"新女性"便更有意义了。不用说，在张达民开审时，都市人那种疯狂的要求，旁听席便能十足表示出这国人的思想。马上便又会有许多地方利用死去了的阮女士作幌子了，不用说。太残苦了，这社会难道没有一点同情心吗？

　　我默默言之。

上海民众送别阮玲玉

3 月 13 日王素写道：

　　今天各报上依然是刊着阮玲玉的很多的消息。遗书发表了，说是，"我一死何足惜，不过是人言可畏罢了。"

人言可畏

我现在一死，人们一定以为我是畏罪。其是（实）我何罪可畏，因为我对于张达民没有一样有对他不住的地方，别的姑且勿论，就拿我和他临别脱离同居的时候，还每月给他一百元。这不是空口说的话，是有凭据和收条的。可是他恩将仇报，以冤（怨）来报德，更加以外界不明，还以为我对他不住。唉，那有什么法子想呢！想了又想，惟有以一死了之罢。唉，我一死何足惜，不过，还是怕人言可畏，人言可畏罢了。

阮玲玉绝笔　廿四、三月七日

午夜致唐季珊

季珊：我真做梦也想不到这样快，就会和你死别，但是不要悲哀，因为天下无不散的筵席，请代千万节哀为要。我很对你不住，令你为我受罪。现在他虽这样百般的诬害你我，但终有水落石出的一日，天网恢恢，疏而不漏，我看他又怎样的活着呢。鸟之将死，其鸣也悲，人之将死，其言也善，我死而有灵，将永永远远保护你的。我死之后，请代拿我之余资，来养活我母亲和囡囡，如果不够的话，请你费力罢！而且刻刻提防，免他老人家步我后尘，那是我所至望你的。你如果真的爱我，那就请你千万不要负我之所望才好。好了，有缘来生再会！另有公司欠我之人工，请向之收回，用来供养阿妈和囡囡，共二千零五元，至要至要。另有一封信，如果外界知我自杀，即登报发表，如不知请即不宣为要。

阮玲玉绝笔　廿四、三月七日午夜

其一

达民：我已被你迫死的，哪个人肯相信呢？你不想想我和你分离后，每月又津贴你一百元吗？你真无良心，现在我死了，你大概心满意足啊！

176

人们一定以为我畏罪？其实我何罪可畏，我不过很悔悟不应该做你们两人的争夺品，但是太迟了！不必哭啊！我不会活了！也不用悔改，因为事情已到了这种地步。

其二

季珊：没有你迷恋"XXX"，没有你那晚打我，今晚又打我，我大约不会这样做吧！我死之后，将来一定会有人说你是玩弄女性的恶魔，更加要说我是没有灵魂的女性，但那时，我不在人世了，你自己去受吧！过去的织云（唐季珊前女友），今日的我，明日是谁，我想你自己知道了就是。我死了，我并不敢恨你，希望你好好待妈妈和小囡囡（阮玲玉的养女）。还有联华欠我的人工二千零五十元，请作抚养她们的费用，还请你细心看顾她们，因为她们惟有你可以靠了！

没有我，你可以做你喜欢的事了，我很快乐。

玲玉绝笔

啊！多可怜！上海有这么一群靠兴波作浪的人，希望社会上有特别的事态发生，尤其是那些新闻记者们。的确她是胆子很小的，她是爱名誉的。现在一来，她怎能再抓住那样拥护她的群众，她怎能有生存的意味呢。生活在过渡期中的女人，只能以自杀来替她自己辩白了。

这几天为阮玲玉的死非常的不满意。有时会自己突然的怀疑这样一个伟大的艺人竟会这样突然的死去，从此影幕上将没有她的倩影。以前还是很大煊赫的人物，不久也得被社会所遗弃了，有谁还记起被杀的史量才么？

3月19日侯华写道：

放学回家，接到素信同时也接到联华信一封。是一期"悼玲玉"专刊。

3月27日王素写道：

给华信一封，四页纸。精神似好些。

3月29日王素写道：

早上没英文课，随便写了一点东西。瑛的信今晨写完它。在给瑛的信有很多的暗示。但我怕给她作进一步关系怕发生麻烦，看她的面貌也无甚可爱，但性情、文字都很不坏。好像爱她又无不可了。

5月1日侯华写道：

今天是五月开始的一日，提到五月，有爱国思想的人，总要难受一下吧！回想一下吧！创伤的五月，你给我们深深地留下了很多的血痕。这血痕到什么时候才洗清呢？有人说，五月是国耻月，其实，中国不仅是五月，时时刻刻都有耻辱。

5月9日侯华写道：

今天是中国最痛心的一日，也就是贪乱的袁世凯签订廿一条的一日。这一日，知识分子谁都觉得痛心呀！

5月20日侯华写道：

早上带信纸，预备今天到校，利用课余给素写信。写了两张半回家吃饭，午后继续写，一直到上课才快写好。

6月2日侯华写道：

晚上正在给素写信，孟君来了，又没写成。我也料到这时孟君会来，因为每天这会儿会来玩的。今晚突然感到每天跑来玩，似乎不妥当，虽然没有什么作用，同时我因为大家都是同乡，将来都可帮助，究竟在异性间过于接近，在现在社会还是不允许的，以后还是少接近为妙。

家人都睡了，我给素写信，一直写到夜十一时，那时细雨蒙蒙，更增加了我对素的思念。

6月15日侯华写道：

今天一早到校，见校役送来一信，惊奇之下，不知是谁人的。拆开一看，原来是孟君的。我待了半天，内心充满着气愤和忧闷，大家因为是同乡，所以这样的联络，彼此坦白纯洁的认识，为什么要给信于我求做朋友呢？我老早的猜孟君常常来总不妥当，我从来对于做朋友就不以为然。难道我由学生到社会上四年，自己还不认识了解社会的一切吗？决定从今后不敷衍他了，就当我从前没有认识这个人。

下午回家也没告诉母亲，一方面我怕母亲担忧，一方面我觉得说破了反觉不好，我只以后不和他接近就是了。

我想写信给素，告诉他这件事，顺便谈谈以舒我胸中之闷，借此也可讨论对这种人怎样应付。但是三思之后还是没写，天下往往因误会惹出许多奇怪事情，我并不是对他不忠实，不告诉他，其实这也是一件小事，不是我们要讨论的。像孟君这样的人，只好付之一笑。

6月16日侯华写道：

下午回来，闷坐在房里看报，约半小时后，倒在床上睡觉，孟君来此，我始终没出去与他谈话。孟君大概知道了我气愤了，一声不响地溜走了。

6月17日侯华写道：

中午回来吃饭，途中遇到孟君，他迎面对我："请你不要误会。"我接

着便回答："我并没有误会，我只认为你没有写信给我的必要。"当时我直向前，便这样走了。他是怎样的表情，我却不知。

6月18日侯华写道：

今天素还是不写信来，把我怨恨死了。我想他一定是在上海有女人了。上海地方很不好，有许多舞女、妓女和许多下流的女学生。

(2010年12月2日)

五四运动与女乳解放

中国的女子束胸，古时有两种人：一、贵族的后妃，因为她以为借此，可以取悦于她的男人；二、追尚时髦的女人，她看到贵族女性如此，认为此为高贵女人所为，她也如此，于是束胸。

20世纪初，欧风东渐之后，对束胸问题略有变更：一、受过高等教育的女子，概觉悟追随西人，一律解放束胸；二、有相当教育的女性，因为随时代，也大都随同，解放束胸；三、乡村、山间，交通不便，一些女性不知束胸，也就无所谓束胸解放；四、整个为礼教束缚着的女性，仍然束着胸。

中国的女子束胸理由大致有二，一是束胸是美观，敞胸露乳是难为情；二是束胸是社会的传统风俗，是中华民族的固有习尚。

时在欧美，女士们就不同于此观念了，他们以为：一、不束胸是一种美，一种壮丽；二、不束胸是一种健康，有利于发育；三、不束胸利于婴儿吸奶。

1919年五四运动之后，洋装西服成为时尚。一些妇女开始模仿西洋女子束腰凸胸提臀的样子，脱下偏襟袄，松裆裤，穿起紧身洋装。但是保守观念仍然统辖着人们的思想，女性身体曲线，高耸的胸部与裸露小

THE TEACHINGS OF WESTERN CIVILISATION

民国漫画

腿都被视为淫荡。当时在很大部分女性中仍然采用束奶帕遮掩女性的性感特征。

讲个有趣的故事：

有个姑娘，由于身体发育得比较早，15 岁时已经出落成丰乳凸胸的大姑娘了。妈妈不得不给她束胸，用一根花布条缠住发育起来的乳房，缠了一圈又一圈。

等到姑娘出嫁成了"女士"后，束胸的差事，就落到了丈夫身上。女士的公公是个封建保守的人，对儿媳妇束胸管得严格，不时地叮嘱儿子对媳妇要严加管教，束胸越紧越好。

这时候，一些新潮女子开始放胸，当年称为"天乳运动"，就是放开束缚胸部的白布，不穿内衣，让女子乳房自由摆动，自由呼吸，自主生长。

时下政府也倡导"天乳"（天性乳），反对束胸，对于不执行放乳政策的，要进行罚款。广东省政府代理民政厅长朱家骅向国民党广东省政府委员会第33次会议递交了《禁止妇女束胸的提案》。该提案说："查吾国女界其摧残身体之陋习有二：一曰缠足，二曰束胸……此等不良习惯，实女界终身之害。"最后他建议"所有全省女子一律禁止束胸。……通过本省各妇女机关及各县长，设法宣传，务期依限禁绝。"然后，由粤省而推行全国。

这位女士借着政府倡导，大着胆子扔了束胸带子。那个时候还没有胸罩，要么束胸，要么就光着身子穿一件衣裳。女士丰满的乳房，走起路来上下颤动，抢眼得很，有时还招来好色的男人围观和追逐。

一天，一个沿街卖馒头的小伙子，看到欲前来买馒头的这位女士的丰乳，像他篮子里的大白馒头，惊讶之下，竟然将吆喝的"快来买呀，又白又大的馒头啊！"吆喝成"快来买呀，又白又大的奶头啊！"刚好，这一幕恰巧又被女士的公公撞上了，公公羞得不得了，捂着脸跑回到家，立马将儿子叫到正房里又训了一顿，让儿子回厢房立即给媳妇缠束胸布。文明的公公站在厢房窗户边用舌头轻轻舔破薄薄的一层窗户纸，窥视着儿子给媳妇一圈又一圈地用花布条缠住像大白馒头大的乳房。等把乳房严严实实包好之后，公公才悄无声息地离开窗台，正坐在正房等着儿子带媳妇拜见。

由于公公的反对，女士才放了几天的天乳，又束了起来。结果上街时被值勤警察发现，警察伸进手触摸女士胸襟后检查到束胸了而且束得很紧，属于违反政府令，罚款50块大洋。夫妻俩将罚款条拿给公公看，公公嘴还硬，"罚就罚，我还出不起这钱？出钱也不能把'馒头'让外人瞧！"同时叫儿子不要让媳妇上街，惹人眼睛。

然而，躲了初一躲不过十五，某天，一个乡绅上门来检查，发现女士还束着胸，又罚款50块大洋。这下吝啬的老公公心疼起钱来了，嘴上不说，可此后再也不过问卫女士束胸不束胸了。

鲁迅《而已集·忧"天乳"》也有"今年广州在禁女学生束胸，违者罚洋五十元"之说。

可见"束胸"20世纪的二三十年代仍很盛行，以至到新中国成立前
（1949年），"束胸"仍然存在着。

而在我的记忆里，20世纪70年代末，还见到了"束胸"现象。当然
那不是受礼教束缚，那是个特殊年代。我在《赝品》集收录的小说中有一
段"束胸"的描写："北京来的女知青雷京华落户后，惹人注目的不只是
白嫩、修长，显得婀娜多姿、楚楚动人的身材，还有挺出胸襟很高像两座
小山包的乳房。她要好好表现，好好干活，觉得两只高耸的乳房成了累
赘。她向街坊大妈要了块白粗布，采取古时'束胸'办法，每次起床后，
都用那块白带子把乳房勒得紧紧的才去上工。"

可见"束胸"也有着时代的烙印。

内衣外穿，解放束胸，展露天乳：这是民国时期的月份牌

但一般意义上讲，"束胸"像"缠脚"一样，是一种旧礼教的束缚。同时也影响了女孩子的发育和健康。

与束胸相反，当今的"隆乳"盛行，也让人担忧。

隆乳的理由也很简单："美感"，更时髦的话叫"性感"。选美基本一条就是"三围突出"，不管三者是否相互协调，"三突出"成了衡量女性形体美的重要标志。还好，科学发展了，"乳房"可以"再造"。例如："脂肪聚集法"，就是将身体别的部位的脂肪吸出，聚集到乳房，使乳房隆起。

隆乳、隆鼻、割眼皮、栽睫毛诸如此类，由此还应运而生了一群"美容医院"和一帮专门做此类"手术"的"外科医生"。

在注重健康，关注生命的新时代，在青少年中，应提倡自然美和健康美。"束胸"与"隆乳"都是与健康美背道而驰的。

(2011 年 5 月 2 日)

上海美专的人体素描

为纪念上海美专建校 100 周年，刘海粟美术馆主办在上海世博会中国艺术馆举办上海美专历史展，11 月 17 日开幕，持续至 12 月 9 日。

因展览中有我收藏的素描作品，我应邀参观了预展。展品有上海美专师生作品、出版物、录像、教材、笔记、通讯录等。二百多件师生作品中，20 世纪 30 年代的二十余件素描作品尤其夺人耳目，使人驻足品鉴。这些作品中，有人体素描、石膏素描和静物，其中女人体素描较多。大都是学生作业，有几张画纸面上盖有"上海美术专科学校"印章。有的带有代理校长王远勃、教务长张辰伯、教师倪怡德等的评语、评判分数等。所用纸张全部是法国 CANON&MONTGOLFIER 纸。

100 年前的 1912 年 11 月 23 日，17 岁的刘海粟与友人创办图画美术院（后称上海美专）。这所现代意义上的第一座美术学校在早期现代美术史上举足轻重，较早地系统地引进了欧洲绘画（油画）的制作、画法和理论。学校有较强的师资阵容，也培养了一批卓越的人才，如绘《长征速写》的黄镇将军，创作《血衣》的当代革命现实主义画家王式廓，仍活跃于中国画坛的 94 岁高龄的艺术家版画家王琦等，都毕业于上海美专。

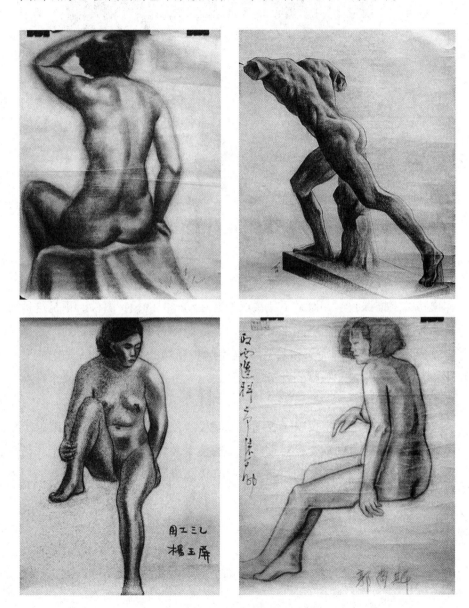

（原件为作者收藏，收录《闳约深美》上海美术专科学校百年纪念展美术作品集）

（原件为作者收藏，收录《闳约深美》上海美术专科学校百年纪念展美术作品集）

今天一提到上海美专，大都会不约而同地提到刘海粟和他率先起用人体模特的素描课教学，而又不免会议论起轰动一时的模特事件。正是这种将西方现代的教育理念，先进文化引入，才使得它在中国能够得到广泛推广、应用和发展。刘海粟模特现场写生这种新颖的教学方式，先进的文化，洗涤了封建保守陈腐的社会观念，显示先进文化的威力，对整个社会影响之巨大程度。

这些素描作品真实反映了我国美术院校建校初期的教学面貌，映射了早期中国美术教育的演变，对于研究中国美术教育史，有重要的继承、借鉴和参考价值。留存下来的作品无疑是具极高价值的艺术瑰宝。

（2012 年 11 月 15 日）

茅台镇与杏花村

20世纪90年代初的一天，我来到北京潘家园，一位专门摆摊卖旧书籍资料的商贩在吆喝着"大官家的破烂"。在他的面前摆着一麻袋东西。为了说明这些东西确实来源于"大官"家，他从麻袋里掏出几个年代较久的茅台酒空瓶子放在麻袋旁。我想，20世纪50年代能喝上茅台酒的可不是等闲之辈，就把酒瓶连同这麻袋"破烂"一起背回了家。

回到家，我把这一麻袋东西摊在阳台地面上，开始了"二次淘宝"。从淘的资料看，这麻袋资料的拥有者确实是位高官名人，而且嗜茅台如命。

最先让我感兴趣的还是这几只酒瓶。其中一只是解放初期的，是1951年6月间创设国营贵州茅台酒厂后的第一批瓶子。酒瓶系瓷质，饰黄釉，直筒形，瓶高20公分，凸口，口非螺丝口，应是缠包或塞子密封，底平足，直径8.4厘米。瓶腹贴有麦穗红五星商标，写有"地方国营茅台酒厂出品"。有6行竖排小字："贵州茅台酒，产于仁环茅台镇，已有二百余年历史，酿技精良，味美醇香，有助人身健康之优点，行销中外，颇受各界人士欢迎，诚为酒中之佳品。新中国成立前曾在巴拿马赛会评为世界名酒第二位。专卖后由国家接办经营，不断改善技术，降低成本，提高品质，扩大销路，面向广大群众服务，尤为各地所赞许。在全国各大城市均有出售，请君惠顾，特地敬告。贵州省茅台酒厂谨启。"

应该说，这个粗犷的瓷瓶，是新中国的第一批"国瓶"。今天再想找这么一个茅台酒瓶实在不易。

在众多的资料中，我还意外地发现了一册1963年10月中华全国工商业联合会编印的《贵州茅台酒》。这让我喜出望外。

《贵州茅台酒》有90页，5章22节。虽然这本书有强烈的时代背景，但是，书中比较详细地介绍了茅台酒的历史和当时改造发展的状况。茅台的渊源，让人大为惊叹。

二百多年前，茅台镇仅仅是一个小小的渔村。那时四川的盐船由泸州、合江溯流而上，盐商们经赤水河到达茅台村后，常在茅台村歇息。茅台村就慢慢成了一个商业转运点。当时，运销食盐的商人大都是陕西人和山西人。清道光年间，曾有"蜀盐走贵州，秦商聚茅台"名句流传。可见，茅台镇在当时是川盐入黔的重要通道和商贾云集的处所。

山西和陕西盐商，跋山涉水到南国经商，由于远离家人，酒就成为盐商排遣劳累和孤独寂寞的最佳饮品。这些盐商因此养成酗觞之癖。秦晋商人很爱酒，但最爱还是杏花村汾酒。杏花村酒历史悠久，唐代诗人杜牧"借问酒家何处有，牧童遥指杏花村"，可知杏花村在唐代就有出"名酒"之誉了。

据《贵州茅台酒》记载，晋秦盐商"因感从山西携带杏花村汾酒不便，就从山西雇了酿酒工人在茅台镇仿制"。

最初雇工酿酒的是一个山西盐商，后来陕西盐商先后雇佣高级技工改良酿造方法，逐渐有了区别于汾酒的酿造工艺，成为茅台酒。当时，掌握茅台酒酿造技术的，仅限于盐号雇用的山西、陕西工人，后来才传给当地酿酒工人。经过数代酿酒师的努力，茅台的酿酒技术逐渐提高，并创造出一套独特精湛的酿造工艺，茅台成为琼浆玉液。茅台美酒逐渐名扬天下。

茅台酒从最初只是在茅台镇的一些山西、陕西人经营的盐号，为酿酒自饮而附设的小酒房，后来逐渐出现专为销售而酿造的"烧房"。据1841年遵义府志记载，"烧房"已不下20家。从1862年成义酒厂创立到19世纪30年代，才先后有了成义、荣和、恒兴三家独立经营的酒厂。

新中国成立后，国家对于私营工商业者，采取团结、教育和改造的政策，1951年6月间国家收购成义酒厂后，就及时地创设了国营贵州省茅台酒厂。之后，国营贵州省茅台酒厂又先后兼并了荣和、恒兴两家酒厂。从此完成了生产关系的转变。为茅台酒的发展，开辟了广阔的前途。

据1963年的《贵州茅台酒》记载：据具有50多年酿酒经验的老师傅，时任国营贵州茅台酒厂副厂长的郑义兴同志说，他家学会茅台酒的酿造技术，始于祖先郑弟良。郑弟良原在陕西人经营的盐号当杂工，后来拜陕西酿酒师郭师傅为义父，郭师傅把酿造茅台酒的技术毫不保留地传授给了他。郭师傅年迈回陕西后，郑弟良就在盐号上的酒房当上了酝酒师。郑家代代相传，到了郑义兴已经是第六代了。

茅台酒是从秦晋商人对汾酒的钟情而来，但成熟的茅台酿造工艺与汾酒工艺已经完全不同。茅台酒的制法在遵义府志中有所记载："……制法纯用高粱作沙，煮熟和小麦面三分纳酿地窖中，经月而出蒸焙之，既焙而复酿，必经数四然后成，初曰生沙，三、四轮曰燧沙，六、七轮曰大回沙，以次概曰小回沙，终乃得酒，可饮，其品之醇，气之香，乃百经自具，非假麹与香料而成，造法不易，他处难于仿制，故独以茅台称也……"这也是茅台酒的工艺和文化特征。

汾酒从山西杏花村来到遥远的贵州茅台镇，成就了茅台的神话。很显然，茅台是站在汾酒这个酒神的肩上重新创造了独一无二的自己。杏花村和茅台镇，两个举世闻名的酿酒圣地，两种伟大的酒，如此血肉相连，这是我和众多世人无比感慨的神话。

所谓"茅台镇与杏花村"，是说"茅台酒源于汾酒，传人曾是晋秦商"的一段美妙历史。当然，更是我对茅台神话和汾酒神话的惊奇和赞叹。

第四章　共和国往事

毛岸英亲笔家信

前些年，我在北京周末文化市场，从某出版社处理的向三立的手稿中，意外发现有毛岸英同志写给向三立（杨开慧舅父向理卿之子）同志的书信手迹影印件。

毛泽东一家六位亲人无疑是受到毛泽东的影响而义无反顾地献身于中国人民的解放事业。他们牺牲的时候大都正是风华正茂的年龄。当初他们选择走向革命的道路的时候，绝没有想到功名利禄和日后的生活享受，完全是为了全体中国老百姓去谋利益，为了民族大众的幸福去牺牲。毛泽东把这一动机概括为"为人民服务"。为人民服务，从延安杨家岭写进了中南海，写进了七大之后的历届党章，作为我们党的根本宗旨。

新中国建立，人民当家作主，半个多世纪以来共产党的领导得到了全国人民的拥护。但随着"老百姓是天，老百姓是地，是老百姓给咱的权力"的观念渐渐淡薄，脱离群众现象日渐增长。在一些干部中认为：权力是上级给的，官位是领导机关任命的。出现了只唯上不唯下，只唯官不唯民的严重脱离群众现象。有的干部为了个人利益和小集团利益，不惜牺牲他人利益和国家利益。因此，重读毛岸英同志的这封家信倍感亲切。

毛岸英同志信中说："大众的利益应该首先顾及，放在第一位""翻身是广大群众的翻身，而不是几个特殊人物的翻身""生活问题要整个解决，不可个别解决""对于自己的近亲戚，对于自己的父、母、子、女、妻、舅、兄、弟、姨、叔是有一层特别感情的，一种与血统、家族有关的人的深厚感情的。这种特别的感情共产党不仅不否认，而且加以巩固并努力于倡导它走向正确的与人民利益相符合的有利于人民途径。但如果这种特别感情超出了私人范围并与人民利益相抵触时，共产党是坚决站在后者方面的，即大义灭亲亦在所不惜。""无产阶级的集体主义——群众观点与资产阶级的个人主义——个人观点……这两种思想即在我们脑子里也还有尖锐斗争着，只不过前者占了优势罢了。""我本人是一部伟大机器的一个极普通平凡的小螺丝钉……"

在全党开展的联系群众教育实践活动中，重读毛岸英同志在中华人民共和国刚刚成立的 1949 年 10 月 24 日写的这封家信和信中所反映出的群众观点，就更感到它的现实意义非凡。

附上毛岸英同志信图片及部分内容：

三立同志：

　　……

舅父"希望在长沙有厅长方面位置"一事，我非常替他惭愧。新的时代，这种一步登高的"做官"思想已是极端落后的了，而尤以为通过我父亲即能"上任"，更是要不得的想法。新中国之所以不同于旧中国，共产党之所以不同于国民党，毛泽东之所以不同于蒋介石，毛泽东的子女妻舅之所以不同于蒋介石的子女妻舅，除了其他更基本的原因之外，正是由于此：皇亲国戚仗势发财，少数人统治多数人的时代已经一去不复返。靠自己的劳动和才能吃饭的时代已经来临了。在这一点上中国人民已经获得根本的胜利。而对于这一层，舅父恐怕还没有觉悟。望他能慢慢觉悟。否则很难在新的中国工作下去。翻身是广大群众的翻身，而不是几个特殊人物的翻身，生活问题要整个解决，而不可个别解决。大众的利益应该首先顾及，放在第一位。个人主意是不成的。我准备写封信将这些情形坦白告诉舅父他们。

反动派常骂共产党没有人情，不讲人情，而如果他们所指的是这种帮助亲戚朋友同乡同事做官发财的话，那么我们共产党正是没有这种人情不讲这种人情。共产党有的是另一种人情，那便是对人民的无限热爱，对劳苦大众的无限热爱，其中也包括自己的父母子女亲戚在内。当然，对于自己的近亲戚，对于自己的父、母、子、女、妻、舅、兄、弟、姨、叔是有一层特别感情的，一种与血统、家族有关的人的深厚感情的。这种特别的感情共产党不仅不否认，而且加以巩固并努力于倡导它走向正确的与人民利益相符合的有利于人民途径。但如果这种特别感情超出了私人范围并与人民利益相抵触时，共产党是坚决站在后者方面的，即"大义灭亲"亦在所不惜。

（原件为作者藏品，陈列于中粮书院忠良博物馆）

我爱我的外祖母，我对她有深厚的描写不出的感情，但她也许现在在骂我"不孝"骂我不照顾杨家，不照顾向家；我得忍受这种骂，我不会也决不能违背原则做事。我本人是一部伟大机器的一个极普通平凡的小螺丝钉，同时也没有"权力"没有"本钱"更没有"志向"来做这些扶助亲戚高升的事。至于父亲，他是这种做法的最坚决的反对者，因为这种做法是与共产主义思想、毛泽东思想水火不相容的，是与人民大众的利益水火不相容的，是极不公平，极不合理的。

无产阶级的集体主义——群众观点与资产阶级的个人主义——个人观点，之间的矛盾正是我们与舅父他们意见分歧的本质所在。这两种思想即在我们脑子里也还有尖锐斗争着，只不过前者占了优势罢了，而在舅父的脑子里则还是后者占着绝对优势或者全部占据，虽然他本人的本质可能不一定是坏的。

关于抚恤烈士家属问题，你的信已收到了，事情已转到组织部办理，但你要有精神准备：一下子很快是办不了的，干部少事情多，湖南又才解放，恐怕会拖一下。请你记住我父亲某次对亲戚说的话："生活问题要整个解决，不可个别解决"这里所指的生活问题主要是指经济困难问题，而所谓整个解决主要是指工业革命，土地改革，统一的烈士家属抚恤办法等。意思是说应与广大的贫苦大众一样的来统一解决生活困难问题，在一定时候应与千百万贫苦大众一样地来容忍一个时期，等待一个时期，不要指望一下子把生活搞好，比别人好。当然，饿死是不至于的。

你父亲写来的要求抚恤的信也收到，因为此事给你信已处理，故不另发，请转告你父亲一下并代我问候他。

你现在可能已开始工作了吧，望从头干起，从小干起，不要一下子就想负个什么责任，先要向别人学习，不讨厌做小事做技术性的事。我过去不懂这个道理曾碰过许多钉子，现在稍许懂事了——应该为人民好好服务，而且开始稍许懂得应该怎样为人民好好服务，应该以怎样的态度为人民服务了。

为人民服务说起来很好听，很容易，做起来却实在不容易的，特别对于我们这批有小资产阶级个人英雄主义的没有受过斗争考验的知识分子是

这样的。

信口开河，信已写得这么长，不再写了，有不周之处请谅解。

祝你健康！

岸英上

（2010 年 8 月 23 日，新华网，凤凰网转载）

亲属回忆建国初的毛泽东

前些年，我在北京文化市场，从某出版社处理的一堆资料中，意外发现有杨开慧表弟向三立（杨开慧舅父向理卿之子）同志回忆与毛泽东同志于 1949 年 11 月 9 日会见的文章《幸福的会见》草稿，毛岸英同志给他的书信手迹（影印件），以及他给孙燕（杨开慧保姆陈玉英之女）的回忆霞姐（杨开慧）、孙嫂（陈玉英）的信等毛泽东亲属所回忆或提及毛泽东的珍贵资料。据悉，毛泽东亲戚中和他联系较多的舅表兄文涧泉、文运昌，姨表兄王季范，妻舅杨开智之外，就是岳母的娘家人向三立了。

幸福的会见

北方的秋天，万里晴空，一片蔚蓝，这年总感觉特别明朗绚丽，轻快，一九四九年十一月九号我清楚的（地）记得是星期六，阴历还是九月中旬，岸英来信叫我这天下午五点给他打电话，我猜想是特大喜讯，去见伟大领袖毛主席。这是渴望已久的事，现在就要变成现实了。

我按照岸英预约给他拨电话，一叫就通了。我对岸英说，你约我去那（哪）里？他说："你不是要想见我爸爸吗？他要你今晚去，好吗？"我非常高兴地说，好极了，可不可以邀林同志也去？"他说："只有你去，不要邀别人同去。你在机关大门口等我吧，我即刻就来。"放下了电话。

等了一小会我即去大门，见到岸英正在和传达室同志说话，见了我说道："咱们走吧。"

（原件为作者藏品）

　　我们一边说话，一边向有轨电车站走去，上电车后车向东单、东长街驰去，约20分钟就到新华门了。下了车，岸英在新华门左窗口向警卫联系了一下，向门卫打了招呼，就进了大门，沿着南海左岸前进。

　　正当夕阳西下，红日遁山，照耀群树，南海一片通红。树叶、鲜花、湖水互相辉映，五光十色，鸟鸣鱼跃，更觉得江山如此多娇。岸英问了我近来工作、学习、同志关系等情况。步行了十多分钟，到了一排平房庭院面前，沿途解放军同志有和岸英答话的。岸英领我到客房，他告我毛主席散步去了，要我在此稍候。说话间，外面喊："毛主席回来了！"岸英跟着主席，还有李敏、李讷、刘思齐。毛主席满面红光，神采奕奕，主席走向客室（思齐他们走向西屋），我迎向主席，叫着主席，毛主席从容说："你就是向三立同志，你的信我见到了。"伸出大手，我紧紧地握着主席的手。此时千言万语不知从何说起，心里一阵高兴，一阵辛酸，一阵难过，浮想联翩，说不出话来，热泪滚滚滴下。

主席请我坐下来，问我什么时候从湖南动身的，家中情况。我一一作了回答，同时非常沉痛地说我多久就在找咱们革命队伍，费了许许多多周折。我1938年就计划北上延安，就是杨展北上那次，可是因回家去了二天，杨展她们就动身北上，我就失掉了这个机会。那时平汉线日本进军，飞机轰炸，铁路中断。真可惜！战争关系，我二哥向复叫我去广东韶关找他的同学，从此南北分开。我到国民党政府的监务局去工作了，多可悔恨。主席温和的安慰说："你在那里也学了技术吗（嘛），会计统计在这里也是需要的。"

毛主席问到杨老太太身体和生活。我一一回答了。他说："杨老太太，人很诚实，宽厚。"又说："杨开慧在狱中表现很坚决，有骨气。"又问到向明卿先生，"你叫他叔叔？"我说：是的。毛主席说："向明卿先生是个好人，正直，谦虚。"停了一会又说："向钧是个好同志，工作很迈（卖）力，机智，能干。"主席意味深长地说，自己离开湖南转眼已是二十二年了，他追述自己的身世："父亲对我们很严厉，自己天一亮起床，下地，到长沙推脚运货，病了也不憩着。积累到285元在当地放债。我反对他这一类行为，后来家庭开展斗争，愈演愈烈。我开始读孔夫子书，到五四运动后才逐渐领会马列主义。"

一会警卫负责同志进门来，坐在主席靠北面沙发上，对毛主席说东北某同志来看你，主席说请他进来吧。一位40多岁的中等身材面方耳阔同志走进来，同主席握手，同我握手。主席开始向他询问东北一些同志情况，慢慢问到经济、工业、农业、畜业、币制等情况。那个同志是副主任一类职务，汇报了情况，后来那位同志谈到主席在延安时病重，大家惦念，毛主席说那次肺炎，几乎要去见马克思了。说后我们大笑了起来了，还谈了一些建设中应注意问题，那个同志就告辞了。

警卫员来说开饭了，岸英从外回来，同到小客厅，主席坐下，我和岸英上座，李讷东边，毛娇娇（李敏）、思齐西边对席。毛主席又说，刘思齐是岸英的对象，上星期结婚。我借此机会举杯向岸英同思齐祝贺。岸英向我解释，本想邀我去玩，因（但）没有举行什么仪式，登记就是结婚，不搞旧风俗那一套。

主席谈锋甚健，说话也很幽默，饶有兴致地说出一个故事：从前有一个姓刘的和一个姓李的读书人，相对而居，经常争长论短，一天姓李的说要与刘作对联，刘当然同意，李先说上面一联："骑青牛，过涵谷，老子李。"刘即答道："赤帝子，斩白蛇，高祖刘。"李暗忖刘有意占他的便宜，但是自己惹起的，哑巴吃黄连有苦难言。

李敏、李讷也喜欢对爸爸说笑，一个说爸爸胖的向（像）个瓜。一个说是一个瓜，是个瓜。主席笑嘻嘻地问，是什么瓜，瓜有好多种类。话还没有落音，小孩子们抢着说："大南瓜，大南瓜。"一席都笑了。主席还能喝点酒，我敬了主席酒后，就告知我不善饮，吃饭了，主席仍要我喝一盅。我说已吃饭，不能再饮酒。主席说这是你在湖南的老规矩，这次可以打破这一习惯。主席身体饭量都极好，这天是星期六，为了招待客人，添了三四个菜，饭是大米饭，平日一般四菜一汤，强调素菜。当时吃的角菜、茄子炒辣椒、老倭瓜，当晚加菜蘑菇肉片、糖醋鱼、猪肉烧笋子。主席一再让大家随便吃。饭后仍到会客室叙话，岸英向主席汇报听到群众一些议论，问了宪法的一些问题，欧美资本主义宪法，苏联1936年宪法。主席阐述社会主义宪法和批判资本主义假民主，真专政。岸英又汇报师大附中老师提出《论人民民主专政》一文一些疑问，主席作了解释。

主席说到岸青身体弱，会提琴，当时还奏了几曲，演奏得很不错。主席说人各有所长，看他不言不语，奏出曲调还是幽雅，能成调，心里有文章。岸英说居仁堂今晚有午（舞）会，我们都去，邀我和岸青先走了。拐弯抹角到了居仁堂，乐队正奏南泥湾歌曲。不多时，毛主席、朱总、邓大姐都到来，全场掌声雷动。一会红绸午（舞），腰鼓午（舞），郭兰英也在座，还唱了两曲，热闹极了。接着交谊午（舞）开始，许多青年女同志到主席、朱总等首长跟前鞠躬请午（舞）。真是同志间上下（级）间感情融洽和谐，在旧社会所找不到的真实情感。

音乐停止，休息时主席又告诉我，解放战事进展迅速，贵阳不日就可解放。过两天《人民日报》宣布贵州解放。

一直到深夜十二点，主席准备回去休息，嘱咐岸英联系汽车送我回去，并说以后常来玩，有事可以向他反映。我们送主席，我向主席握手告别。这时全场鼓掌送主席和一些首长。

岸英、思齐和我乘小卧车回机关（九爷府）大院。她（他）们才握手分别回去。思齐告我她在新疆监狱八年，今年18岁，在师大附中上学。

我回到宿舍，陈文明已就寝，起床开房门，他问我见主席情况，我一一告知了他。先说一说主席平易近人。这样一位伟大人物，非常注意听取别人的说话，从容不迫，鼓励谈话人把话说完。他的生活非常简朴，穿的平纹白衬衣，烟色卡机（咔叽）布的长裤，磨损很重，旧的黄色皮鞋。会客室布置很简单，一张长方木桌和四周安放着的短双人、单人沙发，都是使用颇久的。他的言行一致令人信服。

我当时写了一篇见到主席（的）报道，寄给远在湖南湘潭中学的妹妹，要她润色修改，当时未回答，后来她来北京，说到毛主席会见这篇文字时，她说主席言谈不能轻易发表，宜谨慎。我觉得说得也对，就不再提此事，后来她问过我这篇文章取回去吧，我说放在你这里一样。直到去年主席逝世以后，我去她家提起让她找这篇文章。她答应去找，过了二十多天，她告诉我，她找了两三遍，确实找不到，回想了一下，是文化大革命初期叫小冶将旧的报纸书籍材料清理了一次，作了处理，作废品交回购站了，很可能随同废品送走了。我听到这一段话后，觉得很可惜，因当时主席的谈话内容非常丰富、重要，现在要回忆追叙是很难的，又无草稿可循。这是我太疏忽大意，又干错了这一件事，后悔也来不及了。

向三立

1977.6.12

（2013年1月4日）

毛主席到过我老家

　　一个周末，在北京潘家园逛地摊，忽然发现一个摊位上有几张素描画，画的下方竟写有："棉花姑娘于成安县九二四"字样。"九二四"是毛主席1959年视察河北省成安县道东堡乡棉花丰产方的纪念日，不知哪一年，道东堡乡为了纪念这个日子，改名为九二四乡；"棉花姑娘"，也是因为毛主席这次视察而得名。在北京发现与老家小县城有关的东西，而且是这么有纪念意义的画作，真像"异乡千里遇故知"，让我惊讶不已。拿回家，展现在母亲面前，母亲竟然一下子愣住了："这不是咱们那儿的'棉花姑娘'吗?"说完，母亲的眼睛潮湿了。

（原件为作者收藏）

199

我理解母亲的感情，这几张画技不太娴熟的画稿里，蕴藏着母亲对一代领袖的崇拜，同时，也触动了我少时的记忆。

我的记忆回到了 1969 年 9 月 24 日。

那天是毛主席视察成安棉花丰产方的 10 周年纪念日，当地举行了隆重的庆典仪式，地点就在毛主席视察过的九二四乡的阔旷田野上。

记得东方还没发亮，我们就集合了，我带着母亲做的干粮和同学们一起，走了五六里路才到九二四乡，到庆典现场时，太阳才刚吐红，会场上已经人山人海了。

9 点整，庆典开始了，军乐队演奏《敬祝毛主席万寿无疆》，我们这些学生列队走过主席台，接受主席台上"革命委员会"成员检阅。我第一次看到从首都来的军乐队，百十号人，手持长号、小号、黑管和抱在身上的一种叫巴里栋的硕大乐器。军乐队还现场演奏了"社员都是向阳花"曲调。这首歌是 1962 年国庆节成安籍人士王玉西作曲和王士燮作词创作的，歌词我至今耳熟能详："公社是棵常青藤，社员都是藤上的瓜，瓜儿连着藤，藤儿牵着瓜，藤儿越肥瓜越甜，藤儿越壮瓜越大……"参加庆典的除当地各级革命委员会外，还有河北省各市、地、县工农兵学商代表和北京及外省市领导和各界代表，足有十万余人，队伍浩浩荡荡，气氛热烈非凡。

庆祝活动后，我回到学校，看到省报刊登着省、地（区）、县《给伟大领袖毛主席的致敬电》，在写了河北成安与全国一样形势大好、特好后，历数了新中国成立后，特别是毛主席视察十年来，当地取得的辉煌成就。我看着"致敬电"文，揣摩着毛主席看到"致敬电"时的喜悦神态，激动得热泪盈眶。

当地于 1965 年特意修建了毛主席视察纪念馆。纪念馆就建在毛主席视察间隙休息的地方，红砖灰瓦，朴素大方。那里陈列着毛主席视察时的照片，坐过的木椅，用过的茶杯，还有从北京工艺品厂定做的毛主席吃过的花生、红薯、西瓜等模型造具。

1982 年，母亲的表哥（我的表舅舅）袁泽民来北京检查身体，他是抗战时期参加革命的老干部，毛主席视察成安县时，他担任成安油棉厂的党支部书记。那次他给我详细讲述了当年他陪毛主席视察的往事。

据他说，1959 年 9 月 24 日上午 10 时许，毛主席来到道东堡乡棉花丰产方里，正在棉田劳动的姑娘们顾不得解下腰间的采棉包，涌向邯大（邯郸至大名）公路，与当时在田里劳动的百余名群众一起，热烈欢迎毛主席的到来。时任河北省委书记林铁介绍说："这里管理棉花方的多是小姑娘。"那些摘棉花的女孩子，当时也就十六七岁，其中一个叫王素梅的姑娘连忙说："我们现在改名叫'棉花姑娘'了。"毛主席听了很高兴，棉花姑娘由此得名。

袁泽民回忆说：看得出，当时毛主席非常关心粮食生产。毛主席吃着新从附近农田里抱出来的花生、红薯和西瓜，问的却是粮食产量情况。时任邯郸地委书记庞均汇报说，"过去每年调入 5 亿斤粮食，去年调入 3 亿斤，今年不用调入，还余 1.5 亿斤。"主席高兴地连声说，"好啊，好啊"！庞均向主席汇报了全专区农业种植情况。

主席又问，"60 万亩红薯，30 万亩花生，多少万亩麦子？"

庞均说："900 万亩小麦。"

一直到 12 点半左右，毛主席稍加休息后，才离开丰产方，驱车到成安油棉厂视察。

袁泽民回忆起这段往事时激动地说："主席从车子里出来，和我亲切握手，我说，'主席您好'，主席说，'好！'然后阔步向工厂走去。"

袁泽民说："主席一进厂，就指着棉花大垛问，'这是什么？'我说：'这是棉花正在上垛'。主席说：'这是棉花山呀，我还没有见过这样大的棉花垛呢！'说着就沿着木板往垛上走，棉花垛搭着一块供人上下的木板，木板梯为斜坡，一头着地，一头放在有一定坡度的棉垛上，毛主席踏上木板，风趣地说：'要上棉花山啦。'主席身子重，压得木板直发颤。跟在后边的我急忙去扶毛主席，毛主席连连说：'不用，不用。'"

"主席上到垛顶后，我指着旁边盖着遮雨帆布的棉花垛说：'这也是棉花！'主席在垛上眺望了一会儿，指着南边的斜坡问：'能下不能下？'我说："能下。"主席慢慢走下来后，高兴地哈哈大笑说：'我也上了棉花山了。'"

"主席接着又到油棉厂的打包车间，问道：'这一个包有多少斤？'我

1959 年 9 月 24 日，毛主席在河北成安时登上棉花垛，扶毛主席者为袁泽民（照片为袁泽民家属提供）

说：'一百二十多斤重'。随后，主席又视察了轧棉车间，在轧棉车间，主席在轧棉车旁还抓了几把棉花，看了轧棉车间和籽棉仓库。"

袁泽民说："在视察现场，主席还向大家介绍说：'邯郸是赵国的都城，是五大古都之一。那时候有邯郸、洛阳……；那时候没有上海、天津等大城市。洛阳、邯郸是要复兴的，因为它出铁、煤、棉花、粮食。邯郸有 5 万万吨铁的蕴藏，很有希望搞个大钢铁城。'并殷切地说：'你们要多搞铁、煤、棉花、油料，粮食自给啊。'主席从油棉厂离开了成安，驱车去了保定。"

时间过去了这么久，从舅舅袁泽民的回忆中，我们仍然能感到毛主席关心群众生产生活的殷殷之情。多少年来，成安人因毛主席视察的这段历史而引以为自豪。

1985 年，我陪母亲瞻仰北京毛主席纪念堂，一进纪念堂，看到毛主席躺在水晶棺里的遗容，母亲就开始哭，从纪念堂出来，母亲仍泣不成声，冷不丁地说："在咱们老家的纪念馆里，毛主席他老人家受冷落了……"

我知道母亲的心思。就在母亲瞻仰毛主席纪念堂的前几天，老家来人说，"成安历史遗迹变'热了'。如今成安建了乾侯饭店、宾馆。还有文化人提了将'成安'改成'乾侯'的提案。"成安，春秋时属乾侯，到魏时乾侯改为成安，据《史记·孔子世家》记载："相州成安县，春秋时乾侯之邑。"还有，离道东堡乡不远的地方有个二祖村。据记载："达摩到中国创立禅宗，称为禅宗始祖。惠可得其法嗣，成为佛教二十九祖，禅宗二祖。惠可（487—593）俗名姬光，北魏虎牢人，少林寺方丈，游历说法。隋开皇十三年到成安讲经说法时遭县令翟仲侃迫害而圆寂于成安，葬于现二祖村。公元642年，唐太宗命尉迟恭在此建寺，公元732年，在寺内建塔，安放二祖舍利。"二祖寺后经风吹雨打，兵荒马乱，多次重修改建。到1938年，周边土匪火烧二祖塔，塔顶脱落，成为残塔，1969年"文化大革命"时村里彻底拆除了。来人还说："如今又重建了二祖寺，九二四乡又改回去了，还叫'道东堡乡'，乾侯饭店生意很火，二祖寺香火很旺，可毛主席视察纪念馆，门庭冷落，变得荒凉了。"母亲默默听着这些消息，一直没说话。

2011年春节，妹妹来北京看望母亲。母亲看着有毛主席镜头出现的电视，跟妹妹唠起了毛主席视察成安的事。妹妹说："去年，县里又重修了毛主席视察纪念馆，还有民营企业家自发捐资，如今已经开馆了，市、县还把纪念馆作为青少年革命传统教育基地呢！"80岁的老母亲听后含着热泪，欣慰地说："毛主席他老人家在成安终于有个落脚地儿了。"

（本文文字原载于《北京文学》2011年第7期，
《新华文摘》2011年第21期全文转载）

北平和平解放20万解放军游览故宫

平津战役是解放战争中具有决定意义的三大战役中的最后一个战役。
1949年1月15日，天津解放。
傅作义将军据守的北平已陷入我东北野战军、华北野战军的重重包围之中，即傅作义的北平守敌25万大军陷于绝境。
1月16日18时，中央军委电令林彪、罗荣桓、聂荣臻：
"积极准备攻城。此次攻城，必须做到精密计划，力求避免破坏故宫，北平的大学及其他著名而重大价值的文化古迹，即使占领北平延长些时间，也必须这样做。"

经过艰苦谈判，傅作义将军终于完全接受我军提出的和平解放北平的条件，率领北平守军开赴指定地点进行改编。1949年2月3日，解放军举行入城仪式。

入城解放军参观故宫。据接管故宫的罗歌同志回忆，1949年2月10日，文物部接到上级通知：平津前线司令部决定，东北解放军及华北解放军20余万人将于日内分批游览故宫，时任院长马衡先生表示热烈欢迎，全力搞好接待工作。当天，平津前线司令部派来某师政委苏赛同志及李营长。苏赛是个女同志，她到故宫博物院，就召集接管故宫的罗歌同志和李营长开会，分了工。苏赛全权指挥部队，李营长负责联络，罗歌做总导引及供水等事宜。

全院600多人中，除老弱病残者外，都在参观路内做导引，警卫工作，少部分人负责烧开水，用皇宫内原来用以烫猪的大铁锅烧水，用宫内堆积如山的废木料做燃料，从贞顺门到顺贞门一带，十几口大锅一字儿排开，烈火熊熊，烧开一锅锅开水。故宫的同志们便一碗碗送给野战军解渴。军民鱼水情意浓浓，那热烈而动人的场景，是故宫博物院建院24年来所未见过的新气象。

解放军一批又一批乘军用卡车来到午门前广场，他们下车后，排成二路纵队，进入午门，经金水桥、太和门、参观太和殿、中和殿、保和殿，然后到乾清宫、坤宁宫入御花园，再参观东西各宫，最后从神武门出，乘车返回驻地。

军管会命令故宫，每天必须用书面报告参观情况，军管会叶剑英主任每天晚上听

1949年北平和平解放

取有关部门的专题汇报。

每天万余人参观，从 2 月 12 日至 3 月 4 日，所有部队全参观完毕。3 月 5 日，苏赛同志带领李营长向马衡院长告别，对博物院全体职工的热情支持和接待表示感谢。军管会为了慰劳博物院负责同志，当天晚上请他们到长安大戏院看了梅兰芳演出的《贵妃醉酒》。

（2012 年 9 月 3 日）

北大学子都应知道的一段校史

在 1954 年 9 月 27 日召开的全国人大第一届第一次会议上，北京大学校长马寅初代表，向诸位代表谈了北京大学的现状和新中国成立以来各项工作的发表情况。

马寅初代表在发言中说：

在过去五年中，国家对北京大学已经给了很大的鼓励、关怀和帮助。在党和政府的领导下，今日新型的北京大学，远非蒋介石时代的北京大学可比了。

让我在这里向诸位代表谈一谈北京大学的现状和新中国成立以来各项工作发展的情况：

一、学校经费情况：

1949 年北京大学的经费是人民币 310，000，000 元，小

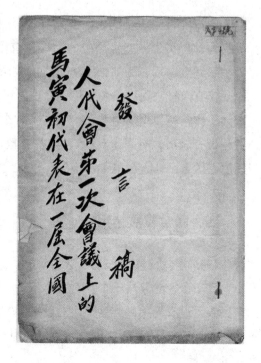

米折成人民币 3 亿元（1 万元等于改币值后的 1 元）。

1954 年已达到人民币 90，214，000，000 元（902 亿，1 万元等于改币值后的 1 元）。

一般经费 50，595，000，000（约 505 亿，1 万元等于改币值后的 1 元）。

基本建设 39，619，000，000（约 396 亿，1 万元等于改币值后的 1 元）。

二、校舍发展方面：

我校三年以来发展很快，校舍方面，新建 86，424 平方米，其中教室实验室，及办公用房 25，308 平方米，学生宿舍 29，878 平方米，教职员宿舍及住宅 26，035 平方米，远远超过美国帝国主义分子在中国办理的燕京大学三十多年建筑面积的总和。目前学生宿舍可容 5700 余人。

三、卫生室发展情况：

1949 年北京大学的校医室只有医生三人，护士四人以及简单的设备，仅仅为师生员工做些极简单的治疗，也没有病房、病床的设备。从 1952 年院系调整以后，为加强师生员工的校医保健工作，校医室改为卫生室，原来仅有内科，现已扩大分科，分设内科、外科、牙科及其他科。为加强保健工作，特设保健组及防痨组，防痨组设有 X 光室，外科设有手术室，各科设有病房，有病床 60 张，并备有救护车一辆。我们也实行公费医疗制度，医务工作人员也逐步增加，现已发展到 68 名。

四、膳食发展情况：

1949 年全校只有三个食堂，仅能供给 1000 多人吃饭；现在全校有大小食堂十个，豆浆站一个，对身体不好的同学和同人设有营养食堂，对兄弟民族，设有兄弟民族食堂，对民主国家留学生设有留学生食堂，全校可以同时供 7000 人用饭，同时伙食的质量也比 1949 年有显著的提高，学生

206

每人每天可以吃到三四两肉（十六两制），教职员工食堂每天每人可以吃到六两肉。

以上是经费、校舍、卫生和膳食发展的情况。

五、对青年学生予以经济照顾的情况：

其次，让我来谈一谈北京大学教学方面的发展。北京大学的任务是培养科学研究人才和高等学校的师资，设有 13 个系：即数学力学系、物理系、化学系、生物系、地质地理系、中文系、历史系、哲学系、经济系、法律系、俄语系、东语系和西语系，此外还设有两个专修科：即图书馆学专科和外国留学生中国语文专修班，每系之下有一个或几个专业，共有 35 个专业，二个班（即波兰语文班、捷克语文班），74 个教研室，今年第一学期设专门化课程 12 个，第二学期设 18 个。现有教师 744 人（刚解放

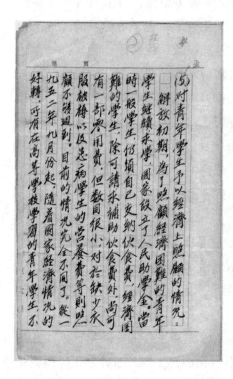

（原件为作者藏品）

时只有 213 人）学生 5136 人（刚解放时只有 1824 人），其中包括研究生 289 人，外国留学生 240，进修教师 106 人，而 289 人研究生之中跟随苏联专家学习的约 200 人。北京大学还设有工农速成中学，吸收工农革命干部和产业工人入学。此外图书已由解放时的 100 万册增至 170 万册，实验室已由 20 个增至 51 个。今年第一学期开课 370 门，共 509 班，体育十三门，共 80 班。

北京大学在教学制度、教学内容方法方面，也进行了重大的改革：

一、在教学制度上：就大学在教学上的盲目性已不复存在，旧时代"通才教育"的设置办法也早被废除。目前北京大学 35 个专业都制定了有高度系统性的教学计划，大部分课程都制订了与教学计划紧密结合的教学大纲，并编写了许多符合国家建设需要的新教材，使教学计划有目的、有计划地进行。

二、在教学内容上：我们重视科学性和思想性，力求内容丰富而准确。即努力整理传授伟大祖国过去的文化遗产，也学习苏联的先进文化科学，对世界各国的进步文化科学也注意吸收，但必须结合实际，以适应祖国伟大社会主义建设的需要。教师们对科学研究都非常重视，经常以每天半个工作日的时间进行研究工作。现在正从事研究的专题，在社会科学方面有 81 题，在自然科学方面有 55 题；在语言文学方面有 27 题，共有 163 个专题，这些专题都将有助于祖国科学文化水平的提高。教师们在从事科学研究中，提倡学术思想自由，在科学讨论时，各种不同见解都可以展开论争，只要是真理都被教师们所接受，并以之充实教学内容。

三、在教学方法上：我们注意理论联系实际，积极培养学生的独立思考和独立工作的能力，因而学生学习成绩都不断进步，近一年半以来，学生获得优等成绩的增涨了 18.1%，目前北京大学正以最大的努力来实现国家所给予的培养优秀干部的任务。

以上是 1952 年院系调整以来北京大学改革工作的一般情况。我在此乘便提出一点意见请政府考虑：目前各部门内部工作日益计划化，但彼此相互之间的关联尚不密切，就拿科学院和北京大学为例。苏联科学研究能够获得今天的成就，就是苏联科学院与莫斯科大学密切合作的结果。因此我以十二万分的诚意欢迎科学院来领导我们。二者合作，收效必宏；同时我们二者也必须与业务机关密切联系，深切了解业务机关所需要研究的问题，使我们二者的科学研究与国家的需要紧紧密密地结合起来，以免各自为政盲目进行的危险。至于如何合作，请政府速定办法。

马寅初先生是当代经济学家、教育家、人口学家。他1882年6月24日生于浙江嵊县。1901年考入天津北洋大学选学矿冶专业。1906年赴美国留学，先后获得耶鲁大学经济学硕士学位和哥伦比亚大学经济学博士学位。1915年回国，先后在北洋政府财政部当职员、在北京大学担任经济学教授。1919年任北大第一任教务长。1927年到浙江财务学校任教并任浙江省省府委员。1928年任南京政府立法委员，1929年后，出任财政委员会委员长、经济委员会委员长，兼任南京中央大学、陆军大学和上海交通大学教授。1938年初，任重庆商学院院长兼教授。1940年12月6日被蒋介石逮捕。1946年9月，到上海私立中华工商专科学校任教。1949年8月，出任浙江大学校长，并先后兼任中央人民政府委员、中央财经委员会副主任、华东军政委员会副主任等职。1951年至1960年任北京大学校长……在1954年9月27日召开的全国人民代表大会第一届会议上，当选为人大代表。

(2011年3月14日)

新中国第一次被执行死刑的外国人

破获国际间谍企图趁国庆庆典活动谋杀党和国家领导人案件，轰动了中国和世界。

1950年9月28日清晨，中华人民共和国公安部及北京市军事管制委员会在北京逮捕了六名外国侨民和一名中国人：李安东（意大利）、山口隆一（日本）、马迪懦（意大利）、魏智（法国）、哲力（意大利）、甘斯纳

（德国）、马新清（中国）。

20 世纪 90 年代，我从潘家园淘到我国政府《对美国间谍的审判及定罪》英文材料，后来据此写成文学作品《惊天谍案》。

《对美国间谍的审判及定罪》是英文原件，应是中方与美方的交流材料（可能是外国驻华使领馆扔出）。事实充分证明，当时的美国战略服务处、美国驻东京占领军总部以及美国前驻北平大使馆武官是此案涉及的所有犯罪活动的策划者和组织者。在中国人民已经取得革命胜利的形势下，所有反动势力仍千方百计地进行破坏活动，无时无刻都妄图卷土重来。此案中所有被告都受到美国政府的指使犯下了多项罪行，包括阴谋策动武装袭击、藏匿武器和弹药、妄图杀害中华人民共和国领导人以及窃取中国的政治军事机密等。在深入调查所揭发的大量证据面前，所有被告对各自的罪行都供认不讳。这些阴谋和破坏活动显然严重触犯了《中华人民共和国惩处反革命法》。

从这些材料中可以看出，当年美帝国主义及其走狗，对社会主义新中国的仇恨，他们企图用卑鄙手段谋杀新中国的领袖们，来颠覆这个刚刚成立的社会主义国家。他们的阴谋没有得逞，也不可能得逞。从这些材料来看（原件约 25000 字），60 多年前的中国面临的国际国内局势是多么复杂和严峻。

北京市人民政府公安局于 1950 年 9 月获悉，美国政府特工安东尼奥·里瓦及山口隆一串谋发动一起严重的武装袭击，于同年 9 月 26 日将罪犯逮捕，犯罪证据相当充分，包括武器、弹药和大量的情报报告。

安东尼奥·里瓦（托尼）

55 岁，意大利籍，居住于北京坎儿胡同 17 号 B 楼，天津"詹姆斯沃尔特父子公司"北京代理人。1896 年出生于中国，1906 年回意大利，1916 年毕业于意大利卡萨塔皇家航空学院，1919 年再次来到中国。曾效力于意大利法西斯党、侵华日军以及美国政府。与另一名美国特工山口隆一合谋趁 1950 年 10 月 1 日国庆典礼时，向天安门城楼发射炮弹，企图杀害中华人民共和国中央人民政府主席及其他领导人。于 1950 年 9 月 26 日在住所被捕。

山口隆一

47 岁，日本籍，居住于北京坎儿胡同 16 号。北京法文书局《中国指南》的编辑，毕业于东京帝国大学历史系，1938 年来到中国，日本和美国政府特工。1950 年，被告受美国驻东京占领军总部指使，绘制了一幅炮击天安门的示意图，企图趁 1950 年 10 月 1 日国庆典礼时，向天安门城楼发射炮弹杀害中国国家领导人。于 1950 年 9 月 26 日在住所被捕。

北平解放前后，安东尼奥·里瓦、山口隆一受美国战略服务处、美国驻东京占领军总部等间谍组织和前美国驻北京大使馆武官——上校大卫·迪恩·巴雷特的指使，于抗日战争、解放战争中在中国解放区乃至全中国不断进行间谍和破坏活动。北平解放后，被告安东尼奥·里瓦、山口隆一及其余被告在上述美国间谍组织的指使下，不仅继续进行秘密的破坏活动，窃取有关中国的军事、政治和经济方面的机密，而且还策划发动武装攻击、隐藏武器和弹药。安东尼奥·里瓦和山口隆一一同密谋趁 1950 年 10 月 1 日国庆典礼时炮击天安门城楼，企图杀害中华人民共和国中央人民政府主席及其他领导人。

被告主要罪行如下：

被告安东尼奥·里瓦是一名意大利法西斯党成员。1926 年，他组织了法西斯党北京分部并亲自担任头目。1923 年，他在天津开办了"亚洲进出口公司"，1934 年，意大利法西斯头目墨索里尼派"意大利空军使团"来到中国，帮助蒋介石在南昌和洛阳建造空军机场、设立航空学院培养空军人员并且从意大利购买大批飞机用于袭击中国的革命基地。安东尼奥·里瓦担任使团的总行政官。

1937 年，日军占领了中国东北，安东尼奥·里瓦勾结东北侵略军总部高级特工 Tomaakari Hidaka，在东北多处地区进行间谍活动，为日本侵略者搜集情报。

1945 年日本投降后不久，安东尼奥·里瓦和大卫·巴雷特之间建立了间谍联系。

安东尼奥·里瓦供认：

"我给巴雷特上校的情报包括口头和书面的，有关军事、政治情况和经济利益，共 400 多份，我特别记录了苏联及其人员在中国的活动。这些情报可大致分为两部分：解放前，大约三分之一的情报是关于中国内战和苏联在中国的活动的；北平解放以后的情报主要是关于人民政府的政治及经济发展情况。"

(出自安东尼奥·里瓦 1951 年 6 月 2 日的笔供)

1948 年 3 月，安东尼奥·里瓦受美国间谍组织的指使，雇用日本特工山口隆一为情报员，而且还派遣 Tomaakari Hidaka、塔西索·马蒂那、亨利·维奇、奎力诺·维克多·露西·戈里、沃尔特·格纳和马新景等搜集有关中国解放区的军事、政治及经济方面的情报。从 1948 年 3 月到北平解放期间，安东尼奥·里瓦共提供给大卫·巴雷特 115 份情报。大卫·巴雷特在 1949 年 11 月 29 日给安东尼奥·里瓦写信，对后者所进行的间谍活动表示赞赏。他写道："……这些情报很有用，我非常高兴……"

北平解放以后，安东尼奥·里瓦以"天津詹姆斯沃尔特父子公司北京代理人"的名义作为掩护，秘密从事间谍活动，并且指使山口隆一和其余特工窃取中央人民政府领导人、中国人民政协会议代表、中国共产党和各民主党派主要领导人的个人经历、性格、住址、电话号码及车牌号码，并将搜集到的情报汇编成一份索引，以备进行间谍和破坏活动时使用。安东尼奥·里瓦还指使山口隆一搜集有关中国的军事、政治和经济方面的情报。从北平解放到被捕期间，他勾结山口隆一，总共搜集了 485 份情报并提供给大卫·巴雷特以及美国政府其他的间谍机构。

北平解放前，安东尼奥·里瓦在自己和塔西索·马蒂那的住所藏匿了一门迫击炮、几支手枪和数枚手榴弹，阴谋在解放后发动武装袭击。1950 年，他与山口密谋趁 10 月 1 日国庆典礼时炮击天安门城楼，企图杀害毛主席和其他中央人民政府领导人。

安东尼奥·里瓦对自己的罪行供认不讳。

审问：当时你持有哪些武器和弹药？

回答：一门迫击炮、六到八枚手榴弹和一支手枪，一些炮弹还有几百圈子弹。

审问：解放后你是否因持有武器弹药而登记？

回答：我没有在公安局登记过。

审问：你将这些武器藏匿在哪里？

回答：我的住处坎儿胡同 17 号 B 楼。藏了一支手枪和一门拆分的迫击炮。在马蒂那的住处还藏了一些炮弹、手榴弹和子弹。

审问：你藏匿武器是为了何种目的？

回答：等时机到了可以派上用场，也可以借给别人用。

审问：你说的"时机"是指什么？

回答：我和山口商量过，觉得可以把领导人出现的地方当作袭击的目标。

审问：后来袭击是如何进行的？

回答：那是在 1950 年，具体时间我忘了。我们在我家里策划。我说："国庆典礼时那个地方会很热闹，应该是个不错的目标。"山口说："这可能要冒一点险。"我说："这个险值得冒。不然的话什么事都干不成。"当时我没有想到后果会这么严重。现在我认罪，请求宽恕。

（出自安东尼奥·里瓦 1951 年 7 月 27 日的供词）

北京市公安局事先发现了安东尼奥·里瓦及其同伙企图发动武装袭击的阴谋，并及时于 1950 年 9 月 26 日将他们逮捕。在安东尼奥·里瓦的住处缴获了原计划用于袭击的武器，包括一门 60mm 口径的迫击炮、一支手枪和 235 圈子弹，以及侵华日军和蒋介石反动派签发给安东尼奥·里瓦的特务身份证明、安东尼奥·里瓦提供给大卫·巴雷特的情报和他、大卫

潘家园

及山口隆一之间的信件和电报，共计 528 件。

1938 年日军侵华期间，被告山口隆一来到中国，先后担任"华北航运局北京办事处"的副主管和主管。他趁机搜集北方沿海地区有关抗日游击队的军事情报，并提供给日本海军部。

1946 年 1 月，山口隆一以"美国政府特工"的身份加入了美国战略服务处。同年 3 月，经得美国战略服务处的允许，他加入了国民党设立的国际间谍组织，利用各种关系搜集了有关中国共产党和解放区的情报，并提供给美国战略服务处。

从 1948 年 3 月起，山口隆一和安东尼奥·里瓦之间建立了间谍联系。除了将情报交给美国战略服务处之外，他还将类似的有关解放区的军事、政治和经济方面的情报提供给安东尼奥·里瓦。

1948 年 11 月北平解放前夕，美国政府间谍组织命令山口隆一进行秘密的间谍活动，并付给他一笔报酬。山口隆一在亨利·维奇开的法文书局以"《中国指南》编辑"的身份作为掩护，不断搜集情报。

1949 年秋天，经安东尼奥·里瓦介绍，山口隆一和大卫·巴雷特之间建立了间谍联系。他定期将情报提供给大卫·巴雷特，平均每月达 50 次之多。山口隆一供认：大卫·巴雷特相当重视他所提供的情报，因此，他每月的报酬也增加到 150 美元。

在山口隆一住所缴获的通信记录证实：早在 1950 年 1 月，他就已经密谋趁同年 10 月 1 日国庆典礼时炮击天安门城楼。并且在同月向美国驻东京占领军总部报告了这个阴谋。5 月至 7 月间，山口隆一亲自调查了天安门广场四周的地形并绘制了一幅示意图，图上标明了炮火射击的弧线。除此之外他还对天安门广场做了详细的介绍，说明每逢重要节日，中央人民政府领导人都会登上天安门城楼检阅人民军队。1950 年 9 月 16 日，他将示意图送到美国驻东京占领军总部。另外他还写了一封信，预测袭击成功的可能性和得逞之后的行动。

山口隆一对阴谋炮击天安门的罪行供认不讳。

"我知道国家首脑们每逢重大的场合都会去庆典，而 10 月 1 日是国庆日，肯定会有重要的集会。于是我就画了一幅图，标出毛泽东在城楼上所站的位置。"

（出自 1951 年 7 月 27 日山口隆一的供词）

山口隆一在供词中还说："我厌恶苏联共产党，因此也讨厌中国共产党。我知道安东尼奥有一门迫击炮，于是就想出了这个炮击计划。"

北京市公安局事先发现这个犯罪阴谋，并及时于 1950 年 9 月 26 日将安东尼奥·里瓦和山口隆一同时逮捕。在山口的住处搜查到 12 份文件，其中包括伪东北政治事务委员会签发的特务身份证明、48 份间谍报告、210 份有关中央人民政府领导人和中国人民政协会议代表个人信息的索引卡、1098 项情报资料、山口隆一与安东尼奥·里瓦之间的往来信件以及由他亲手绘制的炮击的示意图。

1950 年 9 月 29 日，山口隆一在受审时供认：在他为国民党特务组织——国民党军事情报局搜集情报期间，亨利·维奇曾给他提供信息。

犯罪证据：

1. 一份由山口隆一绘制的炮击城楼的示意图

2. 一门 60mm 口径的迫击炮

3. 一支手枪（型号：600901），494 圈子弹，8 枚手榴弹，273 颗弹壳以及武器部件

4. 两瓶毒药

5. 1642 份间谍情报

6. 大卫·巴雷特和其余被告之间的 38 封有关间谍活动的信件

7. 一份由安东尼奥·里瓦在 1948 年制定的在中国东北帮助国民党组建空军的计划（呈交给美国太平洋舰队上将巴杰）

8. 一份由安东尼奥·里瓦在 1948 年制定的有关对国民党提供援助的计划（呈交给当时美国众议院外事委员会主席瓦登伯格）

9. 210 份记录中央人民政府、民主党派领导人和无党派人士的职位、住址、电话号码和汽车号码的索引卡

Arms and ammunition as well as copies of intelligence reports were found at the residence of Tarcisicio Martina (standing right) by public security officers

Antonio Riva stands in his residence beside the Stokes trench mortar with which he conspired to make an attempt on the lives of Chinese government leaders

The Stokes mortar and a shell owned by Antonio Riva　　A pistol, bullets and grenades concealed by Antonio Riva

（取自《对美国间谍的审判及定罪》）

10. 三份日本间谍组织签发给安东尼奥·里瓦的特务身份的证明

11. 国民党第二防卫部签发给山口隆一的特务身份的证明

12. 伪东北政务委员在 1942 年签发给山口隆一的特务身份的证明

1951 年 8 月 17 日北京市检察院做出了公证判决：

被告安东尼奥·里瓦对上述罪行供认不讳。有其藏匿的武器和弹药以及山口隆一的供词作证。依照《中华人民共和国惩处反革命法》第二章、第六章第一条、第七章第一、第四条、第二十章的规定，判处被告死刑。

被告山口隆一对上述犯罪事实供认不讳。依照《中华人民共和国惩处反革命法》第二章、第六章第一条、第七章第一、第四条、第二十章的规定，判处被告死刑。

（2010 年 3 月 9 日）

战后 3.5 万日本侨民大遣返

20 世纪 50 年代，百废待兴，周恩来等领导日理万机，他们站在战后中日长期睦邻友好的战略高度看待日侨问题。1953 年 3 月至 1958 年 7 月间，中国政府由中国红十字会出面，协助日本侨民顺利回国，共分 21 次遣送了约 3.5 万名日侨归国。这是当时两国之间一件比较大的事件，它既妥善解决中日战争的一个遗留问题，也开通战后中日民间交流的一个渠道，对以后的中日友好事业及邦交关系产生了积极影响。

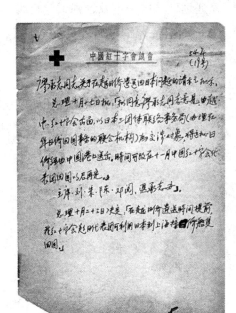
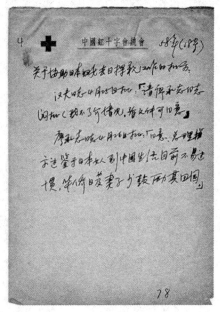

（原件为作者收藏）

1945 年 8 月 15 日，日本政府宣布投降，同盟国的受降接收工作随即展开。按盟军总部规定，中国战区的受降范围为中国大陆（除东三省外）、台湾、香港地区及越南部分地区。

1949 年中华人民共和国成立之后，除台湾地区之外，日侨遣返工作就由中华人民共和国承担了起来。后来，日方也交涉请求中国政府协助在朝等第三国日侨回国的问题。

1954 年 10 月周总理派廖承志与中国红十字会会长李德全一起率中国红十字会代表团访日。对日侨事务，周总理总是非常详细具体地给予指示，曾在《关于协助日本妇女去日探亲工作》上批示："鉴于日本女人到中国生活，目前不宜过惯，华侨日籍妻子，可鼓励其回国。"

1955 年 11 月 20 日在周恩来亲自拟定以"中国红十字会"名义给东京日本赤十字社、日本和平联络会、日中友好协会（简称三团体联谊事务局）函电："十九日十二时来电提藤原艳子等七人，我们已同各有关地方分会联络，如上述七人确系自愿返回日本，我会必定予以协助，即使因道

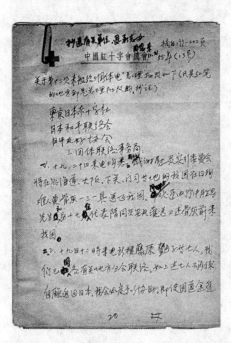

（原件为作者藏品）

途遥远，这次来不及赶到天津搭乘兴安丸轮，我们也必协助这些自愿返日本的日侨能返抵日本与其家人团聚。如果这些日侨返回日本后，仍愿再来中国时，亦盼贵三团体联络事务局给予协助。现在天津集结的愿意返回日本的日侨，已增至一百九十名左右，可见我们对愿意返回日本的日侨，是一贯地给予一切便利和可能的协助的。"

在中国政府的大力合作下，1953 年 3 月 23 日，第一批归国日侨 3968 名搭乘日轮"兴安丸"、"高砂丸"和"白山丸"三条船到达日本舞鹤港。其后，这三条船多次来

往于天津、上海与舞鹤之间，到 1958 年 7 月，共分 21 次遣送了约 3.5 万
名日侨归国。

　　三条船中以"兴安丸"客轮最大，因此也最有名，许多日侨后来一提
到"兴安丸"，就自然回忆起多年前搭乘这条船回国的难忘情景。这些人
大都成为日中友好运动的积极分子，为日后的中日友好打下了基础。

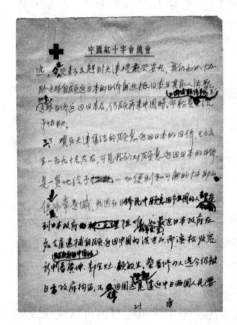 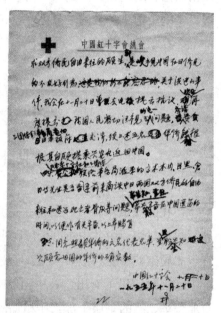

（原件为作者收藏）

　　同时，对我国在日侨民中愿意回祖国的人，受到日本政府阻难的事
件，周总理多次阐明我国政府的严正立场。

　　在给"三团体联谊事务局"函电中强调："非常遗憾是，我国在日侨
民中愿意回祖国的人，却仍有受到日本政府阻难的事发生。如最近，日本
政府在名古屋逮捕自愿返回中国的洪进山，而滨松收容所中自愿返回中国
的潘广坤、郭全灶、顾敏生、蔡晋修四人迄今仍被日本政府拘留，不得回
国。这些都是违反中日两国人民要求，双方侨民自由来往的愿望，都是歧
视中国在日侨民的不友好行为。关于洪进山事件，我会在十一月二十日曾

去电提出抗议。现在再度提出我国人民密切注视的这一问题，务请贵三团体联事务局速向日本政府交涉，使上述五名华侨能够根据其自愿搭乘兴安丸轮返回中国。"

从 1953 年，旅日华侨、留学生从日本舞鹤港乘"兴安丸"分三批回国。1953 年 7 月 2 日旅日华侨 551 名华侨乘日本轮船"兴安丸"从日本抵达塘沽新港，返归祖国。到 50 年代末共有 4000 多人回到新中国，占当时旅居日本的中国人总数的十分之一。这成为新中国华侨历史、留学生历史上的一个壮举。

(2010 年 12 月 6 日)

山西万泉县干部上书毛泽东

在我的收藏中，有一封信，这是 1950 年山西万泉县干部给毛泽东主席写的一封信，中共中央办公厅秘书室将信转给华北局秘书处。此信刊登在华北局出的《材料汇集》上。

从这封信里可看出，新中国建立之初，经过战争的创伤，民生凋敝，百业待举，有的基层干部素质和觉悟不高，干事作风粗暴，可以说执政能力还较薄弱，而群众对干部的期盼很高，这正是考验共产党的民主意识和执政水平的时候。由于中国共产党非常重视民主，在工作中注重提高干部队伍的素质和文化水平，加强执政能力建设，所以人们敢说真话，反映真实情况，决策层由此能够实事求是解决和处理问题，为人民群众及时排忧解难，化解矛盾，变消极因素为积极因素，真正使人民政府所做的一切工作符合人民的利益，成为人民当家作主的政府。我想：人民政权能到今天，日益稳固发展，这其中不知包含着老一代革命前辈多少心血，不知一代又一代共产党人做了多少艰苦细致的工作，对于这来之不易的和平与幸福，我们今天唯有珍惜和努力。

该信是这样写的：

毛主席钧鉴：

我现在将汾南的情况，向你作个报告，这个报告关乎我党存亡问题，希望你详细看了，速作解决，兹特分述如下：

一、我们的干部除县级以上干部较好外，其余区以下干部多半是能力太低而且是地痞流氓二流子之类的很多，这些干部多系由晋东南提拔的村干部，因为在晋东南时我们是以这些人为发动对象，所以这些人提拔到汾南当区干部，尤其作土改工作，他们首先发动的也是这类人，致在土改中区干部贪污村干部贪污是普遍的严重的现象，使工作搞得一塌糊涂，百分之八十以上群众现在反对我们，骂我们，痛恨我们，因为汾南日寇来时至

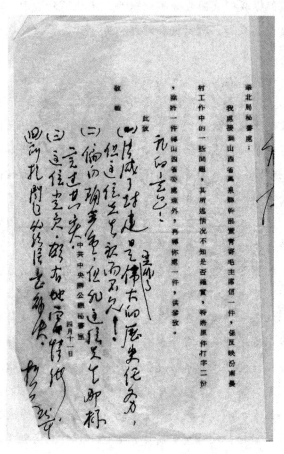

（取自华北局《材料汇集》，原件为作者藏品）

現在负担很重，土地普遍无人要，白给人要贴东西，但在土改中搞出的其他财产多为坏村干部贪污，真正老实农民反而得不上，这些人得了不是抽大烟料面，就是大吃大喝，胡花乱用，同时在斗争中故意提高中农成分，据了解汾南错斗中农不下全部被斗户的四分之一，现在农村成为一种做一些的吃一些的空气，有这样几句普通的话可以说明群众对生产的情绪，"辛辛苦苦·却为地主""受苦一生·定成富农""烟酒嫖赌，毁个空，八路军扶起当朝廷"。

二、因为我们的干部低而且坏，致使我党的政策完全脱离群众，他们在工作中不是发动群众提高群众觉悟，而是行政命令包办蛮干，因此现在雇贫农也骂我们恨我们，因为分不到东西，又找不到活干，反不如未解放前，工商人更是骂我们，所以现在到处特务活动造谣，群众普遍加入一贯道，但我们调查不出。

三、在负担上我们一来是宣传只收一次，现在每年两次，而且比阎锡山的远重的多，因此老百姓有这样一句话"三购不如一屯"去年汾南麦子普遍遭灾，收成大减，仅及往年之半，但我负担并没少一点，今年麦苗因去年雨大多迟种了一个多月特别不好，据群众估计每亩顶多能收三斗至四斗（每斗十五市斤）但我们县上偏说要收七斗至八斗老百姓很害怕，现在农村普遍的没吃的，春荒甚严重。工商业近年也萧条的厉害，一年作不了以前半月的生意所赚的钱不但我们的负担并不轻于以前，因之工商业普遍倒闭，据说曲沃临汾运城歇业的均在半数以上，县上更甚。

四、我们的宣传工作，则更差，也可以说没有，尤其靠那些坏干部不但不起好作用，反而起坏作用，因为他们是完全脱离了群众，现在汾南各县群众普遍的加入一贯道，女人最多，特务利用迷信来宣传破坏我们。前几天有人说我们晋中每县都有个扩音器，到村中去宣传，带上留声机或收音机，这还是很好的办法，不然是很难挽回我们的信用，但还必须由县负责人亲自去下乡，因为群众对我们的坏干部是没一点相信的了。

五、发动妇女，不是从提高妇女觉悟，孝敬翁婆，亲爱丈夫，积极劳动，而是动员其离婚，反对丈夫翁婆，啥也不作，想怎就怎，更坏的是和我干部搞关系，或马上离了婚又嫁给我们干部，在这点上群众也恨极了。

222

六、过去我们买大烟料子，说往敌区销，虽群众有怨言，还有可说，现在料子大大的买，据群众说，都是我们贸易公司（太原）买的，最近有人从西安回来谈："现在西安已毒化了，每家商人都买大烟料子，都是由公家买的，有保票，公安局不敢没收"群众也恨极了。

以上这些是最主要的提出一些，其它还有，希望毛主席看后，最好派一位中央委员到汾南作详细了解，不然是扭不转我们这里的这种坏现象和干部的这种坏作风的。我所说的这些，完全是实话，连半点虚假都没有，因为我也是共产党员，我最爱我们的党，尤其愿在毛主席的领导下为革命奋斗到底，鞠躬尽瘁，死而后已，如果我的话有一些虚假，我便是人民公敌，或者说是猪生狗养。但既然我了解到这些，若不说是对不起人民和党的，虽然也向上级提过（没敢这样提）也没起什么作用。

现在我们上级也不了解情况，有些较好的干部，提起来也悲观失望，没精打采的，这些问题如不作很好的马上纠正，汾南群众将会不久在特务和会道们的煽动和迷惑之下暴动起来。

我自己对这些问题，有如下一些意见：1、对我们干部应即作严格检查，这种检查不是整党和靠他自己谈，而是派好的干部作调查，对特别坏的立即开除，宁缺勿滥，或判罪。因为这些人不是给我们作联系群众的工作，而是破坏我党在群众中的信用。对能力弱的，但是老实为人民服务的，让其学习较长时间，宁可停止土改，也不要让错划一户成分，或在土改中发生偏差。2、负担问题必须按实际情况，不能听信假报告，或不择手段与方法的硬要，因为这样不是对革命有利而正是有害。3、要真正的配备坚强的干部进行宣传工作，采取高明而有效的办法，以挽回群众对我们的仇恨。4、立即停止贸易公司销售大烟料面，对贩烟的都课以极重的罪。5、纠正干部片面的雇贫观点，和片面的所谓妇女解放及片面税收观点任务观点等。

以上只谈了我们坏的一面，没谈好的，不管如何，大多数群众反对我们，痛恨我们是很严重问题，我对这种现象生气的哭了好多次，最后才想出给毛主席写这信，请你看后，将所谈的在人民日报或建设上作简要答复，以便使我了解中央对这问题的如何处理，或者认为我的话有观点及其

他不对处也请指出，总之我认为这是最大的事情。

万泉　董青

三月六日

（2008 年 12 月 14 日）

一张办好公共食堂的布告

据父辈讲，解放初，农民分得了土地，压抑了的积极性猛然爆发出来，真是粮满仓，猪满圈。翻了身当家做了主人的农民，从心眼里感谢共产党。但这好景不长，公共食堂将此景消失殆尽。父辈们认为，成立公共食堂，使人们曲解了社会主义，丧失了共产主义理想。他们还认为，成立公共食堂可能还滋生了腐败，是"多吃多占"现象的开始。把笼屉抬到大街上，放开肚皮吃大白馒头的好景之后不久，出现了一段不长的时间，用粮票从公共食堂打饭。当时有个顺口溜叫做"队长见队长票子花花响，队长见了管理员（公共食堂管理者）你有粮票我有钱"。公共食堂虽然很快取消了，但人们产生了惧怕感，怕有一天再恢复公共食堂，家里毫无储备，再饿肚子，才出现了"多占"现象。所以在后来的"清政治、清经济、清思想、清作风"的所谓"四清"运动中，清出很多干部"多吃多占"的所谓经济问题。

三年暂时困难时期，父亲在县里工作，农村的推广"滚菜团"、"苦饼干"的情形让他记忆犹新。所谓"滚菜团"，就是把烂白菜叶、树叶，用开水烫后揉成团，再把榆树皮面，白薯和高粱面，均匀地撒在木板上，将菜团子往板上滚上一层薄薄的皮，就是所谓的滚菜团。在大跃进的 1959年，家乡大白薯获得大丰收。当地一般用三叉铁勾刨，但上面有人说，那样太小气，我们的社会主义要大大方方。后来，干脆用拖拉机翻，翻出来就捡，翻不出来就埋在地下作肥料。20 世纪 60 年代初的自然灾害时期，饿极了的农民把埋在地下的白薯刨出，切成片，晒干后磨成面，压成饼干

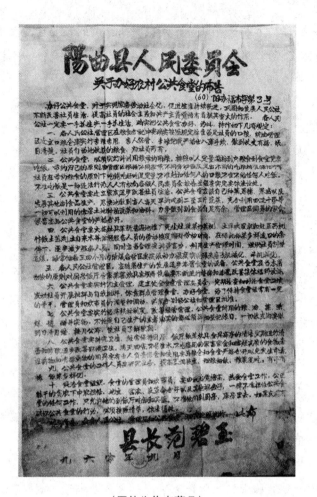

（原件为作者藏品）

状，就是所谓的"苦饼干"。

事情过去了近半个世纪，我有一次在潘家园发现一张马粪纸毛笔大字的山西省阳曲县人民政府关于办好农村公共食堂的布告，现转载如下：

阳曲县人民委员会

关于办好农村公共食堂的布告

（60）阳办福布字第3号

办好公共食堂，对于实现家务劳动社会化，促进生产持续跃进，巩固

225

和发展人民公社，不断改善社员生活，提高社员的社会主义和共产主义觉悟有着积极重大的作用。各人民公社一定要一手抓生产、一手抓生活，确实把公共食堂办好。为此，特作如下几项规定：

一、各人民公社、管理区在粮食分配中要确实按照规定标准留足社员的口粮，统由管理区建立口粮仓库，实行专粮专用、专人保管、专帐记载，严格出入库手续，做到收支有据，帐目清楚。社员自留地收获的粮食，归社员所有。

二、公共食堂，必须实行计划用粮，节约用粮。按照以人定量，指标到户，粮食到食堂凭票吃饭，节约归己的原则，由管理区根据不同季节，不同劳动强度，定出不同的吃粮标准，保证所有社员在节约用粮食的原则下吃饱、吃好、吃足定量。不准克扣任何人的口粮，不准不给任何人吃饭。不准吃饭是一种违法行为，人人有权向各级人民委员会控告，业经查实定要依法论处。

三、公共食堂要建立家底，逐步改善社员生活。公共食堂应该自己种菜、养猪、养鸡以及发展其它副食品生产。尽快地做到每人每天、平均吃到二至三斤蔬菜，充分利用四边十旁等一切可以利用的零星土地种植蔬菜和油料。力争做到副食品自足有余。管理区饲养的家禽、家畜应与公共食堂的严格分开。

四、公共食堂要大搞灶具革新。普遍地推广无尘灶、洗菜、切菜机、土洋吹风机和赶、压面机、做饭土蒸汽、土自来水等，减轻服务人员的劳动强度，缩短劳动时间。在保证饭菜多样适口的条件下，逐步减少服务人员。同时应当合理安排劳畜力，利用生产空隙时间，组织社员割柴运煤，经常储备三、四个月的柴煤。各管区要安装动力碾磨，实现碾米磨面机械化、半机械化。

五、各人民公社管理区，应随着生产的发展逐步添置食堂的设备。公共食堂应当本着勤俭的原则，对厨房、饭厅、仓库、菜窖、炊具、桌凳等设备，要不断进行整修和添置，改善集体福利设施。

六、公共食堂要实行民主管理，建立健全食堂管理委员会，定期检查和讨论食堂工作，发动社员开展批评与自我批评，依靠群众管理食堂，办好食堂。为了保持食堂经常有一定的骨干，管理员和炊事员的调整和调动，必须分别经公社和管理区批准。

七、公共食堂要实行经济核算制度，改善经营管理。公共食堂所用的粮、油、菜、柴、煤、酱、醋等实物，不论是自己生产的或者购买的都必须详细登记帐目。一些收支均要做到日清月结，按月公布，使社员了解家底。

八、公共食堂要讲究卫生。经常保持厨房、饭厅、饭菜、炊具、食具库房的清洁，定期进行消毒和修理。逐步改善环境卫生，消灭四害。不喝生水，不吃瘟死的家畜家禽和霉烂变质的食物。毒性药物和喷洒药物的用具要有专人负责保管和使用，要与粮仓和食堂严格分开，以免发生中毒。

九、公共食堂的工作人员要研究业务，提高烹调技术。粗粮细做、粮菜混吃，有干有稀、饭菜多样化。

十、纯洁食堂组织。市食堂的管理员和炊事员，要由政治觉悟高，热爱食堂工作，公正能干的贫农下中农担任。地主、富农、反革命分子以及其他坏分子，一律不准担任公共食堂的任何工作，只允许他们到饭厅吃饭和买饭，不准他们到厨房、库房里去。如果发现有破坏公共食堂的行为，必须按照情节，依法惩处。

以上各点，希各人民公社、管理区和公共食堂，切实遵照执行。此布

县长范碧玉

1960 年 9 月

（2008 年 2 月 18 日）

"困难时期" 北京市民的生存状态

作者絮语：文中顺兆一家，月工资 100 元左右，夫妻、5 个孩子、赡养老人。这样家庭的人均收入，代表了城市的大多数，生活不是宽裕的，

227

但肯定也不属于差的，应该够中等吧（不知可否这么说）？当时的"孩子"现在已都50岁以上，父母也已都进入耄耋之年，或许有的已经过世。我们当时的"孩子"们应向他们尽孝，在那个年代，父母能养活我们，已经很不容易了。

我收藏一本1960年8月至1961年2月即"三年经济困难时期"一段时间的日用开支账（简称"日用账"）。"日用账"所反映的拮据的生活景况，大概1950年代出生的人，都还不曾忘记那饥肠辘辘的煎熬日子；而1980年代出生的人，可能是"不大敢相信"。但"日用账"告诉我们，那的的确确是真的，那是"一分钱一分钱的计算，一斤粮一两油也要计算"的日子。

繁杂密密麻麻的数字，是一天天"油盐酱醋柴，米面肉蛋奶"周而复始的日子在度过，而生活中，时而也会有一些牢骚和感慨。这就是这本简陋的"日用账"所承载的记忆。

为能较全面了解"三年困难时期"城市居民的生活状况，需先了解工资收入情况，当时工资标准是这样的：

国家公职人员的收入从供给制过渡到薪金制。国家干部和军人的工资纳入行政级别，共分25级。13级（工资153元）以上算高级干部，17级（工资99元）以上算中级干部。由低向高，每一级工资之间的差别递增，从几块钱到几十块钱不等，最高一级644元，二级581元。北京属六类工资区，大学毕业进入机关的公务员，一年以后定为行政22级，工资56元。

技术系列的知识分子，工资有十多个档。以教学系列为例，一级的工资（360元）相当于行政五、六级。那时，一、二、三级是正教授，四、五、六级是副教授，四、七两级为交叉级。四级教授的收入与行政十级相当，工资在200元上下。

工厂实行八级工资制，八级工工资在百元上下。学徒工三年出师，转为二级工，国企二级工工资为41.5元，街道工厂的三级工41元。

由此看，文中顺兆一家，100元左右工资收入，有5个孩子，还要赡养老人。人均收入，代表了城市的大多数，生活不是好的，但肯定也不属于差的，应该够中等吧（不知可否这么说）？

下面是"日用账"记录：

8月是一关。4个孩子的学费共约30元，高初中各1人，小学2人，融融、风行还要配眼镜，5个孩子的服装也要添置，为抓紧时间，一部分要在这月备妥，约要20元。钱是不太充裕的，为此，既要刻苦自励，又要精打细算，量入为出。今日钱、粮事须自作功夫。

孩子们却还要吃，要穿，要玩，要闹，一天吵吵嚷嚷各无所事，我与顺兆一个能累死，一个能气死，却还要天天计算，分分角角计算，人，烦躁常由此而生。时时事事计算，有时还要使人讨厌，殊不知这捉襟见肘的日子实感难过。

1960年8月5日入，顺兆工资101.50元。支会费1.50元，扣借款10.00元。融融洗相片0.36元。粮：面34斤，江米、小豆、条豆各5斤，共15斤总共计8.59元。茶叶2两0.80元，故事新编二册0.27元。

15日顺兆工资至此已用去66元，其中有几项大的开支，如买布，配

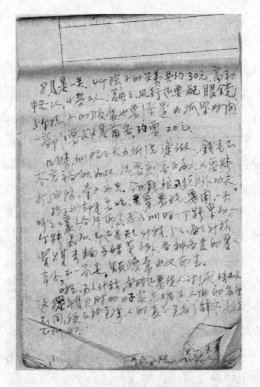

（原件为作者藏品）

眼镜，修理锡、鞋等，而本月才过了三分之一呢，尚有半个多月，还要缴条费，买粮，怎办？粮食也有些愁人。暑假即将过去，钱粮等愁煞人。

人生快事悉顺情，却感不如意偏多，一分钱一分钱的计算，一斤一斤粮也要计算，则此心境断矣。

21日，猪头肉0.35元，梨2斤0.50元，油5两0.19元，酱油9瓶0.45元，花生、苏打0.13元，菜0.16元（0.43）（5）取出10元（至此，顺兆工资全部用光）。点心2斤1.52元，炸鱼1.00元，西瓜一个0.63元，余（7.28）。白、黑糖各半斤0.64元（6）取出10元，融融，杂杂书本费9.20元（余7.44）。

30日，玲玲学费，本子费7.18元，菜0.25元，冰棍5支0.25元，余（9.69）。中华书局来电0.03元，希嘉去中华车钱0.08元，盐一袋0.17元，花生油1.5斤0.95元，菜油2瓶0.45元，醋0.05元，余（7.96）。

殷勤苟且看演技，此生崎岖蜀道行。

31 日，菜 0.25 元，小猛学费书费 5 元，玲冰棍一支 0.05 元，入：希嘉稿费 22.40 元，拿出 10 元，茶 3 两 1.20 元，咸鱼 2 斤多 1.36 元，孩子三文具、铅笔 8 支 0.24 元，铁板一块 0.18 元，木尺一支 0.02 元，象皮 2 块 0.05 元，冰棍 4 支 0.20 元，牙粉一袋 0.07 元，木梳一把 0.28 元，机米 10 斤 1.48 元，余（7.58）。

子女多，令人愁，吃和穿，都不多，嘈杂事，天天有，世间烦恼几时休？

9 月 1 日，将来美好——现在难熬。

2 日，玲玲讲义纸费 0.70 元，菜 0.27 元，机米 13.5 斤，面 1.5 斤共 2.28 元，小赵冰棍 0.05 元，余（3.02 元）。入：希嘉稿费，又拿出 12.40 元，希嘉猪皮胶底鞋一双 12.80 元，余（2.62），冰棍 3 支 0.15 元。

3 日，菜 0.28 元，机煤球 200 斤，2.30 元，又拿出 5 元，至此共拿出 35 元，又稿费 22.40 元，共 57.40 元。余（4.89）。玲玲上自习电费，班费 0.60 元，小白菜 0.05 元，素卷 0.55 元，余（3.69），红旗杂志一季 1.08 元，不好吃的枣儿 0.45 元。

顺兆 9 月份工资 101.50 元，工会工费 1.50 元，扣借款 10.00 元，余（90），顺兆仅皮毅底鞋一双 11 元，还账 24.70 元，米 1.48 元，菜 0.30 元，余（52.52），顺兆零用 1 元。

6 日，校徽 0.45 元，菜 0.20 元，黄白糖各半斤 0.64 元，玲去参观，车费 0.50 元，3 条叶香皂一块 0.39 元，伊拉克蜜枣一斤 1 元，零存 4 元，备用 20 元，灯塔皂 1.5 条，0.56 元，黄鱼 2 斤 0.80 元，醋蒜 0.15 元，余（22.83）。

7 日晨，观天坐海且忍忧，道路崎岖绕人愁。妻儿为我受牵累，俯首愿当一老牛，生活清苦又窘迫，心情抑郁向谁诉？

9 月 7 日，菜 0.31 元，希嘉去中华车钱 0.08 元，（老子故 2 月 10 斤米，跑了三趟），枣儿 0.40 元，带鱼 2 斤 0.85 元，余（21.19），小融看两个电影 0.20 元，去张老处车钱 0.18 元，冰棍 2 支 0.10 元，机米 15 斤 2.22 元，甜酒半斤 0.21 元，（18.28）。希嘉、小猛看电影 0.25 元。

8日，菜0.44元，戏票（九龙杯）一张0.40元，牙粉2包0.14元。融融电影费退回，玲玲看电影及车费用去，余（17.05）。

9日，菜0.29元，近来买菜，浪费不少时间，常常最后买来，售货员及妇老龄小孩也，今日则既不按顺序，被推迟很久才买到，而有的菜，买不到，且买到的又很坏。玲玲劳动车钱0.16元，带鱼二斤六两1.10元，槟榔片半两0.10元，小爽冰棍一支0.05元，菜油一瓶0.93元，盐、花椒料0.13元。余（14.99）菜0.23元，希嘉看电影（同一条江）0.25元，蚊子药0.08元，（余14.43）。

要学会说好，要学会多笑，一切都很好，好么，好、好、好。

10日，二位小姐看电影0.15元，三小姐看电影0.10元，龙团珠茶7两0.60元。

11日，菜0.27元，小白菜0.05元，余（13.26）。面15斤，米10斤共4.24元，咸肉4两0.36元，房租7.23元，电费1.23元，大料2包，0.06

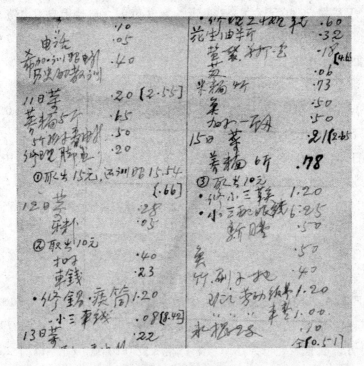

（原件为作者收藏）

元，取出 10 元，余（9.48），顺兆带五个孩子看电影 0.65 元，大小姐修鞋 0.20 元，菜 0.43 元，醋、酱 0.10 元，文具 0.20 元，小猛皮鞋前后掌 1.50 元。

12 日，蚊子药、电话 0.10 元，余（6.30），菜 0.19 元。

13 日，菜 0.35 元，风行车钱 0.08 元。

14 日，融融、玲玲用 0.32 元，菜 0.29 元，外地香油 0.85 元，机米 2.96 元，电话 0.05 元，取出 4 元，余（5.21）。

10 月 5 日，收入（1）公债 7.28 元，（2）希嘉 10 元，（3）顺兆工资：剩 90.50 元（扣借款 5 次 10 元，工会费等），（4）从北平处借来 50 元还剩 30 元，（5）上月余下 1.76 元，共计 138.54 元。

支出：10 月 5 日，金星尖 1 个 0.60 元，希嘉理发 0.35 元，鱼 2.20 元，肉 0.17 元，希加布鞋一双 2.75 元，聂耳电影票 0.45 元，公共汽车钱 0.08 无，肥皂 0.35 元，顺兆用零钱 0.15 元，余 131.44 元。点心 3 斤 2.30 元，还北平 50 元，存备用 30 元，余 49.14 元。

10 月 6 日，老胡处修鞋：1.希嘉缝一下，0.10 元，2.玲玲修后掌 0.30 元，3.融融修前后掌 1.50 元，4.风行修前后掌 1.50 元，5.猛修后掌 0.40 元共 3.8 元。菜 0.40 元，槟榔片 5 个 0.40 元，毛选第四卷 1.40 元，希嘉修鞋 0.45 元，余 46.79 元，张国桢电话 0.05 元，炸鱼菜 0.22 元，糖一斤 0.64 元，醋 0.05 元，劳动布 8.6 尺 2.62 元，裤子工钱 2.30 元，绒衣 0.30 元，顺兆劳动车饭钱 7.40 元，米 20 斤、面 5 斤共 3.88 元，余 29.33 元。

10 月 7 日，玲玲劳动车钱 0.18 元，油各 6 两、4 两共 0.40 元，牙刷 0.33 元，膏 0.17 元，酱 0.03 元，减去 3 元，余 31.22 元。药（3 种）0.73 元，邮票 0.25 元，希嘉打鞋钉 0.24 元，猛修鞋 1.50 元。余 28.50 元。

11 月，收新金 78.50 元，上余 0.82 元，共 79.32 元。（89.50，扣互助会 10 元，工会费 1 元）。

11 月 5 日，白菜 120 斤 3.48 元，煤四百斤 4.60 元，木偶戏票 4 张 0.80 元，线 0.28 元，水果糖 0.23 元，香油 0.36 元。

11 月 6 日，香皂三块 1.04 元，酱油 0.23 元，酱 0.22 元，外地香油 0.30 元，醋 0.05 元，咸肉（二票）0.36 元，小三车钱 0.08 元，袜子六双 4.90 元，

修棉鞋4.00元，A.P.C0.26元，火柴0.05元，柿子0.91元，大米7斤1.04元。

11月8日，希嘉20元，小三车钱0.08元，米10斤，面5斤共2.40元，点心一斤0.93元，糖五两0.29元，牙糖一袋0.07元，鞋油一袋0.19元，口罩2个0.46元，槟榔0.10元，希嘉电话0.10元，修鞋0.15元，扫帚0.51元，柿子0.70元，白菜180斤4.50元，余46.01元。国材买羊肉0.50元，玲车钱0.08元，墨水一瓶0.14元，小辫绳三尺0.06元，小三电话0.10元，小三电影0.10元，小玲电影0.20元，顺兆电影存车0.27元，铅笔0.12元，灯水1.79元。

11月13日，大米面12斤，大米10斤半共3.41元，黄酱0.50元，香油、花生油0.35元，腌罗干0.11元老派，酱油0.30元，咸肉（二票）0.58元，咸鱼（一斤八两）1.96元，布鞋一双3.35元，小三0.10元，盐3斤多0.49元，钉鞋钉0.20元，余31.22元。水果糖二两0.24元，电话0.02元，醋0.10元，玲买本一个0.09元，小融分笔0.05元，小猛理发0.30元，颜色笔，橡皮0.62元。北平给20元，余29.80元。小三车钱0.08元，顺兆、玲电影0.50元，小融图画本0.20元，酱油0.10元，水果糖0.27元，玉米面4斤0.44元，果酱0.44元，车钱0.08元，咸菜0.08元，水费0.51元，煤大费收16元，余27元。花椒0.10元，咸菜0.35元，香油8两，花生油4两共0.60元，肉二票0.58元，米6斤，面7斤共2.18元，蓝卡机14尺9寸，花布7尺5共计11.57元，瓶干0.29元，小三车钱0.08元，水果糖0.31元，铅笔0.35元，色铅笔0.12元，尺子0.02元，算术本0.24元，小猛棉帽1.50元，搪瓷烟筒一节3.66元，耐灶烟筒二节2.16元，松紧带0.33元，白线两大支0.56元，修鞋1.50元，至此薪化光，余0.60元。

以下帐为36.60元现款。练习本0.11元，小三活动车钱0.08元，肥皂三块减二块0.70元，玲本0.15元，煤五百斤5.75元，毛线共计4.29元，点心0.50元，希嘉车票0.21元，杯0.30元，颜色2桶0.22元，电话0.05元，酱油，醋，半块肥皂0.26元，牛奶糖0.44元。米一斤0.15元，希嘉电影0.25元，报纸50张0.25元，洗头粉0.08元，余22.81元，少0.41元，玉米面十斤1.10元，大米十斤1.55元，小玲车钱0.08元。

11月27日，糕点1斤半1.28元，饼干半斤0.59元，酱油0.10元，玲电影 0.05 元，羊肉 0.29 元，米面各 5 斤 1.39 元，劈柴 1.80 元，糖 0.24 元，海蜇 0.25 元，毛线 2.86 元，小三车钱 0.08 元，报费 2 元，送俞先生车钱 0.60 元，酱 0.36 元，苹果 0.90 元，笔囊 0.07 元，点心 1 元，中国青年 0.46 元。余 5.35 元，又少 0.05 元，鱼 4 斤 4.20 元，机米十斤 1.48 元，从木盒取 10 元。房租 7.23 元，洋白菜 0.95 元，炊帚扫炕笤帚 0.35 元。

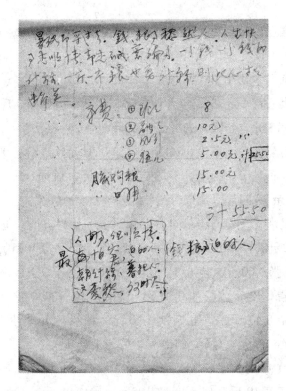

（原件为作者藏品）

12 月，薪 78.34 元（原 89.50，扣工会费 0.90 元，借支 10 元，学习材料 0.26 元），棉袄 19.40 元，棉裤 9.60 元（布 35 尺）共 29.00 元，修锅 1.20 元，红旗杂志 1.08 元，玲书钱 1.59 元，融书钱 1.38 元，作标派 0.10 元，报费（公用）0.31 元，余 43.68 元。小三提纲书钱 0.20 元，肉 0.30 元，点心 0.80 元，香存整 4 元，香油 0.08 元，豆腐 0.16 元，油 0.25 元，糖 0.28 元，希嘉火车票 0.21 元，擦手油 0.24 元，手套 1.45 元，孙太太让糖 0.36

元，铅笔0.08元，盐0.12元，酱油0.10元，玲0.24元，电影票0.40元，邮票与封0.09元，（退柿玉库收9.60元），毛笔、日历、存车0.46元，余41.59元。

10日，醋0.10元，黄酱1斤0.16元，酱油0.10元，羊肉两票0.30元，半斤油0.41元，好米15斤2.80元，面1斤买4斤0.73元，玉米面5斤0.55元。

11日，糕点1斤1两0.93元，糖2两0.29元，电影0.40元，纸0.05元，小三车钱0.04元。

12日，练习本0.38元。

13日，煤五百个5.75元，点心半斤0.44元，机煤100斤1.15元，玲还同学车钱0.13元，希嘉付去饭钱0.82元，余26元。

15日，希嘉看病，车钱0.26元，内诊0.30元，修钢笔0.60元，希嘉经手的。玉米面2斤0.20元，猛看电影0.20元，豆油0.19元，硬煤300斤44.41元。余19.81元。

16日，机米30斤，玉米面4斤共4.84元，信封五个，邮票12共0.14元，修笔0.22元，余14.11元，面折1.47元，肉3个票0.55元，腐酱0.18元，电影票3张0.60元，点心1.29元余10.02元。

18日，醋0.40元，酱油0.30元，大盐0.10元咸0.42元，电影票4张0.60元，余8.40元，香皂四块1.26元，糖0.29元，油半斤0.30元，修理钢笔一支1.90元，（换尖0.45元，杆等1.45元）。

柴30斤0.90元，存车0.02元。

19日，芹菜10斤0.17元，取出5元，余2.98元，马秋7.23元，永线0.51元共7.74元，大小姐文具0.40元，余0.25元。

22日，又取出5元，二小姐鞋子0.24元，二小姐看电影0.15元，铅笔4支0.28元，油0.65元，肉2票0.30元，果酱1斤半1元，酱油0.15元，玉米面7斤，大米二十斤共3.50元，又取10元，余9.10元。理发0.30元，肉1个票0.15元，报费3.20元，余5.45元，细盐0.35元，鱼海斤0.89斤共5.73元，酱油0.10元，面2斤0.37元，米8斤1.32元，电3.50元，豆芽0.69元，米2斤，米20斤共3.65元，存折取25元，苹果6斤1.06

元，海带，脆米皮，花生大料等 0.92 元，电影票 4 张 0.80 元，车钱 0.04 元，扣子 0.05 元，酱油 0.15 元。余 11.68 元。小融电影 0.10 元，玉米面 5 斤 0.50 元，鱼 3 斤 1.38 元，油 0.19 元，肉 4 个票 0.70 元，酸醋 0.10 元，糕点一斤半糖二两 1.78 元，余 6.95 元，糖 2 斤 0.30 元，线 0.20 元，余 6.36 元，鲜带鱼 3 斤共 1.38 元。全月多去出 35.5 元。12 月总支出 118.59 元，薪 78.34 元，存折取 25 元，书中取 15 元，国存取 5 元（另国存取 5 元，无账）共 123.34 元。12 月份余 4.75 元。

61 年 1 月份，工薪 89.50 元。上月余 4.75 元，共 94.25 元。

（工会费 0.90 元，工会扣 10 元，报纸费 0.32 元，车捐 2.30 元，存入 25 元），以下现金为 55.73 元，买米 30 斤 1.65 元，玉米面 5 斤 0.10 元，手油 0.90 元，红白糖 1 斤 0.64 元，电话 0.03 元，香皂三块 1.04 元，酱油 0.10 元，糖油 0.23 元，小融电影票 0.15 元，油 1 斤半 0.53 元，酱 1 斤 0.18 元。糕点 0.93 元，劈柴二十斤 0.60 元，猪肉（两个票）0.40 元，劈柴三十斤 0.90 元，余 43.65 元，带鱼 1 斤 0.55 元，果酱一瓶 1.30 元，煤球 100 斤 1.15 元，电影 0.20 元，油半斤 0.27 元，橡皮 0.05 元，小三小猛书本费 5.50 元，班费（小玲）0.10 元，余 34.53 元，面 5 斤，玉米面 6 斤半 1.57 元，白菜 30 斤，萝卜 58 斤，豆腐 5 斤，4.23 元，电影票两张(0.25；0.20 元) 0.45 元，五朵红云两张 0.30 元。酱油、醋 0.25 元，果酱 0.33 元，点心 0.34 元，糖 0.23 元，发卡 0.02 元，溜冰 0.02 元，鞋油 0.30 元，扣子 0.09 元，鞋粉 0.08 元，余 26.32 元。

肉 0.35 元，咸鱼二斤 1 元，酱油，油 0.27 元，糖二两 0.24 元，扣子 0.04 元，余 24.40 元，纸 0.05 元，肥皂 0.56 元，影 0.30 元，溜冰 0.02 元，大米三十斤 4.65 元，余 18.82 元。

花生油 1 斤半 0.97 元，酱油 1 斤半 0.15 元，酱 2 斤 0.33 元，葱 3 斤 0.36 元，电影 0.40 元，余 16.61 元，白菜 15 斤，豆腐，罗果 25 斤共 2.01 元，小融本费 1.30 元，撼 0.14 元，米 7 斤 1.23 元，面 5 斤 0.92 元，玉米面 6 斤 0.60 元，余 13.16 元。

1 月 22 日，羊肉 0.43 元，玉米面 0.05 元，铅笔 0.05 元，电影 0.70 元，希嘉减去 2 元，（点心，换博士金尖，修鞋，切糕，香皂，牙刷，理

发……）。

23 日，车钱 0.08 元，玲电影，0.20 元，融电影 0.30 元，融本 0.11 元，煤球 300 斤 3.45 元，酱油 0.10 元，精盐 0.15 元，风行电话 0.08 元，余 2.56 元少 0.09 元。

25 日，（从信封中拿 8 元，取 7 元共 25 元）米 5 斤 0.18 元，玉米面 5 斤 1.40 元，大米 40 斤 5.92 元，醋 0.20 元，药 0.20 元，煤三百斤 3.45 元，余 16.34 元，房租水电 10.52 元，玲作文本 0.32 元，八 5.50 元，硬煤 3.16 元，饼干 1.36 元，酱油 0.10 元，肉 0.35 元，笔记本 0.15 元，人民日报 2 元，负 1.61 元。

2 月份，薪金收入 77.02 元（玲扣 0.90 元，借去扣 10 元，剧票扣 1.25 元，报费 0.33 元）。大米四十斤 5.92 元，电影票 5 张（表年先锋）0.50 元，线一支 0.27 元，"小朋友"全年（10 月）1 元，桥音读物 5 本 0.68 元，糖 0.35 元，饼干 3 个票 0.36 元，玉米面一手半，面二手 0.52 元，油半斤 0.36 元，修车 0.25 元，茶叶 0.12 元，扫帚 0.25 元，手纸 0.40 元，卡子 0.02 元，理发 0.30 元，洗头粉 0.16 元，拼音本 0.06 元，玉米面二斤，白面二斤 0.57 元，小融电影（两个）0.20 元，小玲电影 0.10 元，香皂两块 1.23 元，肥皂 0.56 元，手油 0.90 元，酱油 0.10 元，支 15.18 元，余 61.84 元。

粉条，海带等 4.36 元，电影（小玲）0.30 元，黄酱 3 斤共 0.48 元，森柴（五十斤）1.50 元，供给菜 2.88 元，酱油 0.10 元，糕点半斤 0.36 元，豆油叁两 0.14 元，话剧（工匠城 5 张）0.75 元，顺兆电影 0.30 元，志愿者电影 0.30 元。白青梅酒 0.77 元，啤酒 0.20 元，玉米面 3 斤 0.30 元，桃 1 斤 1 两 0.78 元，白面 24 斤，玉米面 5 斤，机米 28 斤共 9.07 元，羊肉 8 个票 1.17 元，橡皮泥本 0.20 元，辣椒 0.04 元，信封邮票 0.10 元，余 36.54 元。

酱油，醋 0.20 元，修理脚盆 0.40 元，电影 0.40 元，豆油十三两，白糖 1 斤，酱油 1.42 元，鲜咸鱼 4.09 元，未知素 0.40 元酸醋 0.10 元，小三车钱 0.08 元，房租电 9.20 元，煤球三百斤 3.45 元，猪肉 0.98 元，橘子汁一瓶 1.89 元，糖 1 斤 1.26 元，糖 0.36 元，糕点 1 斤 0.73 元，茶叶 0.23 元，余 11.38 元。

希嘉拾元，石素（洗油）1.50 元，电影 0.40 元，洗净 2 张 0.24 元，余 19.24 元，卖人民日报 6 个月 6 元，希嘉买粗线袜套一双 1.03 元，碗 5 个 0.35 元。

（2010 年 11 月 8 日）

揭秘"中央两弹一星十五人专委"始末

载人航天，天宫一号成功自主运行。这几年频频取得的航天骄人成绩，使国人倍感兴奋和自豪，为我国的航天的飞跃发展深受鼓舞。这些成绩是以毛泽东同志为核心的第一代党中央领导集体工作的延续和发展，是

（原件为作者藏品）

几代人不懈努力和科技工作者工作的成果。

在毛泽东主席的亲自领导下，1962年中央为协调研究国防尖端技术，成立了以周恩来为首的十五人专委。

从1986年聂（荣臻）帅秘书周均伦（1988年9月被授予少将军衔）给童（小鹏）主任（原周恩来总理办公室主任）的信函中可见当时成立十五人专委（专门委员会）情况。

童主任：

中央十五人专门委员会1962年11月由刘少奇同志在一次中央会议上宣布成立，其成员有：周恩来、李富春、李先念、贺龙、聂荣臻、薄一波、陆定一、罗瑞卿、张爱萍、赵尔陆、王鹤寿、刘杰、孙志远、段君毅、高扬同志。十五人专委开始只研究协调研制原子弹方面的问题，以后陆续增加到审查、协调导弹、卫星、核潜艇等国防尖端技术的各个领域。十年动乱中，专委逐渐名存实亡。

童小鹏同志在周均伦秘书写的信函上附便条："周总理对研究'两弹'的叮嘱：严肃认真，周到细致，一丝不苟，万无一失。"

"十五人专委"，是一个强大的领导班子，拥有7位副总理：贺龙副总理兼国防工委主任，李富春副总理兼国家计委主任，李先念副总理兼财政部长，薄一波副总理兼国家经委主任，陆定一副总理兼中共中央宣传部长，聂荣臻副总理兼国家科委主任、国防科委主任，罗瑞卿副总理兼军委秘书长、总参谋长、国防工办主任。7位部长级干部是：国防工办常务副主任、国防工委副主任兼国家经委副主任赵尔陆，副总参谋长兼国防科委副主任张爱萍，冶金工业部部长王鹤寿，核工业部部长刘杰，航空工业部部长孙志远，机械工业部部长段君毅，化学工业部部长高扬。

20世纪50年代、60年代是极不寻常的时期，当时面对严峻的国际形势，为抵制帝国主义的武力威胁和核讹诈，50年代中期，以毛泽东同志为核心的第一代党中央领导集体，根据当时的国际形势，为了保卫国家安全、维护世界和平，高瞻远瞩，果断地作出了独立自主研制"两弹一星"

的战略决策。

　　大批优秀的科技工作者，包括许多在国外已经有杰出成就的科学家，以身许国，怀着对新中国的满腔热爱，响应党和国家的召唤，义无反顾地投身到这一神圣而伟大的事业中来。

　　他们和参与"两弹一星"研制工作的广大干部、工人、解放军指战员一起，在当时国家经济、技术基础薄弱和工作条件十分艰苦的情况下，自力更生，发愤图强，完全依靠自己的力量，用较少的投入和较短的时间，突破了原子弹、导弹和人造地球卫星等尖端技术，取得了举世瞩目的辉煌成就。1964 年的 11 月 16 日，我国的第一颗原子弹爆炸成功。大长了国人和亲华朋友的志气，大灭了反华势力的威风。

　　童小鹏在聂（帅）办信函上红笔批注："第一颗原子弹爆炸，即宣布中国承诺不首先使用核武器的义务。任何时候，任何情况下，承诺无条件不对无核国家和无核区使用核武器。苏（联）在 18 年后 1982 年才宣布。"

（2011 年 10 月 8 日）

黑白照片叙当年

　　多年前，我在潘家园市场淘到一麻袋数百张 1980 年代初的照片，是来自于农村基层的业余摄影爱好者参加全国摄影展的投稿，主题是"十一届三中全会好"。这些照片拍摄的地点遍及祖国大江南北，既有云贵川春风沐浴竹林里的土家族姑娘，也有陕甘地区羊肠小道上悠闲自得的行者；既有苏浙小镇邻里聚餐的热闹场面，又有北方田间果园恋人私语的温馨一刻；既有东北边陲垂挂着的晶莹纯洁的冰霜，又有江南遍野油菜花暖人的芬芳；既有草屋前自娱自乐的"土琵琶"，又有在孩子中绘声绘色讲故事的女警察。不管当时选上参展与否，这些照片今天看来都已弥足珍贵了。在此选出《放宽农业政策好，勤劳富裕人家多》等一组 9 幅照片与大家分享，你看那纯净的眼神，质朴的风貌，幸福的喜悦和美好的憧憬，娓娓动听叙说着当年，带着泥土的芳香迎面扑来，此时无声胜有声。

农家乐

粒粒皆幸福

满满当当
（原件为作者藏品，取自"十一届三中全会好"展览）

嘿！不出门听梆子戏　　　　　　　渴望"财神"早进家

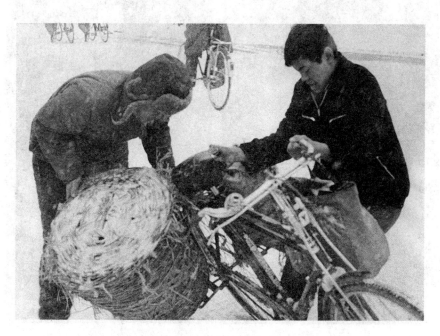

相助何必曾相识
（原件为作者藏品，取自"十一届三中全会好"展览）

弹起我心爱的土琵琶

会餐 　　　　　　　　　丰收的喜悦
（原件为作者藏品，取自"十一届三中全会好"展览）

道不尽的"龙须沟"

北京龙须沟源自虎坊桥，经天桥、金鱼池、红桥，复南折至永定门外护城河，横贯北京外城的东南部。这条河最晚明代就出现了，明正统年间，此河水与正阳门东护城河，经三里河，在金鱼池附近汇合。之前并没有河名，在清《宣统北京城图》上此河道才标为"龙须沟"，从此而得名。进入民国时期的1920年代，龙须沟已经变成了一条污水沟，新中国成立前夕，已经缩小为一条只有二公尺多宽的全市闻名的污水明沟了。

老舍先生的三幕六场话剧《龙须沟》的剧本最早出现在《人民戏剧》1951年第一期上。描写了北京龙须沟一带劳动人民生活和命运的巨大变化。今天走进龙须沟，看到矗立在小区的小妞子的塑像，她掉进脏臭的沟里被淹死的景象还深深刺痛着我们的心。

我收藏有时任北京市卫生工程局副局长兼总工程师、龙须沟工程设计和施工总负责人陈明绍先生1950年亲笔写的《龙须沟改建暗沟工程》。陈明绍先生1950年7月13日的钢笔手写稿《龙须沟改建暗沟工程》，原

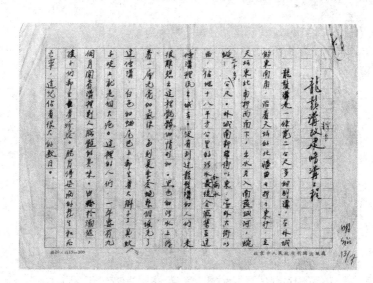

陈明绍先生写于1950年的《龙须沟改建暗沟工程》
（原件为作者藏品）

潘家园

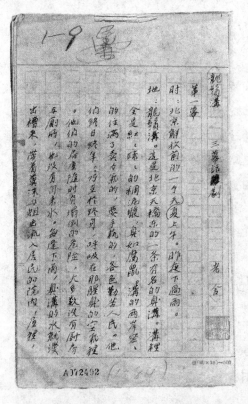

老舍先生写于 1951 年的《龙须沟》，
选自北京图书馆《国家图书馆藏珍贵革命历
史文献图录》

文在"北京市人民政府新闻出版处"笺上誊写，共 5 页。"……沿着天坛的北墙曲曲折折东行，至天坛东北角折而南下，出水关入南护城河，蜿蜒三千多公尺。"乍看文章，不像出于画图纸的工程师之手，倒像是一个文笔娴熟的作家在用美文勾画龙须沟的轮廓。

1950 年 2 月，北京市第二届第二次各界人民代表会议作出决议，在治理北京污水沟时，决定首先修建龙须沟下水道工程。龙须沟工程的概算占到了当时全市卫生工程局全年预算的近 1/5，可见当年政府对此项涉及民生工程的重视程度。

据考，龙须沟原本不是这个样子的。清宣统年间，这条沟还很宽，当时有二丈多。由于水流较通畅，周围环境尚可，气味还不算太臭。20 世纪 30 年代，由于战乱和政府不作为，河沟没有彻底地疏浚过，使得沟底日益淤浅，只留下一条很窄的水道，失掉了它的宣泄作用。而后，这里逐渐成了垃圾消纳场，直到新中国成立前夕，国民党越发腐败，官员们"不见银钱不起夜"，垃圾车不断来这里倒土，也没人管理，沟道也就因而变成了只有一条宽二公尺多的沟了。1950 年 2 月中旬，北京卫生工程局勘察时发现，这一带的地质情况很坏，大多是垃圾平填起来的，刨至 5 公尺以下才见到原始地面，以上全是垃圾。正像陈明绍先生在《龙须沟改建暗沟工程》中所说的："没有到过龙须沟的人们，是很难想象出这里肮脏的情形的。黑色的污水上浮

246

着一层光亮的气沫，每到夏季苍蝇整个填充了这条沟，白色的蛆尾巴上都生着大辫子；臭蚊子咬在人身上就是个大包。这里的人们，一年要有9个月闻着沟里刺人脑髓的臭味。当地的原住民说，老爷们的汽车十年八年的走不着这儿，即便偶尔走这儿，用手绢一堵鼻子就过去了，谁还管这儿？由于潮湿，孩子们都生着疥疮。肠胃传染病的发生和死亡率，这儿占着很大的数目。"

新中国成立前夕的龙须沟

《龙须沟改建暗沟工程》记载：市卫生工程局经慎重研究，采用了最后的第七计划，即决定在晓市大街及永定门大街新建洋灰管沟及双孔沟两条，将上游来的污水分两路排出，一路出永定门水关，一路入旧龙须沟下游；旧龙须沟上游待工程完成后即予废掉。并沿旧龙须沟在金鱼池大街建30公分至90公分管沟一条，宣泄当地雨水及污水。

居民们听到政府要改建龙须沟为暗沟，从此要告别蚊虫叮咬，臭气熏天，大尾巴蛆遍地爬的生活环境时，兴高采烈，奔走相告，念共产党好。

陈明绍先生在文中说：龙须沟附近的居民们，看见在他们门口新建的干管高兴极了。在反动政府统治下，从来就没有人理睬过这条沟，一位木匠说："人民政府的市政建设方针与反动政府是有着本质上的不同，它是为劳动人民服务的。"晓市大街 12 号的王善正说："日伪时期坊长按户收过钱，说修沟，结果也没修了。国民党时保长也敛过钱，龙须沟还是龙须沟。共产党来了，咱们没说没喊没操心，政府就给咱们办好了。"

在外五区十八派出所的治安员会议上，治安员们也都纷纷地提出意见，愿协助工程进行。每当一个地方下管工程完成后，市民便自动地扛着铁锹出来帮助工人填平路面。据《崇文区志》记载：1950 年，仅崇文区就有失业工人和市民 699 人参加了掏挖龙须沟、大石桥、后河沿臭水沟的工程，总计掏挖淤泥 5561 车。

1950 年，治理龙须沟的工地上热火朝天

到《龙须沟改建暗沟工程》完稿的 1950 年 7 月 31 日止，龙须沟一期工程竣工，永内大街东便道、东晓市大街、金鱼池大街和天坛北坛根 4 条下水道干管被成功埋入地下，龙须沟西段 6070 米的明沟被率先填平。

今天的龙须沟早已经改为暗沟，水从下水道通过，但在天坛东门一带

的红桥和金鱼池街，仍可看到龙须沟流出的清清的水，从今天的人们眼前
走过。

（原载《人民日报》2014 年 1 月 27 日 24 版）

"厕所"日记实录"文化大革命"大串联

日记是比回忆更真实更准确的文体。

这是一位高校教师的"文化大革命"日记。这位教师四十年代毕业于
北京辅仁大学国文系，"文化大革命"开始不久，他成了"黑五类"，进行
劳动改造，主要工作是为住宿在学校里的外地来京串联的师生打扫厕所。

无奈，他用上了阿 Q 精神法："我在搞的卫生工作正是直接给外地革
命师生服务的，还得接着干下去，这比其他体力劳动轻一些，又在屋内，
冬天风吹不着，倒不冷。"但学生的行为还是使他有些不悦："许多外地或
较偏僻地区来的学生，不懂使用卫生设备，有的多便在坑外，或不知冲
掉，积满一坑，污水四溢。"

当时串联的外地师生在京内乘坐交通工具和吃饭住宿全部免费。教师
日记里也证实了这些，11 月 5 日写道："昨天走了不少的外地学生。可是，
昨晚亦又来了两千多外地学生，安徽的、东北的、图们江畔的都有，上次
来过的新疆学生又来了，广播里说，还有福建来的学生。因来北京既不花
火车票钱，在市内坐车，吃饭（交粮票）住房，用灯、水全不用花钱。这
么好条件谁不想来。闻近来有小学生亦来了又来……"

毛泽东主席于 1966 年八次检阅了红卫兵，受检阅的来自全国各地的
红卫兵大约 1300 多万人。其中 11 月一个月就达三次之多。北京街头巷尾
全是外地来的红卫兵，成了一种特殊的风景。11 月 27 日的日记写道："满
街全是人，全是外地串联师生。各街如此几百万人，充斥街头，车亦无法
走。人是摩肩接踵。"

可见检阅最多的是 1966 年的 11 月份。我摘取了他 1966 年 11 月份这

段日记，几乎每天都有与外地师生来京串联和受毛泽东主席检阅有关的记录，以及作者认为的大事件。读来使人仍如身临其境。

一九六六年

11月1日 晴

昨晚临睡时（九时半）来了几十个外地革命师生，有些初中孩子，上了楼便大叫大嚷吵闹不休，久久不能入眠，好似刚平静下来，睡了未多久，就到该起床的时候了。

昨日一同学谈起文化大革命要到明年二月止，看此情形恐那时亦结束不了。中共中央与国务院共同发出关于北京师生在十一月十日前暂缓外出串联，让北京市出车来使外地学生先走，是首先要做好接待外地师生工作。这样近日将集中力量搞接待工作了。我在搞的卫生工作正是直接给外地革命师生服务的，还得接着干下去，这比其他体力劳动轻一些，又在屋内，冬天风吹不着，倒不冷。这几日，党员们在忙于画写主席语录，多未下去劳动，下午亦不知皆干什么，好似亦未参加搞卫生。

因恐外地师生来京所带衣被单薄，从上月底即生了暖气，虽不很热，但这两天天气好，我在屋内觉燠热呢！亦有热水，生活很方便。

这次来的学生，由解放军来人给他们组织指挥，今日有秩序多了，一切行动集体化，就比以前散漫自由的好多了。下午闻明早三点半开早饭，可能明天毛主席又接见外地革命师生了。上午听说，外地区现在我校的，有新疆、福建、广东、广西、湖北、江西、山西、山东、四川、甘肃等十几个省的，真够热闹。

（法国籍外文局专家戴尼丝拍摄　作者藏品）

11月2日晴

有了外地革命师生，住宿地就要用水，于是地上便易污水洒满。这次比上次情况好些，因为有两间教室住的是女学生，男学生少些，到男厕所来的就少些。这两日由解放军组织领导下，活动集体化，亦比较有秩序，并日夜练习排队走步、手举语录高呼毛主席万岁。下午将三层摆讲台、踏台，桌子等清理集中，又清楚整齐许多。

今日重翻旧报纸，十月九日《光明日报》六版载有大庆油田女采油井长胡法莲写《为人民管好油井》，最后总结几句话：

思想上同"我"字斗，工作上同"恨"字斗；

作风上同"拖"字斗；生活上同"享"字斗。

做到完全、彻底为人民服务。

这几句话亦正说到我的缺点，真如针对我的毛病说的。

今日报上头版地位刊登林彪同志为毛泽东号火车头车命名二十年（1946年10月30日命名）题词。字体亦与众不同，题词是："毛泽东思想指引下的人民革命是历史前进的火车头！"伟人的言行总是与众不同，不同凡响的，题词不说，字体亦与一般写的不一样，这亦正是伟大人物与一般人的不同之一点吧！

11月3日晴

昨半夜约三时半左右电铃声突然大作，叫醒了外地师生，大半今天毛主席与林彪同志第五次接见外地革命师生了。早饭后下去劳动，果然全去了。今日劳动方式有些改变，四个人先集中在一起，在一层楼上搞，然后再到另一层，先是四层后到三层。再到第二教室楼上、下，干的较紧张，闹了好几身汗，觉累。十一时半左右方收，今日十二时吃午饭，学生们去被接见，从清早去的到二时多，还未回来，上午的活还未被弄污。没什么可干的，除了又擦试一翻外，只好找活干。把地上污点用水刷净。

今日《人民日报》转载，《解放军报》社论《再论提倡一个"公"字》写得好，有许多话写入人心，不知为何今日《光明日报》未及时来，明日当亦会转载。

11 月 4 日 晴

早上，厕所与放开水管子处又是污泥与水洒成一片。人多用水多，加上脚底泥污，水磨石地面又不渗水，便混成泥水一片汪在地上，便又忙活一气，又扫又擦，擦地最吃力，擦一次就是一身汗，放开水处不只擦上五、六次才干净，总放水总残留有水，后停了一阵子水，才把地面弄干些，人多走来走去，地面易脏，随地泼水，吐痰习惯皆未改。以致要随时擦扫，上午出了好几身汗，较忙累，下午看看地面污水不多，再加擦试一、二次，即可比上午轻松许多，课程还学习"语录"。今晚是生活检讨会时间，大家对我和最近二周劳动检查提出批评，有些对的有些是比较片面的，主要是自己工作还未作好，未作到家，虽然每日自己出了不少汗，出了不少力，还应进一步努力把工作再搞好。现在党中央与国务院号召要把接待外地革命师生的任务搞好，我现在搞的卫生亦正是接待外地革命师生的一部分工作。会后又学习 11 月 2 日红旗社论《以毛泽东主席为代表的无产阶级革命路线的胜利》，到九点才散。

11 月 5 日 阴　小风

早上觉得冷，幸在室内搞卫生劳动，还一直出汗。上午十一时多收工，为了点工具，全带到楼上，下午又加了个小罗（学生），我先是普遍扫擦一遍，后马与罗才来，我即改用刷子专刷墙，角边的积泥污，与干痰印记，蹲着干亦颇费力，又闹了一身汗。把南头部分墙角找完，又把楼梯又找一遍，前几天刷过一次，这几天又污了，中国人何时才能都改了随地吐痰的坏毛病。从二时上班一直不停的干到四时四十分，才通知收工。

这些日子劳改队中情况又有变化，不知纠察队对党员们到底是如何看法？前两日连吃饭都不与我们在一起了，并且去劳动的人愈来愈少了，好似上午都已不去劳动。下午半天劳动亦只是部分人劳动，今日更好，早上队长在集体读语录前宣布，由他点名及分配劳动，点名亦有不点的，并且站排亦有区别，不挂牌的在前边，挂牌的在后边。最后是三个右派，我几乎与右派同等了。危险呀！

现在，宪法还有效吗？如有效又应如何释此事呢？实在想不通。

又结束了一周劳动，晚整理洗涤衣物。今午发薪，靠体力劳动拿工资可不易。

自十一月三日毛主席第六次（连国庆节在内）接见全国各地革命师生以后，中共中央与国务院即发出联合紧急通知，要求外地师生有秩序地尽快离京，这样各校住的外地师生可能早日离京回去，通知中说，来京学生要见毛主席，十月三日毛主席已经接见了，目的愿望已达到，加上北京天气渐渐寒冷，来人多，北京负担亦过重，要求铁路部门作好安排，有计划的将外地师生输送走，学生要合作，要服从指挥，保持沿路车站秩序。这样也许学生会走得多些快些。

11 月 6 日 多云

今日街上学生好似稍为少一些，但挤坐车的人可不见少，总是这样可真不像话，也该限制或停止来京才对，要不应徒步来京，就不会一下来到这么多了。到北京来坐火车，吃、住市内交通全不要钱，那谁还不愿来？到外地去，除坐火车与住处不要钱外，吃饭还是要钱的。

11 月 7 日 晴

又读十一月三日主席第六次接见外地师生大会时，林彪讲话中说："……在群众之间，没有这样的大民主，不善于互相商量，不善于倾听不同的意见，不善于摆事实讲道理，不善于开动脑筋，思考问题，这样就不可能自己教育自己，自己解放自己，就不可能达到发展左派队伍，团结大多数，孤立一小撮资产阶级右派的目的。就不可能不折不扣地执行我们伟大导师——毛主席所提出的无产阶级文化大革命的路线……。"又说："毛主席的路线，是让群众自己教育自己，自己解放自己的路线，是敢字当头的路线，是敢于相信群众，敢于依靠群众，敢于放手发动群众的路线……。"也使我深思，我到底在这场运动中问题有多大，有多严重呢！恐自己还未全面彻底想清楚，纠察更不清楚了。受了客观影响，一心只怀一个"怕"字，什么都是小心翼翼，奴才思想作风，一点敢字没有，没有敢于斗争的心。在此，因不看大字板，又不出去，外界形势不知，未听报告，政策不明，自己再不善于动脑筋思考问题，每日只如待屠之羊，被人驱来喝去，那又是到何时是了!? 一定要动脑筋思考问题，要敢字当头，要斗争，要自己来解放自己。要把自运动开展以来的情况从头到现在好好想想，分析一下。

11月8日 晴

本来以为学生走了大半，卫生情况会好一些，不料今早上班一看，还是和以前人多时差不多，一地一片污泥水，不知这些人怎么这么不知干净，又费了不少力，一直干到十点多才又像样子了，快十一点才休息。下午就又轻松些，只是时间如此过实在可惜，但又无其他办法，昨日一天好几个党员整日未来，到晚间才来，闻是去外校看大字板，党员们除少数参加劳动外，其余不知还劳动否？现在学习、劳动、吃饭都与我们分开了，只是还未回家就是，主要是在此值班，如此而已，到底要把我们这些非党人士如何处理呢？

11月9日 晴

已入冬，不起风就不觉多冷，尤其在室内劳动，汗还渗渗下滴，至今日仍未着毛裤，亦未穿棉衣，外地学生已去大半，尤在三层只余少数十余人和几人一屋。今日楼道厕所污秽现象便好得多，上午就无昨日那么费力，下午更轻松些，略事保养即可，抽暇学习，如此过日子，对宝贵的时间浪费殊为可惜，但又无可奈何，"既在矮檐下，怎敢不低头"。

11月10日

昨晚八时多广播要求外地串联带队负责同志不要出去，有要事传达。今天果然毛主席上午七时第七次接见外地革命师生，为了避免学生聚集在天安门前不走人，今天改用汽车来载，学生经过天安门，这样就可不停地经过，闻今日有60万人，以一车载50人计，亦需1200辆车次才能过完。上次见过的不去街上无车出不了门，全在校内，今天下午从楼下又迁移到三四层来不少学生，都不大，似初中学生，有从图们来的，今晚又住满。这样明天搞卫生又够瞧的。党员（是否黑帮未定）们现有几人参加下午劳动，大半多不劳动轮流到楼下与外单位去看大字板，在屋内亦谈笑自若，除仍住在此外，已是大半解放了。

今二日看北师大历史系抗大战斗队编抗大之声第8期，无产阶级文化大革命两条路线的斗争。其中无产阶级革命路线是怎样，资产阶级路线又是怎样？资产阶级反动路线的表现形式皆有哪些地方？说的与我校情况相同或近似。正可用以对照来检查我校前一阶段文化大革命运动形势如何。目前当权派的我校红卫兵一切做法是否对头，是否合乎十六条，合乎毛泽东思想？应加考虑与分析。

在此次文化革命中不管是什么错误吧，现在学校劳改队，人身自由限制，政治待遇亦被剥夺。

11月11日

清晨4、5点钟突然广播响，说毛主席接见外地师生，马上起来，六点早饭，七点集合，八点出发，昨日刚接见了。学生们都坐汽车经过天安门受检阅，这个方法好，以免拥在那里不动，别人亦过不来见不到毛主席，不料今日又继续接见。校门口亦摆满了公共汽车，上班后，看了地面与厕所倒不是想象的那么污秽，学生都出去无人来往。打扫擦拭后，即保持清洁。十一点一刻即上来，午休后学生们仍未回来，地面无什赃物。三点又叫上楼学习，因学生一直未回来。遂未再下去，我自己写材料。晚上开生活检讨会，三个右派分子作检讨，互相推诿强调客观，说经过，不谈思想实质，大家又提了不少意见，直到九点才散。这个晚上什么也没做成。

11月12日多云

今日首都纪念孙中山先生诞生一百周年纪念。去年原定刘少奇是筹备主任，今日只提筹备委员会秘书长廖承志作报告了。

今日上班，学生多出去，不知是串联还是走了，虽然厕所与楼道有污秽亦较前一批好，看见有二队学生列队从后边走出，大约是响应号召，以

长征精神，徒步返回的，徒步走几千里可非简单易事。

今日是孙中山先生诞生一百周年。

11 月 13 日

晚谈报纸上纪念孙中山先生的报道与何香凝（今年已90岁，廖仲恺夫人，廖承志之母，）等讲话。

11 月 14 日

开始了新的一周的劳动，还是在一、二教室楼，今日走了不少学生，人少，卫生情况便好些，上午紧自忙，作了三个厕所的卫生，下午又作了一个，上午十一时多即收。下午三时十分即收了。回宿舍看报，在纪念孙中山先诞生一百周年大会上宋庆龄的讲话，简要的叙述了孙中山为革命奋斗一生的历史。

11 月 15 日

昨天走了不少的外地学生。可是，昨晚亦又来了两千多外地学生，安徽的、东北的、图们江畔的都有，上次来过的新疆学生又来了，广播还有福建来的学生。因来北京既不花火车票钱，在市内坐车，吃饭（交粮票）住房，用灯、水全不用花钱。这么好条件谁不想来。闻近来有小学生亦来了又来，有从北京到别的地方去（如到东北）后返回又来，如此往返不已，每天走的少来的多，这样北京各方面可真有些吃不消，首先交通是大问题，其他一切供应，吃用亦是大负担，不知外地来串联的要到什么时候才不来了。

前两年一度宣传"劳动光荣"，有劳动英雄，劳动模范，劳动要成为人生第一需要，每人都应劳动等不一而足，此亦一分为二，又有劳动改造，强迫劳动，还有人鄙视劳动以不劳动为荣，或不愿劳动，逃避劳动。以劳动作为惩罚的一种形式。

10 日报载，留苏学生，在首都革命群众欢迎大会上揭露苏修领导集团疯狂反华不得人心，苏联人民无限热爱世界人民的伟大领袖毛主席，克里姆林宫上空终将升起毛泽东思想伟大旗帜。今日报上又刊载我留苏学生代表愤怒揭露苏修领导集团在苏联大搞资本主义复辟的罪行。苏联人民将起来大造苏修领导集团的反，马列主义旗帜，终将重新飘扬在苏联国土上，苏联朋友说："现在，希望就寄托在以毛泽东同志为首的中国共产党身上，寄托在中国了！"

今日下午亦三时多即收工，自己学习分配的时间多了，只是心情不定，反而未写什么。心中抑郁寡欢，实窝肝气，致使大便不多，不大通顺，与精神心情大有关系。日久便易生松弛之心，而这些人皆是何问题，应如何办，谁也难说，就此不了了之，似亦难以说下去，就这样耗着，又有何意义。自己教育自己吧！

11 月 16 日晴　晚大风

许多外地或较偏僻地区来的学生，不懂使用卫生设备，有的多便在坑外，或不知冲掉，积满一坑，污水四溢。楼上、下共计 28 个厕坑，连冲带刷洗扫地、扫水，冲洗痰盂，忙活一上午，又是满头大汗，以前绝不肯去作，作了定亦觉得污秽不堪，甚至恶心呕吐，现在全然不怕，是大进步表现，亦是解放后这几年劳动锻炼结果，一般劳动中几乎什么都干过，多脏莫过于收拾粪坑，粪坑亦掏过，这样就什么也不在话下了。

下午三时一刻回来，因一、二教室楼现又大半空着人。不多，没有再去。一直学习到吃晚饭。近二、三日有个所谓"积极分子"，找这找那，又串门又谈话小嘀咕，上蹿下跳，极尽活动之能事，名义上口头上谓要争取多做些工作，实际乃是拟可早日解放自己，怀有个人目的，有"我"字在内，冷眼看来令人可笑，人格卑鄙处处亦能表现出来。

今日报载周总理接见并赞扬了各路长征队，并说徒步串联好处多，今年今天试行，明春推行全程步行的革命大串联，这样，这种串联活动要到什么时候才停止呢？再进行半年？

11 月 17 日上午晴　下午有小风

昨晚突起大风，摇树撼窗声势吓人，已过立冬一阵风比一阵凉了，当晚即觉不如平时暖，盖上毯子大衣亦不觉热，幸今日白天又无风晴和，这样对我们劳动的人是个好事，好似前天来的外地学生又走了不少，今日一、二教室楼内的人不多，厕所不如昨日脏，倒出我意外，比昨日省不少力。

晚去冲个热水浴很好，还以为人少，外地学生还是很多，加以热水室内甚热，一点不冷，只是挤些，洗后倒出了一身汗，上星期来洗，平时又无时间，这洗洗简单省事，一举数得，以后也还可以充分利用此条件。

浴后归来听到广播，中共中央与国务院发出联合紧急通知，关于外出串联的即从本月二十二日起，只发北京回去的车票，由外地返回北京的车票到明年春暖花开起再开始串联，未来过的以后再来。这样可以迅速减少些外地师生，估计到二十二日止，来京师生已有九百万之多，如此约到月底，我校外出的师生即可陆续返回学校了。那就应该批判资产阶级反动路线了。希望能对我早做处理，总这样摆着也不象话。

明春起再串联号召步行，那就不是那么简单了，并且通知上明确了，假期延长到明年暑假。我看那时亦未必能结得了，斗批改的改，亦未必能改完。在月底以前我要把自己检查写出、写完，整理好，准备外出师生回来好开会时用。

今日报上专文刊载介绍，日前为救载红卫兵的列车与钱塘江大桥而壮烈献身的解放军蔡永祥烈士事迹，阶级敌人在临近大桥的铁轨上横放一根大木头，意要使火车出轨。撞毁大桥，心毒意狠，火车灯光下发现，相距四十米，蔡不顾生命危险，飞奔冲上前去把大木头搬开，但自己却牺牲了。又是一个欧阳海式的战士，由于学习毛泽东思想做出壮烈事迹的英雄人物，如雷锋、王杰、焦裕禄、刘英俊、蔡永祥等都是，可惜他们都已死了，希望活着的解放军中如他们这样的人多多的，要活着不能死去，尤其是蔡对自己"只争朝夕"的奋勇学毛著，改造自己进步之神速，是我的榜样。（蔡入伍才八个月即做出此壮烈之举）。

11 月 18 日上午晴　下午风
昨、今二日报纸上"破私立公、一心革命的共产主义战士蔡永祥"事迹及其学习心得日记摘抄。蔡烈士今年 18 岁，而日记内充满一心为公精神，是在解放军这个毛泽东思想大学校中努力学习了八个月，就基本上把毛泽东思想学到手，这种"只争朝夕"的精神给我很大震动！一切要抓紧，慢慢来，拖是我一个主要缺点，拖到现在，解放十七年来对自己改造一直要求不严，致到现在还在此坐着，要奋起直追！否则一定落伍！

从蔡永祥烈士事迹证明，学习毛主席著作，不一定要有多高文化才行，蔡才念了一年书。不一定要用多长时间才能学到手，蔡入伍不过只八个月。由此又可证明人的进步一是内因，一是外因促成。而内因起主导作用。蔡积极努力要求进步，随时随地不放松自己。再则是在解放军中这个毛泽东思想的大学校的客观环境中熏陶培养，就能神速地培养造就出如蔡永祥这样的共产主义式的无私为公，一心为革命，舍身救人，保护国家财产的好战士。学习了蔡烈士的事迹、日记颇受感动，要好好考虑如何学习，才能迅速进步。

11 月 19 日 白日有风　晚大风

外地学生来来往往不断，看来虽有昨日通知。也还要有一些日子才能减少下来。今日午间又来了不少人。于是楼道内厕所，水箱也又热闹起来，并且事也多起来，水总在地上打扫不完。今日下午到四时方收。

回来修面洗脚换衣为之一快，十一时多，忽听到广播一个重要通知"任何机关企业、工厂、学校均不得私设拘留所、公堂抓人，……等，这些都是违反国法党纪的，从今天起凡有违犯，并且在幕前幕后指使的，定要依法惩办，立即处理等语。中国共产党北京市委员会，十一月十八日。"广播了几遍，晚又广播了两遍。

今午一时，忽召已不戴牌的劳改队员去开会，不知讲些什么，我猜可能针对这个通知，说些什么这里不是拘留所的话。这里这样限制人身自由，是类似的变象的，而实质却与拘留所无异。还狡辩什么，还花言巧语的欺骗人。对现仍在此劳动的分戴牌与不戴牌，亦是一种策略，让你们中间产生矛盾好互相监督，他们好收渔人之利。这是有意分化的办法，用意恶毒。晚有此通知，自己有话说。

晚写材料，躺下不能成眠，又补写一些。整夜大风不止。

11月20日 有风

洗漱后已七时，在校内看看无什么可看的新大字报。早点后去西单，又吃一点东西，再坐车去东单。赴市委，大楼内外，亦均贴满大字报。楼内本是颇讲究的装修。但楼上亦住满了外地师生，厕所亦如学校内相似。小便池内亦是大便。

11月21日

隔了一个星期天无人收拾，这么多"小将"，楼道与厕所内已是一塌糊涂。也得收拾干净，工作量就比平时大些。上、下午皆不停的干，出了几身汗。

连日报纸介绍步行串联经验，与学习蔡永祥烈士得座谈及表示决心等。今日《光明日报》三版刊有北京七十八中三个红卫兵在蔡牺牲处宣誓说："学习你，大公无私为人民；学习你，只争朝夕干革命！学习你，永做革命大道上的路基石，让时代的列车安全、正点向前飞驰！"说得好！"破私立公"是现在重点宣传，无产阶级革命英雄是现在重点宣传。无产阶级革命英雄人物最显著的标志之一就是"一心为公"。为了公，他们刀山敢上，火海敢闯，为了公，他们毫不利己，专门利人，为了公，他们鞠躬尽瘁，死而后已。毛主席的好战士，文化大革命的忠诚保卫者蔡永祥同志，就是具有这种"生为革命战斗，死为革命献身"的又一个一心为公的共产主义英雄。晚听见几个犯了错误的党员在纵情谈笑，笑得那么高兴，我觉得现在笑还是早点。谁笑得最晚的才是胜利者！

11月22日

吃完饭又去劳动，仍照常去做清扫工作。我专搞厕所，学生弄得到处污秽、水、纸等。总得弄干净，那就费了许多事，马虎些，也得弄干净，紧忙，弄得很紧张。

据星期六广播的市委重要通告宣告解散了劳改队，如此即是承认"劳改队"是属于拘留所之类的，否则为什么解散呢，看了心中为之大快，但又想还要劳动，今后是否还有反复？亦在不可知之数。

午后归来，正不知下午如何，是否仍劳动，此时召集这余下的人，座谈正式宣告解散劳改队，只是口头上还坚持不承认以前的错误，说是群众的要求。（实际是当了群众的尾巴！）征求大家有何意见，此时不是与他辩论的时候，大家都官样文章的说了一通。表示愿意继续劳动，为外地革命师生卫生工作服务！

今晚是三个月以来，第一次在家休息，只是这三个月，不同一般的三个月，好似比今年初去农村四清的五个月时间还长似的，有的时候真似度日如年一般！心情很坏！这样的日子，三个月，顶上我活三年，心情好坏，紧、松相差很大很多。虽是被解放了，但以往那种紧张生活的心情并未完全消除，一时还不太适应家中的新环境，躺下心潮澎湃，激荡不已，屋小人多，只生一小煤火，还觉很热，燥热久久不能入睡！

今日是值得纪念的一天！事物总在不断发展变化！

11 月 23 日

上午劳动，下午休息，到教研组去，无人。有的出去串联，有的出去看大字报，下午三时多出来。

11 月 24 日

今早仍五点半起来，因起大风，本拟到校院内抄看大字报，亦作罢。在屋内整理什物，看报纸，晚饭后独自一人出去走走，大风天人仍多，西郊商场盘货，买了苹果等物回来，一人在此住，到也自由自在，只是闷一些，如今有家归不得，心中亦有些不快！

11 月 25 日

昨晚半夜解放军把同学都叫起来，集合，我还以为是要准备去接见呢，不料连长讲话是：现在京有三百万外地师生，要保证毛主席健康，分批接见，明天接见没有在本校区一批，等候通知。说完又命令休息了，这是什么事，这些话明早再通知又有何不可！

下午补记日记，看校内大字报，因不能出去，闻大街上戒严，大半是毛主席又在接见外地革命师生，但未广播接见情况，不知何故。

下午因仍有风，未抄大字报，回来看报，又出去买航空信封，商场还停业没有买成。

11 月 26 日

今日毛主席继续接见外地师生。街上无车。

11 月 27 日

上午出去寄信，这边文具店少，市场内一部分房屋正在翻修，要走到王府井中间才有文具店，买了两本塑料面的笔记本，还只此一种，满街全是人，全是外地师生。各街如此几百万人，充斥街头，车亦无法走。人是摩肩接踵。

11 月 28 日

还是照常劳动，隔了一个星期日，工作量还不算大，倒出我意外，看看学生人数少了些，想是已经走了一些人，天今日冷，外地学生带的衣被单薄，有的连棉衣，棉被都未带来可够受的，今日劳动后洗脸换衣，穿上了新军衣，还是整整齐齐的，不能因此运动就倒了台。今日找到了工会，领到了工会发的毛主席像章，惜小一些，以后要买个大些的。午后读些文件是从组内要的一些，三时多又到校内看大字报。毛主席一家，从他爱人杨开慧，弟弟毛泽民到儿子岸英和侄子等。为革命共牺牲了六人。毛主席为国家为革命付出了多大代价！这些烈士的英勇行为值得我们永远纪念，永远学习。

又看了首长们接见军事院校师生代表大会，除陈毅副总理（亦军委会副主席）讲话（讲路线斗争）外，叶剑英副主席讲话有二点值得注意：(1)是国际修正主义（苏修）与帝国主义正开多种会议，亦在计划反华，包围中国，亦准备进攻中国，仇恨中国正在进行的文化大革命运动，并很有可能随时突然进行袭击。解放军要时刻提高警惕，随时准备回击帝修的侵扰，不可有丝毫大意，并说苏联还拟进兵驻入越南，将来与美国南北分割越南。这个消息还未听说过。(2)要保证毛主席的安全，毛主席的安全关系到中国革命和全世界革命，毛主席身体非常好，我们有信心在毛主席领导下解放全世界。

继又抄了一小段毛主席在八届十一中全会上的讲话，今天学校亦贴出了来公布的毛主席诗词。辗转传抄，总不免有误。因天黑未能对完。明天继续对、抄。

晚看报纸及文件。"劳改队"宣布解散以来今日整一周了！

11月29日

上午劳动量减少了些，大约是外地学生走了些，今日早上忽起大风，气温突然下降，十分寒冷，手都拿不出来，犹如"三九"天。下午稍息后出门拟将所余二斤本月粮票买点东西换成零两的，到买点心的地方皆是外地学生排队，只好等着。

(2011年5月8日)

"文化大革命"中批的 "封、资、修"和流行的谚语

按语："文化大革命"过来的人都知道，从首都北京到偏僻的只有几户人家的小村，从中央的大机关到街道办事处，从火热的炼钢炉到黑土地的田野，无一不弥漫着激进的政治空气。无论是白发苍苍的老人还是牙牙学语的孩童身上，都充溢着一股革命与造反的激情。凡有点情调、讲点时尚或宣扬人性的东西统统被冠以"封、资、修"，被坚决革除。请看浙江省商业厅给省人委《关于迅速处理宣扬资本主义、封建主义思想意识的商品、商标、图案、装潢、包装等问题的报告》。

（法国籍外文局专家戴尼丝拍摄　作者藏品）

我还收藏了一份吉林省《向阳红》战斗队翻印的《部队活学活用毛主席著作革命谚语选》（1966年6月印发）。其中流行于当时的革命谚语近千句，摘一小部分以飨读者。

全国山河红彤彤。当时普通老百姓的生活状况又是如何呢？那么，文章最后请看一封简短的家信。

从此"窗口"，是否可窥视到一些那场"史无前例"运动的痕迹呢？

—

反封资修文件

浙江省商业厅文件（66）商厅行字第239号

关于迅速处理宣扬资本主义、封建主义思想意识的商品、商标、图案、装璜、包装等问题的报告

省人委：

当前，伟大的无产阶级文化大革命正在轰轰烈烈地开展，广大劳动人民的无产阶级政治觉悟大大提高，他们纷纷反映现在市场上有些商品的商标、标记、包装、花纹印模、商品名称、企业名称等方面，有的有可疑反革命内容，有的是宣扬资本主义和封建主义腐朽的东西，要求商业部门立即作出处理。

现经我们初步检查，发现问题确实不少，有的性质十分严重。现将在政治上有明显反动的例子，分类略举如下：

一类，有可疑反革命内容的。

例如，杭州、宁波两市工厂生产的塑料凉鞋，鞋底后跟上有"共"字模型，群众说，这是把共产党踩在脚下；青岛烟厂生产的"玉叶牌"香烟，说烟片像台湾地图，两侧的十二角图像国民党党徽；宁波烟厂生产的"海轮牌"香烟，说白色海轮从台湾开来，白色象征美国，是来进攻大陆的，烟囱上的烟象征西风；青岛烟厂生产的"骆驼牌"香烟，说骆驼颈上有一个五角星，颜色暗红，象征褪色变质，骆驼背上的背袋象征日本太阳旗；上海铝制品工厂生产的铝制烟盒，说烟盒图案内有一个国民党党徽；等等。

二类，带有浓厚封建迷信色彩的。

例如，"长命富贵"锁片、项圈、手镯、脚镯；"帝王将相、才子佳人"的照片、小画片和小泥人头；"五柳先生放鹤图""苏小小"坟图的纸扇；"麒麟送子"的化妆品；"沉香救母图"的铅笔盒；"乾隆""正德""寿星""罗汉""和合"等字样、图案的瓷器；等。

三类，带有严重资产阶级情调和宣扬资产阶级思想的。

例如，"郎呀郎"的歌曲照片和三十年代的"电影明星"照片；鸡心链、戒子等装饰品；"夜来香"香水、半露胸、半裸体美女的雪花膏、胭脂、戏剧粉化妆品；等。

四类，在商品名称、厂店牌号上宣扬资产阶级和封建主义的情调和"声誉"的。

例如水果有美人桃、美人李、大仙果、红（黄）元帅（苹果）；菜名有全家福、东坡肉、贵妃鸡、神仙鸭；嘉兴蜜饯厂仍沿用资本家的名字"张萃丰"蜜饯糖果厂。

诸如此类的坏东西，有过去未处理完的，有新冒出来的，也有未曾处理的；有本省产的，也有外省产的；有工业部门的事，有商业部门的事。情况比较复杂。但是，我们认为，这些坏东西在当前无产阶级文化大革命中，必须彻底改革。据此，我们意见，应本着看准了先改，无把握的弄清后再改，工业部门、商业部门一起改的原则，彻底加以整顿。

一、凡是政治上明显反动的，例如第一、二、三、四类商品，除玉叶、骆驼、海轮三种商标的香烟尚待研究定案外，其余都应立即研究改换名称；必须停止销售的，应报经商业厅批准。商店店号、商办工厂厂号，凡沿用资本家名字的，应报请市、县党委同意，一律更改名称。

二、凡政治上并不明显反动的一般商品，如果群众有意见，要求商业部门停止销售的，应由市、县党委决定。

三、对于沿用"双喜"、"双钱"、"凤凰"、"箭鼓"、"敦煌"等商标字样或图案的商品，或类似商品，因无政治反动含意，可以照常销售。

四、经商业厅批准停止销售的商品，能够改装、改制出售的，可以改装、改制出售；不能改装、改制的，各地应妥善保管，听候处理，决不可自行烧毁，以免造成不应有的损失。

五、凡有明显政治问题的商品和商标，请工业部门责成工厂立即停止生产。已经生产出来的，要进行改装或改制，然后出厂。凡有严重政治问题的商标，建议对设计商标图案的人员进行一次严格审查。

六、各地商业部门要在当地党政领导下，放手发动群众，把这一工作整顿好。在贯彻执行中，应随时将情况和问题报告商业厅。对于那些政治上有严重可疑的商标、图案等，教育职工不要向外传，防止起反宣传的作用。

以上意见，如无不当，请即批转各地执行。

一九六六年七月九日

抄送：商业部，全国供销总社，中央工商局，省委财贸政治部。

二

革命谚语

第一部分　毛主席著作闪金光　好比永远不落的红太阳
毛主席著作是太阳　照得四海翻巨浪
毛主席著作力无敌　五洲震荡风雷击
靠力气举不过千斤　靠毛泽东思想能翻天覆地

毛主席著作不离怀　无穷力量滚滚来

毛主席著作威力大　学了思想革命化

毛主席著作怀中揣　千难万难能排开

毛主席著作在胸中　不怕天摇和地动

毛主席著作贴胸前　字字句句暖心间

毛主席著作宝中宝　用到哪里哪里好

鱼靠水瓜靠秧　干革命靠的是毛泽东思想

心中有颗红太阳　前进路上无阻挡

枪弹、炮弹　敌不过毛泽东思想精神原子弹

春雨下透苗儿壮　毛主席著作学透心里亮

鱼儿离开水难活命　战士不学毛著难革命

毛主席著作学的好　天大困难吓不倒

毛主席著作开心窍　共产主义早来到

学习毛著脚跟硬　十二级台风刮不动

炉火通风越烧越旺　战士学毛著心红志壮

要使革命意志坚　必须学好老三篇

学用老三篇　公字要当先

穿衣吃饭要知足　学习毛著别满足

学了就用处处行　光学不用等于零

学了不用　就像耕耘不播种

毛泽东思想挂了帅　牛鬼蛇神脚下踩

第二部分　突出政治样样红　离开政治样样空

政治不挂帅工作准失败　思想不领先方向必然偏

宁可技术输十分　思想作风不能输一分

政治好比是灯塔　没有政治双眼瞎

兵贵神速　人贵政治

又红又专干劲冲天　只专不红方向不明

政治思想做到家　枯树都能开红花

方向不明请示党　干劲不足查思想

擦亮思想上的枪　刀山火海也难挡

千里长堤　往往溃于一蚁之穴

思想变坏　往往从生活细节开始

在个人生活上想得多了　在革命工作上就会想得少

在个人生活上用劲大了　在革命工作上就会用劲小

无产阶级思想扎根深　资产阶级思想难靠身

资产阶级思想挖不到痛处　无产阶级思想扎不到深处

心中装有六亿五　干劲冲天猛如虎

心中装有全世界　一切困难脚下踩

三

"文化大革命"中的一封普通家信

革命形势轰轰烈烈，当时普通老百姓的生活状况又是如何呢？请看下面的《家信》。

写信时间是 1970 年 4 月 17 日，到达邮戳时间是 4 月 19 日，邮票是红色 8 分票林彪题词。信是从河北丰润县某村寄往北京和平宾馆的，是弟弟写给哥哥的：

大哥：你好！

……今去信不为别事，咱家中在本月 17 号收到兄寄来的 20 元汇款，希兄放心。

另外，关于二哥结婚，借了很多布票，在这次发布票又还了人家，咱家中就没有多少布票了。听说北京有处理旧单衣服，妈妈叫你购买几件旧单衣服来，留着妈妈爸爸他们穿。今年夏天他们还没有单衣服呢。希见信后购买寄来，等着穿呢。……

（2011 年 4 月 14 日）

林彪侄女林莉一家的"文化大革命"遭遇

1970年1月陈伯达处通知广播局军管小组:"转告广播局军管小组,林莉、沙安之(已于文化大革命前调往湖南长沙)二人有问题,要求离开电台。"军管小组1970年9月12日以《关于林莉的情况及军管小组处理意见》为题报告如下(摘要):

伯达、文元同志:

今年一月,伯达同志处通知我们,转告广播局军管小组,林莉、沙安之(已于文化大革命前调往湖南长沙)二人有问题,要求离开电台。当时军管小组已掌握林莉苏修特嫌方面的一些情况。即以参加学习班为由,叫林莉到房山广播局农场劳动,对林莉的问题继续审查。局里整党建党开始后,林莉(预备党员)向军管小组提出要求回局参加整党建党。军管小组对此比较慎重,专门做了研究,现将情况汇报如下:

林莉,原名徐俊生,苏联名立立夫,女,现年39岁,湖北省黄冈县林家染铺湾,革命干部出身,学生成分,1954年12月参加工作,1966年4月入党,北京电台苏东部俄语翻译,订稿人。

林莉的父亲林仲丹,又名林育英、张浩,1922年参加共产党,是工人运动的领导人,曾任过一二九师政委,延安职工学校校长,职工委员会主席,1942年病逝于延安。毛主席曾亲题挽联"忠心为国,虽死犹荣",林副主席题挽联"浩气长存"。

据林仲丹同志的前妻徐俊明和林莉的同父异母哥哥林汉雄(水电部建设总局)、林肖硖(原哈尔滨市委书记)介绍:林副主席和林仲丹同志的关系,是出五服的堂兄弟。

母亲徐克俊(徐克峻),又名徐克静,地主出身学生成分,大革命前在广州参加妇女讲习所,后入党。1929年在刘少奇手下任过秘书,1934年去苏联,不久,被送到苏联专政部门作苦役,1950年回国,经原中央组织部批准,恢复党籍,分配在云南省妇联工作。文化大革命时来北京,

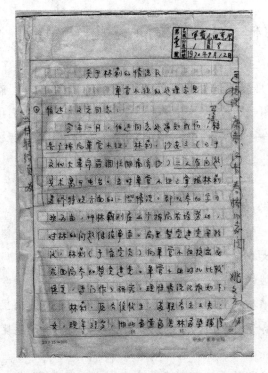

（原件为作者藏品）

1968 年冬因抵制街道居民审查而自杀。

据调查：当满洲省委遭到破坏，中央指定林仲丹同志代满洲省委书记时，以徐克俊作掩护，后结婚，不久林仲丹同志在抚顺煤矿开展工人运动时被捕，徐克俊到上海工作，1931 年生下林莉，1932 年被捕，1933 年出狱，1934 年去苏联。

丈夫阚玉瑶原人民大学政治经济学俄文教员，1966 年 9 月畏罪自杀。

林莉于 1934 年随母去苏联，1938 年寄养在苏联伊万诺夫国际儿童院，次年 9 月在该城读书，1945 年加入苏联共青团，1947 年申请加入了苏联国籍，1949 年进莫斯科大学读书，1954 年毕业，同年回到人民大学任教，1958 年调入广播局，1962 年恢复中国国籍。

林莉在莫斯科大学期间，曾和苏联保安部有过联系，作情报工作。

据辽宁发电厂工程师郭自成交代：他曾是苏联保安部的情报员，1951

年3—4月回国前夕，曾向苏联保安部推荐过，林莉可以接替他的工作。

1951年底，苏联保安部成员亚历山大瓦西里也维奇第一次找林莉，地点是阿尔巴特街居民住地的一个上了年纪的妇女家交代了任务，叫她收集中国和别国留学生的情况。

林莉交代说，1952年"三八"妇女节后，她和亚历山大瓦西里也维奇就没有联系了。

林莉回国后，还与苏联有联系。据调查：第一，林莉与莫斯科大学经济系同班同学沙巴林关系甚为密切。1957年至1959年，沙巴林在中国学习期间，曾到过林莉家，1958年林莉还给了沙巴林两张票进广播大楼看戏。1962年沙巴林第二次来苏驻华使馆工作，给林莉打过电话，见过面。第二，1958年夏，苏联伊万诺夫第一国际儿童院庆祝建院25周年。该院院长和院医给林莉写信，邀请林莉赴苏参加校庆，或让林莉将自己知道的原儿童院同学的情况写信告诉他们（在什么地方，做什么工作以及家庭情况等）。林莉接信后，积极组织这一项活动，到处发信，收集情况，最后向儿童院寄去五十多个人的情况，还附有照片。同时，原儿童院学生阿达阿波斯托尔（罗马尼亚人）也写信给中共中央组织部，建议中国学生届时参加校庆活动，中组部写信给林莉："若你认为需要同阿达阿波斯托尔联系时，直接写信给他"。

还据查，新中国成立后，从苏联回来的大批学生中，不少人当过苏方的情报员，有的人回国后还与苏方情报机关保持联系，林莉的问题和这些人的问题是有联系的。他们的问题又和中央组织部帅孟奇有直接关系（林莉的母亲与帅孟奇关系非常密切）。据帅孟奇专案组同志讲："这批回国的人的问题不是林莉一个人的问题，要有就是一批人的问题，但这批人的问题不是轻而易举能解决的。这方面帅孟奇没有过关。"

军管小组认为：林莉的母亲和爱人虽然不好，本人的问题也较复杂，但她的父亲林仲丹同志是革命先烈，对林莉的处理政治上要很负责，安排要妥善。目前，继续留农场审查，多给林莉做工作，并同有关部门联系，把问题查清楚；鉴于林的问题比较复杂，有些问题一时又搞不清楚，准备叫林到广播局河南信阳"五七"学校安家落户；考虑到林莉有两个孩子，

也想让林到广播局郊区所属工厂安排适当工作。

对于以上报告，姚文元做了批示："送总理、康老、江青、春桥同志阅。"

总理针对"准备叫林到广播局河南汝阳'五七'学校安家落户；考虑到林莉有两个孩子，也想让林到广播局郊区所属工厂安排适当工作"做了批示："两者究以何者为妥，需与林莉本人一商，以解生活和照顾她的两个孩子为主……"

1971年九·一二事件之后，遵照中央首长对审查林莉问题的批示，对林莉的问题，又进行了调查：

于一九七二年一月开始对林莉进行专案审查（三月办隔离学习班），重点审查了林莉与林彪是否有政治关系和苏特嫌疑问题。同时，对林莉的苏特嫌疑问题也进行了复查。

一、林莉与林彪是否有政治关系的问题：

经查未发现她与林彪、叶群见过面。

据原"林办"秘书李文普交代："叶群说过：这个人（指林莉）我知道，她是首长（指林彪）的远房侄女，她是在苏联长大的。""我们不必管她。"

二、林莉的苏特嫌疑问题：

（1）林莉与苏联保安部的关系问题，是在一九六八年辽宁发电厂找她调查该厂副厂长郭志成的问题时才交代的。据林莉的多次交代：一九五一年十二月在莫斯科大学时，她同苏联保安部门的亚历山大·瓦西里也维奇发生联系，至一九五二年三月止，共联系过四次。第一次明确了联系人的姓名、电话号码以及下次的联络方式、时间和地点等；第二次谈过当时莫斯科大学的中国留学生的生活情况；第三次反映了一个苏联学生的情况；最后一次接受了一瓶香水和一盒糖，以后再无联系。

经向和苏保安部有过联系的郭志成、王继飞以及在苏保安部工作过的郑一俊、嵇直等人调查，除王向苏保安部介绍过林的情况、郭向苏保安部推荐过林外，均未能对林莉与苏保安部的关系提供直接旁证。

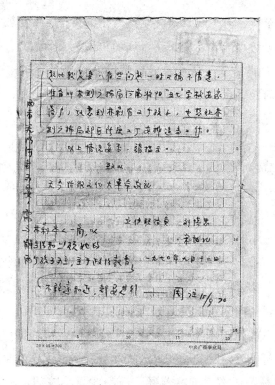

（原件为作者藏品）

　　（2）林莉回国后与苏修使馆及其人员的联系问题，她一九五四年回国不久和同学张兰一起去过苏联使馆登记护照。经张兰证实，情况相符。一九六一年九月林莉又去苏修使馆，据她说是去办理退出苏联国籍手续的。经查，当时她确曾要求退出苏联国籍。按规定，退出苏籍须到苏修使馆交护照。关于她进使馆后的情况如何，无法查证。

　　林莉在莫斯科大学的苏联同学瓦吉姆·沙巴林，一九五七年至一九六　年在中国人民大学学习，一九六一年十月又来中国任苏修使馆三等秘书。据林交代，沙巴拉第二次来中国后，曾给她打电话约她见面，并给她的丈夫阚玉瑶写过明信片，上面附有电话号码。据查，林、阚接到电话和明信片后均向组织做了汇报，目前尚未发现其他联系。

　　三、林莉与苏联国际儿童院通信问题：

　　一九五七年七月，苏联国际儿童院院长维亚特金和大夫达维多娃分别给她和其他人来信，为了庆祝该院建院二十五周年，希望他们给该院的工作提出意见，告诉该院曾在那里学习过的中国学生的情况。她和其他同学一起回了信，并提供了一些原在苏联国际儿童院的中国同学回国后的情况。经查，林莉接信后召集在京的原国际儿童院同学研究，由刘莫扬执笔回信，信后附有五十多个中国学生的名单，包括姓名、学历和回国后在何单位、任何职。

林莉回国后和瞿独伊、韩铁声、牟景林有过一些接触，经查，没有发现他们之间有政治关系。

1973年10月专案组写的调查结论是：

根据上述调查，没有发现林莉和林彪有政治关系，也没有发现林莉参与"九·一三"事件的可疑情节。至于林莉交代她与苏保安部联系的情节是否属实，是否脱离联系以及一九六一年后同苏驻华使馆三等秘书沙巴林是否有其他联系的问题，经多方调查，未能找到直接证据，目前又无调查线索。因此，可解除对林莉的隔离审查，分配适当工作，对其长期考察。

可见，对林莉所谓"苏特嫌疑"等问题是在陈伯达，"林莉有问题"先定性的情况下，将林莉的正常工作和接触，颠倒是非的欲加之罪，是纯属莫须有的诬陷。

（2011年5月16日）

第五章 藏家絮语

翻身农奴把歌唱

新中国藏族第一代歌唱家才旦卓玛，1937 年出生在西藏日喀则，父母为农奴主种地、放牛，全家人终年衣不遮体，食不果腹。1951 年 5 月

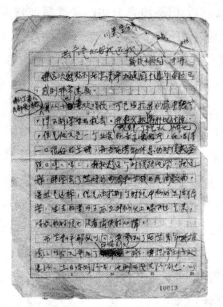
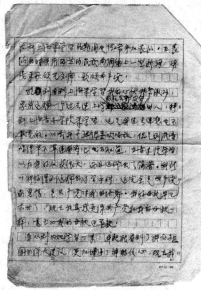

（原件为作者藏品）

（原件为作者藏品）

23 日，西藏宣布和平解放，共产党、解放军来了，她和百万农奴摆脱了农奴主的剥削和压迫。朴素的阶级感情，使她热爱党，崇敬毛主席。

《翻身农奴把歌唱》是才旦卓玛 1959 年为正在录制的一部纪录影片《今日西藏》所唱的主题曲，这也是才旦卓玛最早的成名曲。她是翻身农奴的女儿，过去的苦今日的甜，她有切身感受，而歌曲《翻身农奴把歌唱》又是对新西藏和广大翻身得解放的藏族人民有着深刻的理解与生动朴实的表达。歌词触动并表达了她的深层心理和深厚情感；又以幸福欢乐抒发了感激毛主席、共产党的深情，表达了她要说的千言万语。她唱起来是那么饮水思源，像在娓娓叙说："太阳啊霞光万丈，雄鹰啊展翅飞翔，高原春光无限好，叫我怎能不歌唱。雪山啊闪银光，雅鲁藏布江翻波浪，驱散乌云见太阳，革命道路多宽广。"使得听众感同身受，"把歌唱党歌唱毛主席的心情，唱得让听的人能跟她一起感动。"

1964 年 10 月 2 日《东方红》在北京人民大会堂演出结束后，毛主席接见演员代表，才旦卓玛就坐在毛主席的身后。周总理把她介绍给毛主席："这就是刚才唱《百万农奴站起来》的藏族姑娘。""主席回过身，微笑着向我问好，然后把手伸向了我，我一下子握住了主席的大手，激动得不知如何是好。"才旦卓玛说，"那次演完《东方红》后不久，亲自抓《东方红》制作的周总理在上海又和我见了面。周总理说：'你要唱歌，就为少数民族而唱吧。你如果不回去啊，你这个酥油糌粑的滋味就没有了。'因此，我放弃上海或北京的优越条件毅然回到西藏，就是周总理对我说的这番话使我作出了这一抉择。"才旦卓玛说，"我经常想，本人是翻身农奴的女儿，党和国家领导对我的关心，实际上也倾注了对西藏人民深沉的情绪，我要把藏族人民的心声用歌声唱出来。"

我收藏有时任上海音乐学院声乐系党支部书记、副系主任、院党委委员王品素同志，在才旦卓玛在校学习期间（1962 年）写的《才旦卓玛的教学》（未见出版），记下了这位以前从没有进过学校、不会听说汉话、不识歌谱乐理的翻身农奴的女儿，成为著名歌唱家的过程。

据王品素回忆：1958 年除夕，才旦第一次走进学校，进入上海音乐学院声乐系民族班学习，过学生生活。当时她不会说也听不懂汉话，除夕聚餐时我们请她唱歌，她就唱了一首酒歌，当时学院觉得藏族歌曲的风格很新颖，她的音色很好听，但喉音很重。才旦卓玛上了二次课以后，王品素老师发现她学习声乐的条件不错，音质音色都很好，听觉也不错，与她一起入学的其他两个藏族学生和她同样没有听见过钢琴，当弹一个音时，其他两个同学找不到音，一定要老师唱一声他们才找得到，而才旦卓玛一听就能准确地唱出来，"她的声音有放射力，她的嗓子礼堂里装不下，将来她可以成为一个很好的歌手。"王品素说，"要坚决在保持其原有风格的基础上提高和发展她的歌唱能力。这对我来说，是一个最重要的政治任务，也是教学上的一个新的课题。"

才旦卓玛初入学，从没有进过学校的她，没有学习的习惯，爱玩、爱笑，一天到晚嘻嘻哈哈，到处都听得见她的笑声，甚至在上集体课和第一学期的期终考试时，也边唱边笑，对汉语、乐理、视唱练耳等课不知道复习。王品素与她谈心，谈她过去的生活，谈她的爸爸妈妈，谈她过去的生活，让她知道她为什么穷，为什么没钱读书，今天怎么又能到上海音乐学院来学习等等，启发她热爱党热爱毛主席，珍惜今天的学习。"是党培养了你，要把你歌唱党歌唱毛主席的心情，唱得让听的人能跟你一起感动。今天党需要你来担负这项工作，你就应当坚决地来完成任务。"启发她的阶级觉悟，激发她的学习热情和自觉性。这些工作在才旦身上起到了显著的效果，1959 年她到北京参加了国庆十周年的演出，1960 年又到北京参加了第三次文代会，又在系内歌曲比赛会上获得了第一奖的第一名。

才旦卓玛不会听说汉语，王品素就边用哑语教学边跟她学藏语，还利用课上和课余时间，教才旦卓玛学汉语补乐理知识。才旦卓玛说："王品素老师不仅是我歌唱事业上的恩师，生活中她更像妈妈。"那时买什么都要票，而且她刚到学校的时候，老是感冒，气管也不好，王品素就带她去医院。当时在学校里不能熬药，所以王品素就在家里给熬好了，第二天上课时带来给她服用。

那是 1963 年，全国掀起学习雷锋的热潮，人们从雷锋的日记中看到《唱支山歌给党听》这首词，经过作曲家朱践耳谱了曲。一天，才旦卓玛在校园的广播中听到这首歌："唱支山歌给党听，我把党来比母亲。母亲只生了我的身，党的光辉照我心……旧社会鞭子抽我身，母亲只会泪淋淋。共产党号召我闹革命，夺过鞭子揍敌人……"一字字一句句，分明唱出了才旦卓玛这个翻身解放的农奴女儿的心声，她看到过西藏农奴的辛酸生活，目睹了农奴翻身做主的幸福生活，亲身感受到了党的温暖。没有共产党就没有自己这个走在大学校园里的农奴的女儿，回想自己所经历的苦难和幸福，才旦卓玛不禁潸然泪下，激动难捺。一股歌唱的激情在她胸中迸发，她找到王品素，要求唱这首歌。

王品素说：在一次上课时，才旦卓玛突然提出她想唱《唱支山歌给党听》。当时我思想上不尽同意，因为觉得这是三段体的东西，同时声区较高，适合学西洋唱法的同学唱，对她来讲不一定合适，但既然她想唱，那就试试吧。为了适应她的唱法，我试着把调子放低。因为她有真情实感，她这个歌比很多人都唱得好，感情朴实动人，无论唱歌的技巧上或表现上都比较完整。才旦卓玛唱的这首歌被录制后，随即传遍祖国大江南北。事后，王品素还检讨说，这件事说明我对她唱歌的潜力还估计不足。

才旦卓玛常常挂在嘴边的是："我的成长，离不开革命老前辈的关怀，人民的支持。所以我要用我的歌声回馈大家。"

（2015 年 2 月 27 日）

王洛宾的爱国情怀

1936 年夏天，王洛宾到扶轮中学当音乐教员，每天早上骑车去五塔寺吊嗓子。

一天，他顺着高粱桥河北岸，骑车往西走，看到河南岸有一群人发生了争执，王洛宾仔细一看，原来是三个日本浪人在老乡的养鱼池里钓鱼，老乡再三央告，他们根本不听。当时河水至多有 20 米远，王洛宾隔河喊话，叫他们到河里来钓，说养鱼池是养鱼人全家的生计，不能钓。

这时，其中一个日本人喊道："你的过来。"王洛宾认为他们接受了他的调停，于是绕过高粱桥转到河南岸去。王洛宾没想到，还未等他下来自行车，三个日本浪人一拥而上，把他连人带车推下河去，并砸下一块石头。

王洛宾随水冲了一段又爬上岸，三个浪人还不罢休，又赶上来要打王洛宾。

这时一个卖油炸糕的山东老人，他是有两下拳脚的，把炸糕盘子一甩，跑过来参加了战斗。养鱼池的一个年轻人，也加入到了战斗行列。

三个人每人对付一个日本鬼子。不到一分钟，山东老人便把一个日本人扭着双臂，按在地下，养鱼池的那个年轻人和鬼子双方打进了河里。王洛宾说：另一个小日本被我打趴后几次想用头撞我，每撞一下，我都扇他一个耳光……

旁边的众老乡呐喊助威："打得好！"

这时走来了三个警察，老乡们纷纷向警察说明三个浪人的蛮横行为，不料其中一个警察竟低三下四地向三个日本浪人赔了不少不是，又叫王洛宾和山东老人到阁子（巡捕房）"委屈"一会儿。

王洛宾帮助老人把几十块油炸糕捡了起来，一起去阁子坐了两个多钟头。一个老年警察无奈地说："没办法啊，谁叫我们是中国人呢！你们俩委屈一会吧。"这位老警察过了一会儿又过来说："刚才我们头头儿说了，再过两个钟头，如果日方使馆没有什么表示，你们便可回家。"

山东老人破口大骂："外国人在中国人的养鱼池里钓鱼，钓得对？外国人打了中国人打得对？打人的人放走，挨打的人抓起来，这叫什么皇历呀?!"

王洛宾在阁子里往外边一看，起码有一二百双愤怒的眼睛盯着这阁子。不大会儿，不知是谁送来了两大碗麻酱面和两把水萝卜。山东老汉边吃边骂，王洛宾心中又气又难过，只吃了两个水萝卜。中午过后，才放出来。

下午，王洛宾去学校上课，那是初中二的音乐课。他把上午的事儿讲给学生听，课堂上起初是抽泣，后来就变为号啕大哭，课无法上下去了。

过了一周，又是初中二的音乐课，走进教室后，特别安静，四十几个孩子都瞪着眼睛望着王洛宾，班长走到前面郑重地说："我代表全班同学，献给您一件礼物，并保证随时做您的后盾。"说着双手递给王洛宾一把雪亮的童子军猎刀。王洛宾接过刀，哭了。王洛宾说，这堂音乐课又没上成，但却上了一堂实实在在的爱国课。

晚上回家，王洛宾把给日本人打架、关阁子和猎刀的事，统统告诉给了母亲。王洛宾说，这下可把老人家吓坏了，她表面装着若无其事，夜间熄灯后，她起码到我住的房间来了两趟。

王洛宾说，第二天一起床，老人家告诉我，猎刀已锁在了箱子里，由她保存，并劝我以后不要再去西直门外的高粱桥河里游泳。"不游泳？"这我没听老人家的劝告，自己是中国人，为什么不能在中国的河里游泳。

王洛宾在高粱桥畔，认识了许多东北大学流亡到北京的进步学生，他们一起到河里游泳，一起唱《流亡曲》，一起读抗战书籍。当读到萧军的长篇小说《八月的乡村》中女主人公安娜对尚明唱的那首《奴隶之爱》词时，王洛宾被感动了。于是他为《奴隶之爱》词谱写了曲。当时，《八月的乡村》还是被查禁的书籍，可是安娜的这支《奴隶之爱》"我要恋爱，我也要祖国的自由，毁灭了罢，还是起来？毁灭了罢，还是起来？……"却在高粱桥畔唱了起来。

事后，王洛宾遇到卖炸糕的老人，对他说："您为了我受委屈，我真是过意不去。"老人爽快地说："这一架还真是打好啦，这几天一百块炸糕

（原件为作者藏品）

不到三个小时就可以卖完，大家都认识我，不饿也要吃我的炸糕。也许大家把我的炸糕看成是爱国的炸糕。"王洛宾像顽童一样调皮地说："这一架我也没白打，得到学生的一把猎刀。"

说罢，一老一少开怀大笑。

（原载《光明日报》2007 年 2 月 26 日）

"回归十年"忆往事

1997 年是难忘的一年，香港在与祖国分离 100 年后又回到了祖国的怀抱。

恰遇年画庆"回归"

就在回归的那年 7 月，我在北京潘家园市场购到了一幅"香港回归，

恰遇年画庆"回归"（原件为作者藏品）

举国欢庆"的年画。年画用水粉上彩，画面上，男女青年手持"热烈庆祝香港回到祖国怀抱"的标语，舞狮子，挥龙灯，唢呐声声，锣鼓喧天，一派喜庆场面。我发现这幅画时，它已在一位买主手里。我问那位买主花多少钱买的，他迟疑了一下说，花400元刚买的。他能告诉我多少钱而且有些迟疑，凭我多年的逛摊经验便知，一是他说的400元有水分；二是他可以转手。于是，我说，转让吗？他说，你能给多少钱？我说，加100元

282

吧，他说，加 200 吧，这画在刊物上刚发表，出版社扔出来的。于是我花600 元买下了这幅年画。

地摊上，杂乱无章，真假难辨。众多书画中，我能看上这幅并非出于名家的画，是我对画有情，画与我有缘，因我在香港工作了 4 年。回到家看着这幅画，鼻子发酸，情不自禁涌出一股酸甜苦辣俱全的味儿来。我默默自语，啊，香港是中国的一个特区了，以后是"中国香港"了。

称大陆人"表叔"

我是 20 世纪 1986 年外派香港工作，1990 年调回北京。那时，电视节目里常插有一个广告，一个肥胖的男士，举着一个小药瓶说："听大陆的表叔杠（讲），胃 CU（仙优），好耶！"这个广告播了大概有几年，在香港几乎家喻户晓。后来才知道，"表叔"是出于样板戏《红灯记》小铁梅的唱段，"我家的表叔数不清……"于是一直感觉很别扭，感觉是一种羞辱，不管再好的节目，一出现这个广告我就关电视。

香港节假日多，我又是单身，闲暇时间我爱逛摩罗街和油麻地有古玩的地摊。一次，在油麻地跳蚤市场，一位看来是内地移民的所谓香港人，专买欧洲制造的旧机器零件如齿轮、轴承什么的。他看到我是国内来的，手里拿着一个青花盘，就用挑衅的语气说，你们大陆"表叔"来这儿尽捡大陆的碗碟破烂，我们香港人是捡人家发达国家的先进设备。这番话对我自尊心刺激很大。我当场反驳说，先生，你捡的才是外国的垃圾，而我这是国宝！中国的国宝！他说，你怎么开口中国闭口中国的，这里还不是解放区的天。我看话不投机，就走开了。

讲国语被看不起

我刚到香港不久，在中巴车站问路，上年纪的人听不懂国语。一位香港大学历史系的女学生很热情，她能听懂国语，但说不好，后来我和她还成了"一帮一，一对红"，她教我学粤语，我教她学国语。这个女学生很爱

国，她把我带到香港大学博物馆看中国的文物，她为中国悠久的历史，为自己是个中国人而感到自豪。一次我送她回家，她家住九龙的政府公屋。她的同学和邻居看到她带着位讲国语的大陆男士，总向我们投以白眼。后来女学生不再跟我联系了。

我的一位老领导，是位部级老干部，出差香港，我们几个原在他办公室工作过的年轻人，请他在香港饭店吃饭。他说，这里的中国人讲话我们怎么都听不懂。饭间播放电影《霍元甲》里那首脍炙人口的主题歌"睁开眼吧……"他说，这哪儿叫歌，梆梆梆，听着就像是敲梆子，他让服务员讲国语，饭店老板就要把他赶出去，出言不逊，说他是不受欢迎的人。我们几个与老板争执不休，还惹来了警察，那次大家都很不愉快。

那都是多年前的往事了。近几年我多次去香港。出入关口，都很方便。香港人对内地人很尊重。电影、电视上再也听不到"表叔"。讲国语成了时尚，饭店、商场的服务员都讲国语。感觉和在国内出差没什么两样了。

（原载 2007 年 6 月 23 日《南方日报》，有删节）

激情燃烧井冈山

今年 11 月 7 日，是中华苏维埃共和国成立 80 周年纪念日，我去了江西。我本想去江西瑞金参加纪念活动，但因瑞金距南昌较远，第二天晚上又要赶去香港开会，只好选择了较近些的井冈山。也好，井冈山是朱毛红军的根，是红色政权的根基。

藏龙卧虎好地方

太阳吐红，我们从南昌驱车 3 小时，进入井冈山地界，其标志是公路中间出现了一座红色火炬雕像。井冈山雨水较多，越往山里走，云雾越重，一会儿就细雨蒙蒙了。我心想，当年朱毛红军选择井冈山腹地作为根据地，真是慧眼独具。这里真是个藏龙卧虎的好地方。

进入茨坪镇，我们瞻仰了北山烈士陵园。陵园的墙上，刻着 15477 名井冈山时期牺牲的烈士名单。导游孔彬说，这些都是有名有姓的将士，没上墙的无名烈士还不知有多少。

印象最深的，是解说员对朱德妻子伍若兰的介绍。她 1926 年入党。1929 年 2 月 1 日，部队途经江西寻乌县吉潭，遭国民党军一个团包围。伍若兰为保护朱德和毛泽东等军部首长，率一部分战士从敌人侧翼进行突击，将火力引向自己。朱德和毛泽东等军部领导脱离了危险，而她却陷入敌军重围之中，弹尽负伤被俘，押往赣州。敌人诱其同朱德脱离关系，她威武不屈，怒斥敌人："要我同朱德脱离，除非赣江水倒流！"铮铮话语，气壮山河。1929 年 2 月 8 日，年仅 26 岁的一代女英豪被惨杀于赣州。据说朱德终生喜爱兰花，就因为他心中一直装着一个"若兰"。

红军后代演红军

导游孔彬对我们说：来井冈山，有一个节目是不能不看的。这是当地 600 名红军后代组成的庞大的演出队伍，在一块有山岭、水泊、松竹的旷野地进行的实景表演，除了下大雨不能演出外，每晚演出一场。于是，我们从井冈山干部学院附近上了旅游大巴。

汽车驶往"实景井冈"的路上，三五成群摩托车疾驰而过，越来越多，组成了摩托车队。等我们到了"实景"旁，停车场已经聚集了数百辆摩托车。导游说，这些摩托车手就是即将登场的"演员"。

在"实景"门口，我花 15 元买了顶红军八角帽。晚 7 点，刚落座，面前的旷野上就"电闪鸣雷"、"腥风血雨"、"星火燎原"……一场可歌可泣的"井冈山斗争"开始了。

"我们不是演员，也不是在演戏，我们是重现我们祖辈的历史。"一位"演员"向观众宣示："上井冈山时，我爷爷警卫毛委员。如果爷爷活到革命成功，跟着毛主席进北京城，我也该是北京人喽。革命嘛，就会有牺牲喽。"

序幕之后，正戏拉开。老表欢迎毛委员，朱、毛红军会师井冈，朱德挑粮，敌军围剿，娘送儿当红军、妻送郎上战场，黄洋界上炮声隆……

演出结束了，"演员"从我们面前走过。看着他们晒黑的脸庞、粗糙的双手、粗壮的身躯，这都是井冈山岁月的烙印，我真的流泪了。他们是地地道道的农民。白天下地干活，晚上聚集到这里演"实景井冈"，一丝不苟，充满激情。他们个个都是红军的后代，他们不愧是红军的后代啊！

红色遗迹看不够

第二天，我们从茨坪旅游公交枢纽乘旅游大巴，依次瞻仰了黄洋界、百竹园红军造币厂、小井红军医院、大井毛泽东旧居等。井冈山红色遗迹之多，几天也看不完。

大井毛泽东旧居，坐北朝南，土木结构，因墙壁为白色，当地人称它

作者与演员合影

为"白屋"。1927 年 10 月 24 日毛泽东率秋收起义部队来到大井村时，驻扎在"白屋"中的农民自卫军首领王佐将这幢兵营腾出给工农革命军做营房，毛泽东便住进了"白屋"。与之相邻的黄屋，是朱德的旧居。

院里有两棵古树，一棵是红豆杉，一棵是柞树，当地人叫它们"感情树"。据导游讲：朱总司令经常来此找毛委员开会和商量大事，两棵茂盛的树为他们遮阳造荫。1929 年朱毛红军撤离井冈，两棵树被敌军烧死了。1949 年新中国成立时，两棵树突然抽枝发芽，长得枝繁叶茂。1965 年，毛泽东重上井冈山，两棵树第一次开出如雪似银的小白花。1976 年朱毛相继辞世，两棵树伤心过重，又先后死去。1987 年朱毛井冈山会师 60 周年时，两棵树又复生了。我想，这样的传说，寄托了当地人对朱毛的感情，事或有虚构，而情是真挚的。

置身于井冈，吃的是"红米饭，南瓜汤"，说的是朱毛红军的故事，唱的是红歌。这里的江山是红的。"四面重峦障，五溪曲水萦。红根已深植，今日正繁荣。"（董必武诗）我暗自祝愿这块朱毛 84 年前开垦的红土地，永葆净土本色。

（原载于《人民日报》海外版 2011 年 11 月 24 日第 8 版）

多做事　少作秀

——从焦裕禄的四张照片说起

近日经常从媒体上看到，某市领导和环卫工人一起扫街，某官员视察危房等。这看来似乎是很正常的新闻，却被说成是的哥发现的、网友抓拍的。引发网友热评："这么清晰且评论多角度的长新闻，不是谁都能捕捉到的，明显是有意安排的专业制作。"如此新闻不止一例，领导乘公交车、逛菜市场体察民情，每次都"碰巧"被乘客或菜农发现，发在了微博上。然而，就有网友根据照片分析认为，无论从拍摄的角度还是拍摄的方式，都出自专业摄影人士之手。凡此种种，引来一片此起彼伏的"作秀"批评。

何为"作秀"？做秀就是表演。有人说，当代作秀者的主要特征是光抓媒体眼球、大搞花拳绣腿，作表面文章，不干实事；也有人说，作秀就是本来不是那回事却偏要煞有介事地装成有那回事。我看这后一说，反之也成立，即本来是那么回事（带了专业摄影师）却煞有介事地装成不是那么回事（说是的哥、民众抓拍的）。

在《县委书记的榜样焦裕禄》、《焦裕禄在兰考》等焦裕禄同志的事迹报道里有这样一组内容：一个冬天的黄昏，风越刮越紧，雪越下越大。焦裕禄同志望着风雪，心里惦记着群众：住的怎样？吃的烧的有没有困难？生产队的牲口咋样？他让办公室立即通知各公社做好雪天六项工作：第一，所有农村干部必须深入到户，安排好群众生活；第二，所有从事农村工作的同志，必须深入牛屋检查，保证不冻坏一头牲口；第三，安排好室内副业生产；第四，对于参加运输的人、畜，凡是被风雪隔在途中的，在哪个大队由哪个大队热情接待，保证吃得饱，住得暖；第五、教育全体党员，大雪封门的时候，到群众中去，和他们同甘共苦；最后一条，把检查执行情况迅速报告县委。

这天，风雪刮了一夜，焦裕禄同志的屋里的电灯亮了一夜。第二天黎明，他就把同志们叫起来开会。他说："在这大雪封门的时候，我们不能坐在办公室里烤火，应该到群众中间去。共产党员要在群众最困难的时候，出现在群众面前，在群众最需要帮助的时候，去关心群众，帮助群众。"说罢，就领着大家，顶风冒雪出发了。

……

以上这样的镜头，谁会说是焦裕禄在作秀？但是，焦裕禄的事迹大都没有摄影师记录下来。

新华社记者穆青1965年在写长篇通讯《县委书记的榜样焦裕禄》时，曾多次要焦裕禄的照片，然而焦裕禄在兰考有很多很多感人的事迹，却都找不到多少焦裕禄在这些场合的照片，有的只是众多老百姓的记忆。兰考县老新闻干事刘俊生说他一生中最大的遗憾，是没给焦裕禄在兰考多拍几张工作照片。刘俊生回忆说："焦裕禄在兰考期间，我也经常拿着相机与他一起下乡搞调查研究。但当我把镜头对准他的时候，他不是躲开，就是摇摇头、摆摆手，不让我给他拍。我就问焦书记，每次跟你下乡，都叫我带上相机，为什么不让我给你照相呢？焦书记回答说，带照相机是让你多给群众拍照，是对他们的一种鼓舞。"

据刘俊生介绍，焦裕禄在兰考仅留下的四张照片其中三张还是他偷拍的。1963年，焦裕禄在老韩陵检查生产，他看到焦书记以一个普通劳动者的身份参加劳动，激起了拍照的念头，可怕他阻止，他就把身子转向另一侧，把镜头对准他，偷拍出第一张照片——焦裕禄锄地。

后来他又拍下焦裕禄在田间考察苗情、拔草的镜头。

第三张照片则是他在老韩陵吃过午饭后，一行人来到朱庄村南，焦裕禄把自行车往路边一放，喜气洋洋地向路西边走去，边走边说："咱们春天栽的泡桐苗成活了，旺滋滋地成长，十年后这里就变成一片林海。"当他走到一棵泡桐旁时，刘俊生又给他偷拍了一张。

焦裕禄唯一同意拍摄的一张照片是因为他爱泡桐，便提议刘俊生在泡桐旁给他拍摄。于是，刘俊生按下了快门，拍下了焦裕禄在泡桐树旁的照片。

奉劝我们的领导同志，学习焦裕禄的政绩观，就是脚踏实地，埋头苦干，不做表面文章，不作秀，不搞形式主义，到群众最需要的地方去解决问题，到群众最困难的地方去打开局面。像习近平总书记最近考察兰考时所倡导的，把焦裕禄精神作为镜子，反复照照自己，是否做到了"亲民爱民、艰苦奋斗、科学求实、迎难而上、无私奉献"。你真正这样做了，群众才爱戴你，自发传颂你；你在一个地方，不管时间长短，只有为人民做了好事，人民才不会忘记你。

（2014年6月14日《人民日报》海外版，有删节）

打高尔夫与割麦子

我一位同学多次邀请我打高尔夫，并说，像我们这样身份的干部，哪还有不会这个的。好像再不学会打高尔夫，我就真的要落伍了，就变成了另类。

我的同学打高尔夫真是入了迷。他平时在街上走路时，也时不时摆起打高尔夫球的姿势。有一次在街上，他抡起的胳膊碰到一位女孩子身上，被骂了一句"神经病"。

我终于跟随同学体验了一次。在球场，似曾相识的感觉出现了，一个个晒得黑黝黝的人，在一片绿地碧水的野外弓腰、挥臂，竟然让我想起了当年在"五七"干校割麦子。

在干校时，每逢麦收季节，把干校自己种的麦子割完后，还要帮助临近郊区农民割麦子。我第一次下乡割麦子，是我刚大学毕业到干校。割麦子给我留下了深刻的记忆，最深的记忆是腰疼。真是像老乡说的，女的怕坐月子，男的怕割麦子。

跟着同学看他打高尔夫，我感慨万端，过去割麦子的岁月浮现在眼前。它与打高尔夫如此相似，又如此天壤之别。

打高尔夫与割麦子都是弯腰，都要挥臂，都是在空气新鲜的野外，面朝大地背朝天。

打高尔夫与割麦子，都是一群人的集体活动，都是有职有权的干部，而不同的是，过去是"五七"干校的学员，现在是花少则几十万才能获得的高尔夫会所会员。

打高尔夫和割麦子都是坐车到野外，当年干部去割麦子的交通工具是老农赶的马车牛车，当今打高尔夫的干部坐的是奔驰、宝马，清一色的现代高级小轿车。

两者都是自带工具，割麦子用的镰刀是铁匠铺子打出来的，而高尔夫球杆都是从国外进口的；镰刀每人都有一把，而高尔夫一个球包可有十多根球杆呢。

两者都是起早作业，不同的是，打高尔夫起早，因为早晨空气凉爽；而割麦子起早，是因为早起有露水珠，麦穗潮湿不易掉粒。

他们累了，都要吆喝几句，割麦子喊得是有乡土气味的劳动号子，而当今打高尔夫吆喝的是"nice shot，nice shot！"

割麦子是抢收，割得越多越好；而高尔夫是悠闲自在，打得杆数越少越好。

打高尔夫有年轻、帅气、漂亮的球童和颜悦色地提醒和指导；而割麦子是后边跟个监工，割不干净会凶神恶煞地一通训斥，骂你像"羊拉屎"，我就被骂过。

打高尔夫，需要在练习场花高薪聘教练，多次训练之后才好上场；而割麦子，好像天生都有这个细胞，不需要练习，挥镰刀就能割。

割麦子是一块地割完后，再换地块时，要拖着疲惫的身躯步行而去；而高尔夫打完一个球洞到下个球洞时，往往驾驶进口的电动车，潇洒地驶入下一个场地。

割麦子是穿旧衣汗衫布鞋，头戴草帽，能够戴上一副线织手套已算奢侈，农民还会骂你小资产阶级思想；而打高尔夫是要花成千上万资金，专门购置名牌鞋帽，连手套都要真皮进口的。

打完一场高尔夫，可在设备豪华不亚于五星级酒店的会所的 SPA 沐浴更衣，在幽雅奢华的会所餐厅来上一杯冰镇啤酒，点上几个喜欢吃的大碟小菜，再加水果、冰淇淋，这样谈笑风生，交流球艺，轻松愉快度过美好一天；而割麦子收工后，带着满身泥土汗水，饥肠辘辘，走回老乡的泥墙草屋，吃上用脸盆盛着的馒头、米饭、山芋、青菜，收工后累得腰酸背疼，筋疲力尽，一句话都不想多说。

割麦子与打高尔夫活动的都是腰，洒下的都是汗水，前者收获很简单，就是金色的麦子。后者收获可谓多也，一说是锻炼了身体，二说是广交了朋友，三说是脱离了土味，国际化了。

我认为，还有一说：附庸风雅，奢侈浪费！

如今我们的国情，是需要割麦子的干部呢？还是需要打高尔夫的干部呢？全国人民心中都有标准答案。

（原载于《人民日报》2014 年 3 月 1 日 "金台随感"）

井盖上的城市

近年来，笔者屡次从媒体上看到马路中央的下水道井盖被暴雨冲走，造成路人跌落伤亡的报道，看得触目惊心。时下正值雨季，真不忍心看到大街上的人们头上遮雨脚下还要防井，更不忍心看到井盖下死人的事情再发生。

且看 2011 年 6 月 24 日《北京晚报》的一篇报道：两名青年在试图将一辆熄火的轿车推离积水时，不慎落入排水井，瞬间被冲得无影无踪。

《潇湘晨报》报道：2013 年 3 月 22 日晚 9 点多 21 岁的女孩杨丽君不慎落入下水道，随即被急流卷走。

2010 年 5 月 14 日晚，广州清远的女生李淑芬坠入被水淹没的下水道口，不幸身亡；同年 3 月，在长沙马王堆路上河国际西侧，一位两岁男孩乐乐（乳名）不慎跌入井盖破损的下水道中受伤。

作者 2011 年拍摄于北京国谊宾馆

这样的报道看得人触目惊心。

笔者曾在北京某宾馆院内看到一块有明确标志时间和制造者的井盖："1953 年燃料工业部水电建制"的井盖。历经 60 年的风雨侵蚀，表面仍油光锃亮，厚重稳固，踩上去与踩在地面上没有区别。这样的井盖会担心它破裂或是被水冲走吗？

拿 1953 年燃料工业部生产的井盖对比近年来生产的一些"事故井盖"，笔者不禁心生感叹，论生产设备、技术，现在比 60 年前不知道进步了多少，但却造不出 60 年前那样结实扛用的井盖。想来建国之初虽然物资匮乏，条件落后，但是关系到国家建设，民生工程，事事都讲究"百年大计，质量第一"，这样的理念刻在当时每一个人的脑中。现在这样的口号不见了，人们对此也早已淡漠，要降低成本，获取效益，忽视了井盖的质量，甚至偷工减料，一门心思向前（钱）看，而踏在脚下的井盖却被摒弃在视线之外。直到近两年出了多起井盖质量问题而引起的人员伤亡事故，人们下意识地看到井盖就绕着走，甚至称之为"夺命的井盖"！质问"是谁制造的马路凶手？"

井盖是近代才在城市中出现的，北京的井盖是北京近代市政发展史的一页，承载着时代的变迁。据统计，北京从 1908 年自来水公司安装第一批井盖开始，如今已有将近 195 万套井盖。井盖有着市政、热力、自来水公司等不同的归属，路灯井盖、雨水井盖、污水井盖、表井盖、闸井盖、燃气井盖、电力井盖、电信井盖等等种类繁多，不同的功用，灰口铸铁、球墨铸铁、复合材料、洋灰、黄铜、钢板等不同的材质，每个片区的井盖也都各不相同。从 2002 年起，北京市启用"京标"井盖，能够防偷盗、防坠落、防移位、防震响、防跳动，但仍有相当部分老井盖未换，尤其是较深的污水井。自长沙落井女孩杨丽君遇难之后，北京市政部门加快更换"五防"井盖，并在千个井口安装反光警示杆，井盖移位将自动弹起；北京市排水集团也加快了对单层井盖加防坠网的工作。笔者欣慰之余，也有建言：对于井盖这样大量使用的城市基础设施，可否在生产上建立起统一的国家标准，在用料、厚度、制造工艺上有规范要求，并且像 1953 年燃料工业部制造的井盖那样，标出制造或监制部门。

城市本应让生活更美好。因破损井盖而危机四伏的道路撼动着现代城市的基础；因问题井盖而造成的无可挽回的悲剧拷问着城市管理者的良心。今年上海、江苏、辽宁、河北等多个省市都将井盖问题列入了招考公务员的试题中，体现出政府对此类事故的深刻反省和对群众生命安全的高度关心。在全党群众路线教育实践活动中，井盖——这被人踩在脚下，但切身关系到群众基本安危和利益的小物件，理应受到足够的重视。高楼大厦，是城市光鲜的名片；而一方井盖，却是繁荣城市的根基，是城市内涵

的人文关怀，是管理者感系民生的拳拳之心。

（原载《人民日报》2013 年 9 月 2 日 20 版《大地副刊》，
题目为：《井盖与城市》）

青花瓷与清代督陶官唐英

20 世纪 90 年代初，古玩在墙角和马路上被工商公安到处追赶的局面基本结束，古玩城已见雏形。当时搭起的是一些铁皮房子。

我从香港刚调回京，节假日经常逛古玩市场。在古玩城一家陈女士的店里，一件有清唐英铭文的大香炉，引起我极大的兴趣。由于受我的启蒙"老师"赵汝珍先生《古玩指南》的影响，我还非常热衷于宋元瓷器的收藏。我之所以对唐英炉感兴趣，是因为在前不久，看到台湾郭良蕙女士主笔的艺术品专业刊物《龙语》杂志上，刊登一篇署名刘炜《唐英铭款供瓶谈略》的文章。从此对唐英铭款青花花卉香炉和唐英留下较深刻记忆和想念。

我将此事告诉了我认识的某博物馆研究员。在我的再三哀求下，他跟我去看货。他看货后说，故宫没有这件东西！言下之意，这是赝品！我说是残缺的。他说，新东西弄坏不也很容易吗?!

专家断定是赝品。根据是宫里没有类似东西。

回到家后，我怎么也安定不下来。我又返头回到那家店。经过讨价还价，7000 元买下唐英铭款青花花卉香炉。卖主陈女士跟我说，刚才来的那个人根本不懂，就在昨天，一白发老头带着一位中年女士给我 6500 元，7000 元我少一分不卖，他们说回去商量。

陈女士为说明唐英铭款青花花卉香炉是真的，还讲了此炉的来历。她说，那是"文化大革命"闹得最凶的年头，我和我家里那口子，当时都是中学生。我俩在一个大院里看破四旧查抄品，那放在漏天大院子里的瓷器啊字画啊堆的像小山，任雨淋着。我们看这个香炉可以放米，就搬回了家。这个炉，起先是掉了一条腿，还有两条腿，就用砖支着当米缸。后来又掉了一条腿，我家老爷子就把仅留的那条腿给掰掉了。这不，就成了这个残品了。

我对唐英铭款青花花卉香炉观察良久，伤足的疤痕很旧，不像新的，像是因缺损一足，香炉无法站立，而凶狠无知地砍掉其余二足。我心里诅咒，真是罪孽！

唐英炉，也使我从此研究上了明清青花瓷。

研究中国瓷器历史的人都知道，清代带有唐英铭文款的瓷器非常珍贵！它代表了乾隆时期制瓷工艺的最高成就和精湛水平，是研究乾隆前期官窑青花工艺及断代的标准器。特别是此时制作的"佛前五供"器，既有作者的姓名和制作目的，又有具体的制作年代，因而成为稀世珍宝。北京故宫博物院的研究人员曾撰文指出，"所谓佛前五供，一般是指佛像前供奉的一对供瓶，一对烛台和一个香炉。遗憾的是这套佛前五供还未见到香炉，不知散落何方。"（见（《故宫博物院院刊》，1992 年第 2 期）。

就目前的资料来看，唐英所制的五供中的供瓶发现四件：（一）收藏于中国历史博物馆；（二）收藏于上海博物馆；（三）香港苏富比拍卖行1986 年拍卖；（四）香港徐氏艺术馆收藏。有烛台一件，收藏于英国国立维多利亚·阿尔拔工艺博物馆（Victoria and Albert Museum）。

关于五供器中不可缺少的香炉，迄今为止一直是个未解之谜。

我这件是不是呢？

这件有唐英铭文款的青花花卉大香炉（残器），十分可惜，炉底的三足已被齐刷刷地砍掉了。此炉高 39 厘米（不含足），口径 30 厘米，腹径45 厘米，阔口，硕腹，圆锅底，缺足。里光素，外口下绘有青花如意云头纹，腹上凸起弦纹三道，绘青花纹饰，腹部以青花双边线勾勒出扁方形开光，开光内满绘大朵的缠枝莲花。开光内有七行六十九字楷书铭文："养心殿总监造：钦差督理江南淮、宿、海三关，兼管江西陶政，九江关税务、内务府员外廊仍管佐领加五级、沈阳唐英敬制。献东霸天仙圣母案前永远供奉。乾隆六年春月谷旦。"香炉虽已残缺，但就炉体来看，造型仍然十分独特，不同于同时期一般香炉的形制，硕肥如瓮，腹部相当饱满，既可绘制精美图案，又可书写长篇铭文，可谓匠心独运。香炉的底釉

青亮而洁白，没有一丝杂质，通体的青花纹饰仿宣德"苏泥勃青"料的艺术效果，翠兰中闪现着黑亮的结晶斑点，深沉浓丽，亮艳无比。楷书铭文，笔画圆润潇洒，具有深醇的书法功底，显现着乾隆时期的馆阁体书风，绝非一般工匠能为之。它与现存于中国历史博物馆乾隆六年的供瓶上的铭文、英国国立维多利亚·阿尔拔工艺博物馆的乾隆六年的烛台上的铭文如出一辙，应是出自一人之手的精心之作。此件缺足香炉于上述两馆的供瓶与烛台，不论是花纹装饰、风格、铭文、制作年代，烧制技术上都十分接近，有可能是同一套五件供器！

收藏于上海博物馆的供瓶，为乾隆五年制；香港苏富比拍卖的供瓶为乾隆五年制；而香港徐展堂博士藏品供瓶，虽是乾隆六年制，但青花纹饰和供奉地点却不相同，所以和这件缺足香炉不是一套供器。

按照目前发现的乾隆五年六年制作的供瓶和六年制作的烛台来推论，唐英于此间至少烧制了三套青花五供器，以每套有二件供瓶、二件烛台、一件炉计算，那么至少存世应有六件供瓶、六件烛台、三件香炉。

唐英作为一名清代的督陶官，在中国陶瓷发展史上曾写下过辉煌的一页。他的一生，除前半生供奉宫廷外，后半生便与瓷务始终结下不解之缘。他在雍正六年——乾隆二十一年先后督陶达二十余年之久，是景德镇御窑厂发展史中督陶时期最长，成就最显著的一位督陶官。

许多历史文献均记录了当时"唐窑"的卓越成就。如《清史稿·唐英传》说"英所造者，也称唐窑。"《景德镇陶录》记述当时的盛况云，"仿肖古名窑诸器，无不媲美，仿各种名釉，无不巧合；萃工逞能，无不盛偏……厂窑至此，集大成矣。"《清史稿·唐英传》、《浮梁县志》也曾记载当时"唐窑"仿古器物自宋大观以来，历史诸官窑及哥窑、定窑、钧窑、龙泉窑、宜兴窑甚至西洋，东洋诸器皆有仿制，且仿古彩今各类釉色达五十七种之多。《钦流齐说瓷》称这个时期的制瓷工艺"几乎鬼斧神工。"《古铜瓷器考》亦赞曰，"有陶以来，未有今日之美备。"

唐英于乾隆五、六年烧造这些供瓶供奉各处庙宇，究竟出于什么动机？虽然史料并无详细记载，但是，在唐英所著《陶人心语》中却能查到一些史实。如乾隆五年，唐英在其59岁时又得一丁（见《陶人心语续选》

卷三），"庚申中秋后三日，三子生于江州使署，赋以识之"，"三子万宝以8月18日生于江州使署，友人贺以诗四次其韵。"正是由于老年得子，唐英当时的心情定会感到喜从天降。又乾隆六年，时逢唐英六十岁寿辰。其次子寅保榜发科中"辛酉榜发时，正奉使浔阳。闻寅儿获隽漫成二首示勉。"此时的唐英更是百感交集，因为在封建社会里"父以子荣"，其子榜发科中是光宗耀祖之事。

唐英属汉军正白旗，而非满族旗人，其地位更在满族旗人之下。尽管他十岁读书，博学多识，天资聪慧，但其家人"急欲其建功王家，不令卒举子业，年十六即供奉内廷"，但终因"隶籍内务"世为皇帝奴才，不能出身科举，攀登仕途。他16岁起进宫廷为侍从，供役养心殿20多年，四十三岁那年才"仰蒙高厚殊恩，拨置郎署"。47岁时以内务府员外郎头衔"奉使江西监视陶务"，年近五十才领从五品职衔，历经仕途坎坷，可谓饱经人事沧桑，因此对其次子寅保"榜发科中"十分看重。还有一层意思，就是教育后代世代清廉，故以青花缠枝莲花做图案，供奉圣母案前。

唐英一生信奉佛教，自号"陶成居士"、"沐斋居士"、"蜗寄居士"。他在《陶人心语》中所写的"忍字八则"，正是他笃信佛教的体现。在他督陶期间，景德镇瓷器纹饰上也多用"八宝纹"、"莲花纹"、"八吉祥纹"等。由此看来，唐英在他"花甲之年"喜得贵子后，又逢次子"榜发科中"，仕途有望之时，精心制作这些供瓶分献各处是顺理成章之事，其目的就是求神仙菩萨，继续保佑他全家安康幸福，同时也祈求其次子仕途远大。

刘炜先生在《唐英铭款青花供瓶谈略》中认为，乾隆五年、六年间是唐英督陶史上的一个多事之秋。此间，景德镇御窑厂的瓷器生产已经由雍正年间的高峰期开始走下坡路，皇帝也常常为瓷器粗糙之事责问唐英。如乾隆六年六月，皇帝发怒"传旨海望着瓷器处不必烧造"，七月唐英上呈奏折，皇帝英明，"不但去年，数年以来所烧造者，远逊雍正年间所烧者"。唐英因为督陶业绩显著曾颇受皇帝青睐，他身为内务府员外郎权淮、权浔，在清朝这个职务已经比知府还高了。不免累受满人排斥嫉妒和打击，更由于宝亲王弘历当上乾隆皇帝后，制造了满汉之间的界限，使情势更当危如累卵。乾隆六年，乾隆皇帝因听信谗言，传旨责问唐英历年瓷器烧造经费情况，明显对唐英有克扣经费、偷工减料之疑，唐英为此忧心忡忡。这正是唐英非常担心之事。因此，他在供奉庙宇的五供器中皆以青花缠枝莲做图案，表明自己清白廉正。七月，唐英钦奉朱批曰："旨到可将雍正十、十一、十二、十三等年所费几何？乾隆元年至五年所费几何？——查明造册奏闻备查，仍缮清单奏闻。"乾隆五年十一月，唐英奏请派员往景德镇御窑厂监造瓷器。"因江西瓷厂监造乏员，具奏折请派员前往烧造。"（见《唐英奏折十号》）乾隆六年，皇帝因瓷器粗糙传旨责斥唐英，唐英呈折陈述缘由。"奴才钦承之下不胜战栗惶悚，伏查上年秋间正值监造催总默尔森额抱病之时，奴才又距厂三百余里不能逐件指点，以致所得瓷器不无粗糙"。（《唐英奏呈皇帝》）。曾责令唐英赔补银二千一百六十余两。

乾隆八年，唐英作《即事有感》四首，终于流露出愤懑不平之感，其中一首写道，"高才捷足宦途身，障眼浮云变古今。手段攫吞蝼蚁口，媚行笑激是非心。冰山靠倒何曾暖？孽海波翻岂尽沈？伎俩已穷城社冷，一天红日散重阴。"虽然历遭坎坷，但乾隆五、六年也是唐英督陶史上成果最为丰硕之秋。

唐英《陶人心语》并"自序"。同年九月为重修《浮梁县志》作序。在这些文章中，唐英揭示了历代因陶之弊，害及浮邑吏民，疲于奔命的历史教训，并要后之君子，"务因陶之利，杜陶之害。以奠安斯民作息陶成于亿万年耳。"

唐英此时制作这些青花缠枝莲五供器，还应有一层更深的意思，就是虔诚地祈求神仙菩隆，永远保佑他事业兴旺发达，证明他为官清廉，洁白无瑕。

十年之后，我才得知，卖给我唐英铭款青花花卉香炉的陈女士所说的白发老者和那位中年女士，是耿宝昌先生和陈华莎女士。一次，我让耿先生鉴定明宣德款青花龙文梅瓶，为了让他认可我的鉴定能力，我一起搬去了十年前收藏的那只唐英铭款青花花卉香炉。耿先生看到我收藏的炉不无感慨地说，这炉在你这儿呀！陈华莎女士说，他们见过此炉。由于用多少钱买需要向文物局申请，并不是不值 7000 元，是想先还个价把货留住，我们再去时已经卖了。还好，知道是你买了，我们还能看到。我庆幸我当时刚从香港调回不久，口袋里有些钱，得到了这只香炉。

有唐英铭款的佛前五供器，虽说不成套的供瓶和烛台都有完整存世，但香炉目前只发现这件残器。而如今它是一件真正意义上的残品。话又说回来，虽然我们不能窥见香炉完整的风貌，但起码可以用实物来印证，唐英于乾隆六年制的香炉是客观存在的。

清唐英款青花花卉香炉，非但不是赝品，而且是绝无仅有的孤品。

（2012 年 9 月 1 日）

20 年代教师《信约》的启示

大年将至，本来是家家团聚欢天喜地的日子，尤其是孩子们，是望眼欲穿地穿花衣，放鞭炮，串亲戚，收红包，是早也盼晚也盼，终于盼到的一年到头的大节日。然而一位表亲告诉我，他正为上初中的女儿假期上补习班的事发愁呢。我很不以为然：现在的孩子学习压力大，放假更应该好好玩耍放松才是。不料这位表亲哭丧着脸说："谁不想让孩子高高兴兴玩一个假期，可你不补课别人会补，开学的时候就追不上人家了，孩子自己也难受啊。"我问："为什么现在的孩子都要补课呢？我们过去上学，假期就没补过课，不也考上高中上了大学吗？现在有没有不补课的孩子？"他说有，但不补课的孩子基本上就是"没什么希望"的孩子，老师是看不上，不屑管的。我又问："学习前三名的，也要补课？"表亲哭丧着脸无奈地说："就是第一名也要补！不然很快就被别人赶上了。"他悄悄告诉我，还真有些老师在课堂上不把教课内容讲完，故意留一点放到补习班上说，孩子要听全，只能去补课。我听后哑然，一时竟找不到话来反驳或者劝说他。

表亲又说，你们北京还算好的，许多外地市县里，不少中小学校的老师私下大办补习班，假期比学期更加忙碌，学生也更加辛苦。二三十个学生挤在租来的民房里，听课、做习题，一节课下来每人要一两百元，每天最少两节课，每周最少上两天，算起来每个学生一个月至少要 1600 元补课费；你没听说吗，现在放开了"单独两孩"，打算生二胎的人也不会太多，不是养不起，是教不起。

还说，有的补课老师一家人形成了"产业链"，有给学生做饭的，有开车接送学生的，有专门采购文具的等等，各个环节收入都相当不菲。许多老师靠办补习班发了财，收入远远高于工资呢。

可不是嘛，去年 10 月我在清华大学听国学课，授课的知名教授有的也屡次说到自己还有校外别的课要上，甚至连板书都不做，匆匆讲完就拔腿走人；还有的到外地讲课而随意改动授课时间。

我看到一张 1928 年教师《信约》（聘用书），是我国近现代著名教育家北京汇文学校校长高凤山给国语教员孙锡廷的聘书，一共有八项内容，其中第一条："教员宜本教诲不倦之精神谋求本校教育宗旨之实现"；第二条："悉力指导学生课外各种作业"；第四条："不得外兼他事致不能专心教务"。

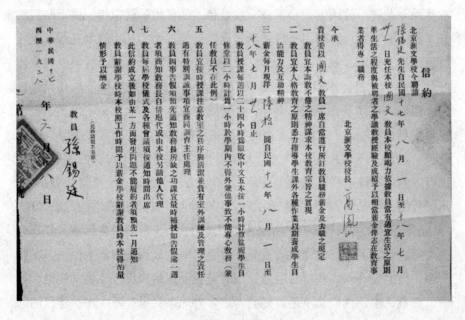

（原件为作者藏品）

这份《信约》，不仅以明文规定的形式对教师的行为做出了约束，还从师德的层面为教师指明了为人师表所应具备的"教诲不倦"的操守与素质。汇文学校先后培养出了以彭雪枫为代表的老一辈无产阶级革命家、以王大珩、王忠诚等20多位院士为代表的著名科学家。

看来，20年代的学校与教师签订这样的契约，以及契约的内容，可能是当时极为普遍和约定俗成的现象，是我重现教育，倡导"为人师表""教书育人"的国度，教育宗旨的历史延续和传承。我想，80多年前或更早的时候都能够做到"悉力指导学生课外各种作业"和"不得外兼他事致不能专心教务"，在如今更为优越的教育资源和社会制度下，为什么反倒做不到或做得不好了呢？

教育部《中小学教师职业道德规范》有明文规定：中小学教师要自觉抵制有偿家教，不利用职务之便谋取私利。国务院办公厅、各省政府也有文件规定：严禁中小学教师举办或参与举办各类收费培训班等。那么，是有令不行？还是教育主管部门监管不力？抑或是部分人忽视了自己教师的神圣职称？《师说》云："师者，所以传道授业解惑也。"乱办补习班成风，功利心远远大过了教育的目的，不良影响加诸孩童身上，祸患深远。

（2014年3月21日《中国文化报》）

丢失的手迹与失去的年代

6月1日是个周六，从上午9：00时开始，我默默地坐在首都图书馆A座一层多功能厅一角，参加一个小型拍卖会，等待着我认为极其重要的一件拍品："陈景润致科学通讯编辑部信札"。

刚过的5月22日是陈景润诞辰80周年纪念日。信札是陈景润写于1984年3月18日，此信札写后不到一个月的同年4月，陈景润从家中骑车到魏公村的新华书店买书，被一辆急行的自行车撞倒，后脑着地，当即昏迷，在治疗中被诊断患上了帕金森氏综合症，从此多病缠身。可见，这

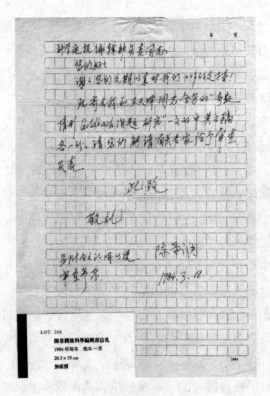

（原件为作者藏品）

可能是他生病前最后的手迹，更显得弥足珍贵。

　　我足等了三个小时，"陈景润致科学通讯编辑部信札"拍品拍卖终于到了，100 元起价，几乎没更多人争拍，很容易就被我拍到了，我不无感叹！

　　6 月 1 日中午赴朋友家宴，席间有两个 80 后男女青年，我兴高采烈地让他们看我的拍品，他们却不屑一顾："这有啥看呢？"我告诉他们"这是我等了一个上午，才买到的"时，他们竟目瞪口呆，一位说："这还要钱呀？"另一位说："我还觉得是您从地摊捡的破烂呢。"我又问："你们可知道陈景润？"他们指指电视，几乎异口同声："嗐，我们只知道陈奕迅，不知道陈景润。"原来他们正在看湖南卫视陈奕迅、章子怡等作为"中国最强音"导师率众歌手 PK 呢。我简直有些痛心疾首："你们不能只知道陈奕迅不知道陈景润啊！"他们说："那您上电脑打姓陈的，电脑联想肯定首先是陈奕迅而不会有陈景润呢！"我只有张口结舌，无以应对。

这时，我没有再为用很便宜的价格拍到这件"陈景润致科学通讯编辑部信札"而高兴了；我想到科学界这几天在陈景润诞辰80周年纪念日时的纪念文章和活动，缅怀他的贡献，呼吁弘扬他献身科学、不懈奋斗的精神；也想起一年前的5月12日我发表在《人民日报》上的《从陈景润到刘路》的杂谈等等。我是为有些青年人对于科学事业和科技的进步漫不关心；为千呼万唤不回还的"科学的春天"而惆怅与无奈。

陈景润何许人也？30多年前的1978年发表在《人民文学》第一期的报告文学《哥德巴赫猜想》，《人民日报》1978年2月17日进行了转载，立即在全国引起轰动。一篇轰动全中国的报告文学《哥德巴赫猜想》，使得数学奇才陈景润一夜之间街知巷闻、家喻户晓。1973年，他发表的著名论文《大偶数表为一个素数与不超过两个素数乘积之和》（即"1+2"），把几百年来人们未曾解决的哥德巴赫猜想的证明大大推进了一步，引起轰动，在国际上被命名为"陈氏定理"。他的事迹和甘于寂寞，乐于清贫，拼搏献身的精神在全国广为传颂，他研究哥德巴赫猜想和其他数论问题的成就，至今仍然在世界上遥遥领先，被誉为"哥德巴赫猜想第一人"。

陈景润是20世纪80年代青少年心目中传奇式的人物和学习楷模，影响了一代青年。如"陈景润致科学通讯编辑部信札"中提到的"奇数情形Goldbach问题研究"的合作者王天泽，当时与陈景润一起进行"奇数情形Goldbach问题研究"时还是个在校数学系学生。可见20世纪80年代中国，时代的最强音是崇尚科学，而决非今天到处弥漫的PK歌星的所谓"中国最强音"。

（原载《人民日报》2013年6月17日《大地副刊》，有删节）

从陈景润到刘路所想到的

陈景润 1966 年发表《大偶数表为一个素数与不超过两个素数的乘积之和》(简称"1+2"),成为哥德巴赫猜想研究上的里程碑。

作家徐迟 1978 年发表在《人民文学》第一期的报告文学《哥德巴赫猜想》,《人民日报》1978 年 1 月进行了转载,立即在全国引起轰动。不久,全国科学大会在北京召开,陈景润作为年轻的代表之一坐在主席台上。

作为我国优秀知识分子的代表,陈景润之后继而出现了数学家杨乐、张广厚在"函数值分布论"领域研究的突破性成果。他们成为一代中国青年的学习的榜样。由此带动了在科技界、在大学校园,在青年科学家、在大学生中的科学热,尤其是数学热。出现了人们后来说的"科学的春天"。"哥德巴赫猜想"产生了不可估量的社会效应和历史价值。

陈景润、杨乐、张广厚他们影响了 80 年代一代青年人。

2008 年在散文奖的一次会上,我见到时任《人民文学》副总编的周明同志。此时,距《哥德巴赫猜想》在《人民文学》上发表已过去了整整 30 年,《哥德巴赫猜想》的作者徐迟和主人公陈景润皆已去世,但周明同志谈起陈景润,谈起《哥德巴赫猜想》的产生过程,仍还津津乐道,陈景润在六平方米屋子里解析世界数学难题的事迹,仿佛就在昨日。我不是科学家,但多少年后我在潘家园旧书摊,看到三四十年代由于战乱,大学搬迁(大量是国立北京大学、国立清华大学和私立南开大学联合而成的西南联大时期),散落的陈省身、华罗庚、熊庆来、胡世桢等一代数学大师当年的数学通讯手稿时,还把它收藏起来,以备供给研究人员用。足以可见 80 年代的数学热对我们这代人影响之深。

80 年代,那真是个前所未有的科学的春天。这些年来,一直盼望着又一个科学春天的再次出现。

可喜可贺的是,前不久据报道:"西塔潘猜想",一道在数理逻辑学中沉寂了十余年的数学难题,被一位中国的大学本科生破解。中南大学数学科学与计算技术学院 2008 级本科生 22 岁的刘路,成为了舆论关注的焦点。

据说，还是首次在校大学生破解数学难题。《人民日报》等重要媒体也报道有"破解世界数学难题"，"震惊全球"之说。

我想，刘路会成为青年的榜样，继而会像80年代的陈景润一样，在大学生中，在青年中再次掀起数学热，科学热。因为，现在青年人多么需要这样崇尚科学的社会环境，社会多么需要崇尚科学的风气啊！可遗憾的是，这样的热度很快就凉了下来。刘路这位大学生之所以能做到"震惊全球"，像陈景润一样，固然有他独特的天赋。并不能要求所有大学生和青年科学家都能做到这一点。但从刘路身上体现出的青年人对科学崇高的追求精神，在当今社会，还是应大力弘扬的。

再想想，近些年来感动世界的中国青年，有球星的"球"技，泳星的"泳"技，跑星的"跑"技，"感动"世界之后，他们大都先后成了"感动中国"人物。我想，那"震惊世界"的数学难题解决者，数学之星刘路也会成为"感动中国"人物的。

就像80年代，一场排球胜利可"振兴中华"，"哥德巴赫猜想"也可"振兴中华"一样。

（原载于《人民日报》2012年5月12日8版，
题为《从陈景润到刘路》）

雷锋被热捧和被冷落的年代

多年前在潘家园周末地摊，我看到的一批资料中有某出版社处理的《雷锋的故事》样书和书里的七幅插图稿和雷锋画像。现在看来，当时可能是雷锋被冷落的年代。那时，一味崇尚物质，想一夜暴富的人，可能认为这些雷锋资料没有多少经济价值和升值空间，而被弃之和不屑。由于雷锋对我们这代人影响至深，我也坚信雷锋不会被社会遗忘，一定还会发扬光大，继续影响我们的后代。于是我毫不犹豫地就买了下来。

雷锋同志真正把毛泽东提出的"为人民服务"的理念形象化、具体化、

大众化了，他以自己的行动，将这一理念的精髓深深植入了亿万人民的心中，对以后的几代人特别是五六十年代出生的人，影响至深。

我在长篇小说《工农兵大学生》中有这样一段故事描写："吕志兵的

(解放军出版社)

父亲管教孩子很少使用武力，但也打过吕继红一巴掌，也就是仅仅的这一巴掌使他久久铭记在心。当时（60年代）他父亲发了一本书名叫做《县委书记的榜样焦裕禄》的通讯集红皮书，其中有一篇叫作《雷锋的故事》。吕继红深深地被雷锋的事迹感染着，不知看了多少遍。有一次，他带着书跟邻居大哥哥去放羊，不知不觉在太阳底儿下的土坷垃地里睡着了，醒来时发现，书被饥饿的羊吃掉了一大块，顿时他心里发了慌。他知道，这本书是爸爸最喜欢的一本书。一直以来，言谈中他知道，爸爸是多么的崇敬焦裕禄啊。吕志兵回到家里，忐忑不安地拿着残缺的书，恐慌地看着父亲，他心里害怕极了。吕志兵被父亲狠狠地打了一巴掌。毁掉了书像是损毁了父亲心目中的榜样焦裕禄形象，嚼了他父亲的灵魂……"

由此可见五六十年代，虽然物质匮乏，大人和孩子都面临着饥饿，但每个层次、每个年龄段的人都有自己学习的榜样。成年人都知道焦裕禄，青少年都知道雷锋。雷锋精神在五六十年代出生那代人身上自幼便打下了深深的烙印，可以说雷锋精神是影响了五六十年代出生的人一生的人生观、价值观和世界观。他们以后的人生道路都在这种精神的感召下绵延滋远。一个民族不能没有自己的英雄，一代人不能没有自己的榜样。

（出版《雷锋的故事》插图原件为作者藏品）

（出版《雷锋的故事》插图原件为作者藏品）

（2013 年 3 月 1 日）

80年代，我们正年轻

补　课

由于我们这代人被"十年文革"耽搁了学习，进入机关后，领导安排我们立即进行了补课学习，在高校进行学时补课，听专家讲课，出国培训学习电子计算机知识等。

书到用时方知少。那时我们非常渴望知识，到海淀上课，从东单出发，每天早6：00之前就得起床倒几趟公共汽车才能在上课前赶到到学校。记得一个雪天，海淀的雪比东城的大，天又早，扫雪的工人还没来得及清扫，还离学校一站多地时，路上积雪已足一尺厚，公共汽车开不动了，熄了火。我们几个人真是连走带跑，甚至连滚带爬，踏着雪往学校赶，到校时，第一节课忆上了一大半。看着我们几位气喘吁吁，冻红的脸蛋，身上还挂着残雪的几位同学的模样，老师被感动了。老师说："同学们：你们看，刚进来的几位同学是从东城赶过来的，由于雪大他们误了课。今天是新课，我给你们商量一下，刚才讲的课我们从头再讲一遍如何？"一片掌声之后，教室内鸦雀无声，老师又从头讲起，拖堂了，整个班里没有一个同学离开。

听专家讲座

那时，我国由于大量引进先进设备，经常聘请外国专家授课，记得我曾到西城的清华大学、北京航空学院，东城的北京经济学院等院校听聘请的外国专家讲计算机课，还到过国家计委、一机部机械设备进出口公司刚引进设备建好运转的电子计算机中心，听中外专家讲电子计算机应用。给我印象最深的是在木樨地的一个礼堂里听钱学森老师讲三论（系统论、控制论和信息论）。当时听得心潮澎湃，跃跃欲试，但又觉得离钱学森老师描述的信息时代远无边际。记得在课间休息时，我带着疑问还请教了钱学森老师，亲聆了他的教诲。钱学森老师信心满满地说："不远的将来将是个信息社会。"还说："你们这代人不但可以赶上，还是参与的主力军呢。"

初生之犊不怕虎，一时，我竟雄心勃勃地想搞计（数）量经济学。我在接触外贸专业会司业务人员时了解到，外贸库存和货物积港压船问题严重，于是，产生了用数学方法解决外贸一两个问题的冲动。我走访外贸部仓储局和外运公司了解情况，主要是获取真实数据，这些还得到部有关领导的支持和推荐。用最佳效果的控制论理论和数学方法写出了《出口商品的数量控制及其经济效果分析》在《国际贸易问题》（外贸学院学报）上发表。时任对外贸易部部长曾在上海特科做无线电通讯科科长、红军时期创造过"李强天线"的李强同志还拿着杂志找到我，给我说："这个数学模型我懂，好啊！咱们外贸用上微积分了！"

填补"青黄不接"

我毕业于1978年，中共十一届三中全会决定，把全党工作的重点转到实现四个现代化上。这一年是走向现代化的正式开端。

当时中央、国家机关部委纷纷成立科技局、办。我学的是数学系计算数学专业，毕业分配到对外贸易部科技办，筹备电子计算机中心。在与外贸业务的接触中，技术人员懂得了外贸业务，外贸业务人员了解了计算机应用后，大家有了用电子计算机管理的渴望，想很快从进出口合同订单、合同到统计报表、财务报表都用上计算机处理。外贸部所属的十大外贸专业公司大都与共和国一起成立，大量的业务档案塞满了档案室，迫切需要建立计算机数据库。外贸人员也很欢迎掌握了一些计算机知识的新大学生。正像我在《工农兵大学生》自序《那个时代，那样一代人中》中所说的："他们的学习基础确实参差不齐，但他们大多非常珍惜来之不易的学习机会。他们能吃苦、肯钻研，学到了一些在那个年代显得十分宝贵的科学文化知识。他们中后来涌现出了不少人才，在中国起到了承上启下的作用。"比如《工农兵大学生》中提到的用于数字计算的计算机向商用管理计算机转化，就是从20世纪70年代中后期开始的一项技术变革。粉碎"四人帮"

后，在"以阶级斗争为纲"转向"以经济建设为中心"的时候，"这些人很快进入了角色，填补了青黄不接的人才空白。"

单身宿舍时，恋爱的季节

那时我们大学毕业，分配到外贸部机关的大学生，住在机关最东头的两层简易房，底层是敞开门的车库，尽头有个露天的铁制走梯，二层就是我们的宿舍，共有三套宿舍，宿舍开门面临机关大院，宿舍前边是个有栏杆的悬着的走廊。我住的那套最大，我们 10 个人一个房间。

紧挨着我床头的是吉林大学哲学系毕业的王君（化名），他怕别人影响他读书，在床上捆绑上几个棍子，用报纸糊得严严实实，自建小楼成一统，钻进里边苦读书。来年夏季的一天，我和王君从郊区帮农民夏收割麦子回来，刚好那天我给他介绍的女朋友、我的大学同学约见面，我说："你回宿舍换换衣服。"王君说："走吧，不用换了。"我看着他露出脚趾的布鞋，说："起码换双鞋呀！"王君说："我就这么个邋遢样儿，一下暴露给人家好，免得隐瞒咱本质。"见面后，女方说："这不是你同宿舍搭棚子那位老夫子吗?"原来，我的同学到我宿舍时，碰上过他。她很喜欢读书人，喜欢学者型的王君，他们谈起了对象，最终成了夫妻。

我们宿舍里有位老大哥，他是云南西双版纳插队的上海知青，上海交通大学毕业。他在办公室背外语单词，一般晚上 11：00 前不回宿舍，有的时候他回宿舍时动作较大，影响其他人休息。大家想搞个恶作剧整整他。知道他年龄较大，个子较矮，找对象心切。一天他晚上回宿舍，一拉门口灯看到在门口桌子上放了一张纸，是设计精致的"未婚青年登记表"，落款是"外贸部团委"。他问："你们填了吗?"与他同一个学校毕业的一位舍友说："老大哥先填吧!"他认认真真地填好，拿给一位担任部团委委员的舍友看，大家围了上去，不知哪位憋不住发笑出了声，紧接着一场狂笑，把这事给戳穿了。后来恶作剧被机关党委知道了，了解到他爱学习，工作认真，主动给他介绍了个外贸子女，也是刚下乡回来，在工厂当工

人，年龄般配的姑娘，后来他们结了婚。

（2014 年 9 月 30 日）

求效益是计算机应用中的首要问题

电子计算机是现代化管理的重要工具，目前已广泛应用于各个领域。

但是，在电子计算机的应用中，存在着重复设置、利用率低等问题。1978 年以来，经济部门陆续进口了一批用于数据处理的电子计算机，由于缺乏统一部署和规划，有的部门和单位重复设置，造成很大的浪费。例如，有一个部进口了一套计算机，设立了局级的计算中心。在这个计算中心的计算机还"吃不饱"的情况下，这个部所属的一个公司又另外进口一套，再设立机构。这样做，不仅浪费了资金，也影响了计算机应用的经济效益。

在开展对外经济贸易中，本来应当利用计算机这个先进的工具，迅速传递国际市场商品需求信息，使国内生产适销对路的商品及时投放，避免盲目生产和商品积压。计算机还能根据进出口贸易数字，预测未来国际市场的变化趋势，以建立科学的决策，避免损失。可是，我们的一些部门在计算机应用中，只是用计算机做一下简单的货单计算，做几张月、季、年度统计表、财会报表。仓储部门也没有利用计算机控制合理库存，改变仓库流动资金数量大、周转速度慢、经济效益差的状况；只是用计算机做几张库存汇总表，把计算机当算盘用了。

还有的单位，进口的机器不会用，原封不拆，一放就是几年；有的单位有了计算机，但用计算机管理的业务少，闲置的时间长。

我们应当明确，计算机在经济部门中的应用，不仅仅是节省一些人力，重要的是要从提高经营管理水平中求得经济效益。商业、外贸部门对经济信息的收集、传递、积累、整理、分析、处理，国民经济计划部门进行统计、预测，银行、仓储部门选用最优方案，加速流动资金的周转速度等，都是应用计算机所要解决的课题。因此，一定要把提高经济效益放在计算机应用工作的首位。

在一个系统或地区内，有计划地设立计算机应用中心。对现有设备统一规划，合并使用，可以提高机器利用率和应用水平。对计算机应用中心应当逐步实行企业化，开展技术咨询，为用户服务。

目前的计算机应用人员不懂经济业务，业务人员不会使用计算机的现状，制约了计算机应用的深度。因此，一方面必须培训经济业务人员直接使用计算机；另一方面，要使计算机应用人员了解经济业务，逐步实现业务人员在办公室内操作使用终端设备和微型机。此外，重视技术人员的培训和知识更新，做好计算机应用的基础工作等，也是必须予以注意的。

（原载于《人民日报》1983 年 9 月 11 日第五版）

丑狗皮皮

母亲养了十多年的会打口哨、会唱歌、会说话的鹩哥老死了(请看《喜闻鹩哥口哨声》载《北京文学》2012 年第 4 期)，今年春节前，我驱车到十里河花鸟宠物市场欲再寻只鹩哥，逛遍了整个市场，也没寻到我想要的鹩哥，听卖鸟人说这不是售鸟的季节，只好悻悻离开花鸟市场。碰巧，在我停车场的附近，看到几家卖宠物狗的摊儿。

爬趴在厅里乘凉（作者拍摄）

我上大学时，弟弟在家养了条豺狗。那时有收狗皮的，好的狗皮可买两三块钱呢，毛长皮好的狗都留不住。那只豺狗总跟在母亲后边，一次母亲在厨房倒开水时，狗拱撞了一下我母亲，开水烫掉了它一块巴掌大的皮，血淋淋的，好久才痊愈，那巴掌大的地方从此不再长毛，但这倒使它多活了十几年。上大学时，我一年寒暑假回家两次，每次它都到很远的地方接我……

想到这些，我一时来了买条狗的冲动，打电话给母亲，母亲说，还是买只鸟吧！我说现在没卖鸟的，母亲犹豫了一会儿说，那就买个毛短好洗澡的公狗吧！

正好，狗摊上有两只沙皮狗，一公一母，我选了只公的，摊主开价，我压了三分之一价，摊主竟然也同意了，我付完钱，把小沙皮狗抱到车上后座，它只哼哧了两声，就老实地爬到了座位下边睡着了。

狗进家门，给它拌了些在摊位上买的狗粮（后来知道是很差的狗粮），好家伙，它边吃还左观右顾，生怕同伴和它争抢。一口气吃完，还把碗舔得光光的。我再一看，狗背上全是小坑儿，原来是与别的同伴争食时被咬的，这家伙大口吞吃且声音很大。母亲本没见过沙皮狗，在旁边静静看它吃食，冷不丁问我："你买的是狗吗？是不是猪呀？"

刚进家门瘦小的皮皮，自己拉了条毛巾作垫，在阳台上找太阳地儿取暖（作者拍摄）

当天，女儿给它买了狗笼、睡窝和宠物用尿垫，母亲让小秀（老家来的亲戚）给它买了最好的幼犬粮。

要给它起名了，我说叫悦悦，女儿和小秀都说这和它长相和性别不符，叫皮皮吧！也是，沙皮狗叫皮皮容易记，就叫皮皮了。

皮皮这家伙吃饱了就睡，

还打着很响的呼噜，像个成年胖子打得那么响。尤其是夜深人静，它在厅上睡觉，呼噜声几个房间都能听得到，我母亲怕别人讨厌它的呼噜声，就又在给它打圆场说："这声音避邪！"

七天后，是大年三十。下午，皮皮开始不那么狼吞虎咽地吃东西了，还出现了呕吐、拉稀，我们认为是它吃多了，给它吃了片吗丁啉，第二天早晨不但不见好，反而更严重，东西不怎么吃了，甚至连宠物用尿垫的固定地儿都跑不到，就憋不住拉在了地上。

大年初一这天，女儿来看我，就一起到位于东三环的动物医院看急诊。值班的一位大学生模样的女医生诊断后说："如果是吃多了不消化没关系，怕就怕是细小病毒，那就麻烦了。"开了验血、验便化验单，化验结果果真是细小病毒。

何谓细小病毒？我们还第一次听说。医生说：犬细小病毒病是由犬细小病毒感染幼犬所引起的一种急性传染病。发病后，死亡率极高，最危险的是前 5 天，白细胞会激剧下降，然后就看白细胞能不能再反升起来，升起来就活，升不起来就死。

医生边诊断边问我啥时买的，多少钱？诊断后，笑笑说，这是纯种沙皮狗，买的价钱不算贵，但买时就染上了病，所以才这么便宜卖给你。看着医生那样子，几乎要说我是傻了，只不过没说出口而已。

医生说：如果治就要住医院，需先按 10 天住院，费用比你买两只还贵，花了钱，还不一定能治好，你们考虑是否还治？我们想起了它"饿虎扑食"的吃相，刚能吃饱就死在了我们手里？不！不能眼看着可怜的皮皮死，没多加思索，就答应办理住院手续，住院治疗。

从门诊一楼送到二楼住院部，住院部医生为难了，很少见到这种狗，身上腿上全是褶子，输液很难找到血管。可不是吗，在门诊化验室先后换了三位医护人员才扎进去针去，皮皮疼得直挣扎，但却不叫唤，小秀心疼得都哭了。

皮皮住院后，我们每天往住院部打个电话，得到的是每况愈下的病情消息，每天白血球都在降。但医生说它与别的狗不一样的是精神还好，还吃点东西。

　　第五天头上，一早还没等我们打电话，医生主动打来电话说："来看看你们皮皮吧，白细胞降到了2000，再降它可能不行了。"我和小秀跑到医院与皮皮做"临终告别"，我一时不敢进去，站在门口，小秀进去，在铁笼里趴着，精神萎靡的皮皮，看到小秀，站起来拼命扒铁笼子门，小秀开门后，它扑到小秀身上，哼哼唧唧，看着它两眼乞求的目光，我们真舍不得再放它回去笼里。

　　从医院探视的第二天下午，医院主动打来电话，我的心咯噔一下，马上想到："皮皮没了?"

　　出乎意料，只听电话中说："皮皮见过你们家人后，精神极好，当天就大口吃东西，今天早上验白细胞止住了没再降。"

　　阿弥陀佛，皮皮有救了。第七天上午我们觉得白细胞化验结果该出来了，便主动打电话给医院，得到的是："白细胞开始回升了。"第八天、第九天，用医生的话说是："白细胞打着滚往上升。"皮皮的情况趋于正常，我们就给它办了出院。

　　三个月后，长成半大"小子"的皮皮人见人爱。我家邻近明城墙遗址公园，那里古树成荫，绿草铺地。我的老母亲和小秀每天带皮皮在公园遛弯。由于皮皮憨厚可爱，品种在此处又独一无二，周围远近的邻居没有人不知道它。在公园里，很多游人给它拍照，它还主动配合摆姿势。如果你拿着吃的东西，它还会坐下主动伸出前爪给你"握手"，给你举起前爪稍微弯曲表示"再见"，但是你要让它跟你走，那是不可能的。

　　丑狗沙皮，老虎头，河马嘴，猪尾巴，三角眼眯成一条缝，毛特别短，身上全是褶子。我家皮皮还是个倒眼睫，即眼睫毛往里长（后来才知道，这种狗多数是倒眼睫，还要做眼睛手术，这可能使得饲养沙皮狗者极少的一个主要原因）。眼小又被脸上厚厚褶子遮盖，视力较别的品种的狗差很多，扔到面前的食物嗅到了而看不见，走路时不时被障碍物绊倒，打个滚又爬起来，已习以为常。反而，那丑样儿和笨重憨厚的动作，也更招人喜欢了。

　　皮皮不但憨厚且温顺。别的狗咬它，它从不还嘴，一次被只大狗咬了三个牙印，渗着血，我们又打电话到动物医院，述说了一下情况，问一位值班的男性医生，问题大不大？医生说，问题可大了！我们只好往医院送，可这皮皮不像往次打防疫针那样顺从，它怎么都不上车。我们只好在附近药店买了点云南白药，给它清洗后上药，它很配合，第三天头上居然好了。小秀说，皮皮知道这点皮肉之苦不算什么，是为了不让花钱，它知道到医院有病没病医生都会让开药花钱。这至少给我们省了几百块钱呢。

皮皮对主人很忠诚，出门总守护着我老母亲，出去遛弯，它在前带路，走几步总要回头看看，老母亲不走它也不走。皮皮能准确地听懂"红灯"和"绿灯"语言，我家到公园要过往一条人车较多的马路，在路口遇红灯它就趴在地上等待，一听到有人说"绿灯"，它就迅速地跑过去。一次过路口，绿灯一变，它先跑了过去，回头一看我老母亲还没过去，它又穿过行人跑了回来。还有一次它跑着玩野了，老母亲回家了，它回到老母亲坐的长凳，硬是守着不走。

皮皮五个月大之后，从不在家拉屎撒尿，每次晚间出去遛弯回家前总要把屎尿拉尽撒完。白天在家里有时实在憋不住的时候，就去挠小秀腿或脚，带它出去大小便。

一次小秀带它出去撒尿，让它在电梯旁等，小秀先回家拿件东西再带它出去。这期间电梯门开了，急于找主人的皮皮上了电梯，电梯开门后，皮皮看不是自己家，吓坏了，被一位邻居大妈看到了，把它送回电梯带到我住的楼层，开门后，它跑回了家。皮皮之后见了那位大妈，总要摇尾巴，点头，表示感谢，充满了感恩心。

皮皮能看得出谁喜欢它谁讨厌它；似乎听得懂好多话，且听得懂是好话还是坏话。有人夸它，它就友好地摇摇尾巴；如果有人说它丑，它就张着大嘴，发出呼哧呼哧声，表示愤怒与不满。

有时候皮皮犯了错误，也有悔意，但人也不能冤枉它。比如有一次它偷偷溜进了厨房，被小秀发现，训斥它，它就垂着头，夹着尾巴，一声不响，悻悻离开；一次，家里呼啦啦一下子来了七八位它眼里的陌生人，还有人好奇地动屋内摆什，皮皮就发疯似的冲着他们又跳又叫，从没见过他发狂那劲儿，于是，小秀照它脑袋打了一巴掌，它仰起脸竖着尾巴"汪汪"和小秀吵架，跑到我老母亲那里告状申冤。老母亲马上训斥并制止了小秀。皮皮可能觉得，给你们"看家护院"还挨打，委屈得几天都不理睬小秀，而特别讨好老母亲。

现在的皮皮成了大明星。一次小秀去商店买菜，服务员对她特别热情，并说认识小秀。小秀惊讶地说，我不认识你呀？服务员说，我认识你，你不就是经常牵着皮皮的那个女孩吗？

按照老家的习惯，每年除夕吃团圆饺子里要包一个有分钱硬币的饺子。这个习俗流传了多久我也没有考证过，听说过去是包铜钱，照这样看来这习俗至少清代就有了，到铜钱消失，才演变成了包分钱硬币。母亲延续老习惯，每年包饺子都要包一个藏个分钱硬币在馅里的饺子，谁吃着了这带"钱儿"的饺子，意味着谁来年就最有福气，有钱花，好兆头。去年即癸巳年除夕，母亲照例包了过年饺子，当中央电视台的春节联欢晚会敲响了辞旧迎新的钟声时，饺子也煮好了，端上桌之后，我家的沙皮狗皮皮就凑上我来了，眼巴巴地看着我，那个大嘴巴，还淌着哈喇子。这时，如果只管自己吃再不给它吃，它就会抗议地闹。我吃过两个后，想着过年了皮皮也应该吃上饺子，这第三个饺子就扔给了它，它连嚼都没怎么嚼就囫囵吞下去了。

全家吃罢饭后竟然谁都没吃出"钱儿"来。我知道，我碗里的饺子有"钱儿"的可能性最大，每年母亲都会特意把可能有"钱儿"的饺子给我盛到盘子里，除夕吃出来的"钱儿"母亲还会特意贴在我家供奉的手捧铜钱形的"福到眼前"石像的钱眼上。可我这次确实没吃到有硬币的饺子，是盛到别人盘子了？可家里别的人也没吃到呀。

"钱饺子"去哪儿了？这成了家里的一个谜。谁知道，第二天经常带皮皮出门遛弯儿的小秀发现硬币被皮皮拉出来了。

今年一年，皮皮的本事可是长进了不少。

夏日的一天中午，小秀和奶奶（我母亲）把正煮着粥的锅子给忘在炉子上了，两个人午休都睡着了，炉子上的锅冒出了烟。皮皮硬把关着的门推开，用尽全力急急地把小秀往床下拉，一直把小秀和奶奶弄醒，她们才恍然，哎呀，锅还在炉子上呢！厨房里已充满了烟雾，还好发现得及时。

我亲身经历的一件事，让我对皮皮更刮目相看了。今年元旦假期的最后一天，我的朋友老刘到我家里约我中午一起到河南大厦做客，由于时间还早，就在家先坐坐。老刘爱摆弄我家多宝格上的东西，皮皮见到他经常吠叫，小秀就拉它出去了。过了一会儿，母亲说："你们在家聊天吧，我去找小秀。"我叮嘱她就在楼门口凳子上等小秀吧，母亲答应了。可过了一会儿，小秀回来了，我问她："奶奶呢?"说她没见到奶奶。我一下子急了，母亲八十多岁了，这么冷的天，可别走远了！我和老刘、小秀还有皮皮，一起出去找奶奶。小秀很有信心地说，不急，皮皮会找到奶奶的。我才知道夏日母亲自己去了她不常去的小区外的街边，坐在街边花坛的石围子上乘凉，就是被皮皮找到的。这次我们把寻找的目标定在小区院里，小秀给皮皮下达命令："找奶奶去！"可见皮皮很着急，它没心思在小院里找，硬是挣脱了链子，径直往小区外面跑去，冲出了小区的铁门，在一个丁字路口，它毫不犹豫地穿过红绿灯下的车流，直往对面的明城墙遗址公园跑去。我们气喘吁吁地跟在后面，只见皮皮到了公园径直往右跑，到公园的右边尽头，一下子就把坐在凳子上晒太阳的奶奶给找着了，原来奶奶是往公园找小秀和皮皮了。它扑到奶奶身上亲昵个不停。由于很快找到了母亲，我和老刘的活动也没耽误。老刘说："这次我可是亲眼见到了，就这一件事，养它值了。"

小秀平时出门，皮皮肯定跟着；但小秀买菜的时候，由于菜市场不让皮皮进去，它在外面等，急得直叫，后来但凡买菜，小秀就告诉它："皮皮，我买菜了，你别跟着姐姐啊。"皮皮就自觉地不跟上去了，乖乖地待在家里等着。

我平时下班回到家，如果奶奶和小秀不在，皮皮在家，皮皮还会门里门外跑一两趟，后来我才明白这是在告诉我，奶奶和小秀都不在家，去买菜了。

皮皮现在两岁零四个月了，还算是个少年，再大一些的时候，还不知道会做出什么更让我们惊喜的事来呢。

（2013 年 9 月 5 日）

喜闻鹩哥口哨声

前些日，一天晚9点多回到家，家人告诉我："咱家鹩哥从棍子上掉下来，站不起来了，是不是腿瘸了？""看来它是老了"，但我没说出口，我实在不愿承认："它老了，它该寿终正寝了。"

算起来，我搬家后的第二年，为母亲从花鸟市场花100元买来的这只鹩哥，已有十二三年了。刚买来，鹩哥很瘦，身上还带有秃疮。母亲特别喜欢它，精心喂养、洗澡、呵护，鹩哥身上慢慢出现了光泽，变得乌黑健亮且越来越有精神劲儿。

偶尔从笼子放出，它跟着你走，有时会飞到你肩膀上，在肩膀上时而亲热地踮起脚咬你耳朵，还会跳到桌子或茶几上面对着你，点头鞠躬，跟你对吹口哨，对话说"你好"。

我有时晚上有活动，打电话回家说"晚饭不回来吃了"，母亲耳有些背，听完电话总重复问一句，"晚饭不回来吃了？""啊，晚饭不回来吃了。"这也被鹩哥学会了，一听电话铃声，就抢着自问自答说："晚饭不回来吃了？"，"啊，晚饭不回来吃了。"……

一次母亲住医院，嘱咐我，"别忘了喂鸟。"我回到家见果真鸟食和水都要没了。

后来又买来两只黄嘴的鹩哥，比第一只漂亮，但母亲还是最喜欢她第一只鹩哥。

第一只鹩哥买来不久，一天早上八点钟，母亲惊喜发现鹩哥随着北京站大钟报出的"东方红"乐曲，打起口哨："东方红，太阳升……"母亲给我说："你吹个'东方红'口哨试试。"我吹，"东方红……"它果然紧接着吹起"东方红，太阳升……"而且不知比我吹得逼真多少倍。母亲喜欢，我们也经常逗她吹"东方红，太阳升……"口哨。慢慢地，"东方红，太阳升……"口哨，成了我家鹩哥的拿手好戏，那声音真可媲美打口哨的专业演员呢。

一天在单位食堂吃饭，坐在我对面的邻居老李跟我说："老周也真是的，每天早上上班总在楼道上打口哨'东方红……'还总那前几句。"又说，"吹点时髦的也好啊，就会吹那老的没了牙的的歌，烦不烦呀！"我知道老李错怪了老周，故意逗他："老周会吹口号？而且只吹'东方红'？这不会是老周吹的吧？""当然是了，当年大学时，从宿舍上教室，从教室到餐厅的路上，他是一路口哨，一路歌。"老李认定这高水平的口哨，就是老周吹的没错。我说："那你就该问问老周，这'东方红'口号是不是他吹的，让他吹些别的时髦的。"

一天，老李跟我说："你耍我，老周说了，每早的'东方红'口哨是你家小鸟吹的，不是他吹的。"又说："你也教它些时髦的呀！这'东方红'早不合时宜了。"我说："我想教它'I LOVE YOU'，教不会它，它也不学。"老李说，"你教它'玫瑰，玫瑰我爱你'中文歌准行。"我说，"也够呛，它也不与时俱进呀！"

第一只鹩哥还会看门。母亲习惯把鹩哥笼子放在门口，熟人来了，它会说："您好！"客人走时会锐："恭喜发财！"遇到送信的或别的它不经常见的人来，会学着我母亲的声调发出，"找谁？找谁？"的声音，如果客人不理睬，继续敲门，那叫的口气就变了，像吵架般，"你找谁？找谁?!"在房里的母亲一定知道送特快专递的或别的生人来了。我的女儿、外甥等有时给我带点东西，它会热情地欢迎说，"您好！"但从我家里拿些吃的东西走，它见拿东西走人，不管熟人生人，叫声杂乱，恨不得不让人走。如果真是朋友从我家拿东西，那鹩哥的"阻拦"声，弄得我和朋友还真不好意思呢！

母亲经常去我家对面的明城墙遗址公园散步，逢见牵着狗散步的人便说："喂狗到处拉屎撒尿，多不好啊。喂只鹩哥，会唱歌，会和你聊天，还会看门，多好啊！"

另两只早已学会了"恭喜发财！""万寿无疆"的鹩哥，尤其"恭喜发财！"已说得炉火纯青，但十多年仍没学会吹口哨"东方红，太阳升……"它们见客人后争先恐后地叫着"恭喜发财！"听来很适时宜，却总感觉俗不可耐。

这些天，每早母亲总守在第一只鹩哥笼子前，默默看着已站不起来的她心爱的这只老鹩哥，老鹩哥也懂人意，看得出它很想为养它半生的老人再吹次"东方红，太阳升……"它每次总是看着老人，吃力地张张嘴，但再也发不出"东方红，太阳升……"的声音了。

（原载《北京文学》2012 年第 4 期）

责任编辑：孙兴民　冯　瑶
装帧设计：林芝玉
责任校对：张杰利

图书在版编目（CIP）数据

潘家园／王金昌　著 . —北京：人民出版社，2016.1
ISBN 978－7－01－015588－3

I.①潘…　II.①王…　III.①文物－市场－介绍－朝阳区－画册
　IV.① F724.787-64

中国版本图书馆 CIP 数据核字（2015）第 290761 号

潘 家 园
PANJIAYUAN

王金昌　著

人 民 出 版 社 出版发行
（100706　北京市东城区隆福寺街 99 号）

保定市北方胶印有限公司印刷　新华书店经销

2016 年 1 月第 1 版　2016 年 1 月北京第 1 次印刷
开本：787 毫米 ×1092 毫米 1/16　印张：21
字数：305 千字　印数：0,001－8,000 册

ISBN 978－7－01－015588－3　定价：38.00 元

邮购地址 100706　北京市东城区隆福寺街 99 号
人民东方图书销售中心　电话（010）65250042　65289539